公路全寿命周期能耗分析与节能策略

徐　剑　王随原　黄颂昌　著

人民交通出版社股份有限公司
China Communications Press Co.,Ltd.

内 容 提 要

本书内容包括生命周期评价(LCA)、高等级公路路面材料能耗清单、高等级公路路面结构生命周期能耗评价、温拌沥青技术、公路工程生命周期低碳化建议、低碳公路评价标准等。

本书可供从事道路工程节能相关科研、设计、施工及管理人员参考，亦适合高等院校与科研机构的教师及相关专业技术人员学习参考。

图书在版编目(CIP)数据

公路全寿命周期能耗分析与节能策略 / 徐剑，王随原，黄颂昌著. —北京 ：人民交通出版社股份有限公司，2016.7

ISBN 978-7-114-13081-6

Ⅰ. ①公… Ⅱ. ①徐… Ⅲ. ①道路工程—能量消耗—研究 Ⅳ. ①U415.1

中国版本图书馆 CIP 数据核字(2016)第 127890 号

书　　名：公路全寿命周期能耗分析与节能策略
著 作 者：徐　剑　王随原　黄颂昌
责任编辑：丁润铎　任雪莲
出版发行：人民交通出版社股份有限公司
地　　址：(100011)北京市朝阳区安定门外外馆斜街 3 号
网　　址：http://www.ccpress.com.cn
销售电话：(010)59757973
总 经 销：人民交通出版社股份有限公司发行部
经　　销：各地新华书店
印　　刷：北京市密东印刷有限公司
开　　本：720×960　1/16
印　　张：15.25
字　　数：284 千
版　　次：2016 年 8 月　第 1 版
印　　次：2016 年 8 月　第 1 次印刷
书　　号：ISBN 978-7-114-13081-6
定　　价：54.00 元

前　　言

交通运输行业是国家节能减排和应对气候变化的重点领域之一，是生态文明建设不可或缺的重要一环，建立低碳交通运输体系对于我国应对气候变化、实现碳减排目标具有重要作用。公路交通基础设施是提供公路交通运输服务的载体和前提，公路基础设施建设与运营对社会经济、大气环境、声音环境、自然景观和生态环境等将产生显著影响。

公路工程虽然在工程可行性研究阶段也要求对环境影响进行分析评价并提出相应的环保措施，但由于公路工程施工对沿线土地资源、水资源、森林资源、野生动物资源、景观资源等造成的影响和破坏程度大多没有量化指标，因而在实际操作过程中，从管理层到设计人员，往往忽略工程建设与使用对环境造成的负面影响，从而导致公路规划与设计在环保方面的不足。

本书以公路工程能耗为突破口，对公路工程设计、施工、运营维护等全寿命周期的能耗情况进行定量分析，根据分析结果提出公路工程节能策略，构建低碳公路评价标准。全书共9章，第1章为绪论，第2章为生命周期评价（LCA），第3章为高等级公路路面材料能耗清单研究，第4章为高等级公路路面结构生命周期能耗评价，第5章为温拌沥青技术，第6章为沥青路面冷再生技术，第7章为公路工程生命周期低碳化建议，第8章为低碳公路评价标准，第9章为结论。

本书得到了科技部国际科技合作研究计划等科技项目的支持。交通运输部公路科学研究所李峰副研究员、曾蔚副研究员、秦永春研究员、石小培工程师，长安大学沙爱民教授、马峰副教授，云南公投建设集团有限公司李国锋正高工、蒋鹤高工，北京市政路桥建材集团柳浩正高工、杨丽英正高工，山东省路桥集团有限公司徐磊工程师等参与了本书相关研究或相关内容编写。在本书撰写过程中还得到了诸多研究人员和单位的大力支持和帮助，在此表示衷心的感谢。

由于作者水平有限，书中难免存在错误和不足，望读者批评指正。

作者

2016年3月

“现代化建设中必须实施”的战略。2006 年初，我国政府提出希望到 2010 年单位 GDP(国内生产总值)能耗比 2005 年降低两成、主要污染物排放减少一成，这两个指标结合在一起，就是我们所说的“节能减排”。2009 年底的哥本哈根世界气候变化大会上，时任国务院总理温家宝向世界各国宣布，到 2020 年，我国单位 GDP 的二氧化碳排放量将比 2005 年下降 40%～45%。这个减排指标将作为约束性指标被纳入我国国民经济和社会发展的中长期规划。“十八大”强调把生态文明建设放在突出地位，提出“推进绿色发展、循环发展、低碳发展”和“建设美丽中国”。中央政府成立了国家应对气候变化及节能减排工作领导小组，发布实施了《中华人民共和国节约能源法》《国务院“十二五”节能减排综合性工作方案》《国务院“十二五”控制温室气体排放工作方案》等法律法规及政策文件，采取了一系列应对能源紧张和气候变化的对策措施。

在这种背景下，许多国家开始探索环境保护的途径和方法，并推出各种法规和政策，通过制度创新、技术进步以及管理变革来协调人与自然之间的关系，促进人类社会的可持续性发展，产品的绿色性能越来越受到重视。产品生命周期评价(Life Cycle Assessment，LCA)理论应运而生，已成为产品系统环境管理的重要工具之一，也成为工业生态学的核心思想，即强调产品“从摇篮到坟墓”的全过程管理，整个生命周期内不应对环境和生态系统造成危害。产品生命周期，包括原材料采掘、原材料生产、产品制造、产品使用以及产品用后处理。

1.2 交通运输节能减排的重要意义

交通运输是国民经济和社会发展的大动脉，同时又是国家节能减排和应对气候变化的重点领域之一，是生态文明建设不可或缺的重要一环，是国家节能减排与应对气候变化工作部署中确定的以低碳排放为特征的三大产业体系之一。建立低碳交通运输体系对我国应对气候变化、实现碳减排目标具有重要作用。

从全球范围看，交通运输业在世界能源消费和温室气体排放中所占比重均超过 20%，且仍呈较快上升态势，节能减排责任重大。世界各国纷纷将发展低碳交通作为战略重点，见表 1-1。我国是世界第一人口大国，资源相对匮乏的基本国情，决定着我国必须加快构建节能低碳型综合交通运输体系，否则资源支撑不住，环境容纳不下，社会承受不起，交通发展将难以为继。据统计，交通运输行业能源消费量约占全社会能源消费总量的 8%，三分之一以上的汽柴油等石油制品消耗在交通运输领域。因此，加快建立以低碳为特征的交通运输体系，是加快交通运输发展方式转变、发展现代交通运输业的本质要求和战略选择，也是交通运输行业服务资源节约型、环境友好型社会建设的必然选择。

1 绪　　论

1.1 背景

自工业革命以后，伴随着人口的迅速增长和工业化、城市化步伐的加快，全球环境问题也日渐突出。资源耗竭、能源危机、臭氧层破坏、全球变暖、酸雨、富营养化、光化学污染、生物多样性减少等许多环境问题，引起了世界许多国家的广泛关注。面对不合理的生产和生活方式所带来的严重环境问题，全世界范围内掀起了一场缓解生态压力、减少环境影响的生态革命。

1972 年，罗马俱乐部在其《增长的极限》一文中指出了发展过程带来的严重的环境问题。同年，在斯德哥尔摩举行的联合国人类环境研讨会上第一次正式讨论了可持续发展(Sustainable development)的概念，共同界定人类在缔造一个健康和富有生机的环境上所享有的权利。自此以后，各国致力于界定“可持续发展”的含义，目前已拟出的定义已有几百个之多，涵盖范围包括国际、区域、地方及特定界别的层面，是科学发展观的基本要求之一。1980 年，国际自然保护同盟的《世界自然资源保护大纲》指出：“必须研究自然的、社会的、生态的、经济的以及利用自然资源过程中的基本关系，以确保全球的可持续发展。”1981 年，美国布朗(Lester R. Brown)出版的《建设一个可持续发展的社会》提出，以控制人口增长、保护资源基础和开发再生能源来实现可持续发展。1987 年，世界环境与发展委员会出版的《我们共同的未来》，将可持续发展定义为：“既能满足当代人的需要，又不对后代人满足其需要的能力构成危害的发展。”作者是 Gro Harlem Brundtland，挪威首位女性首相，她对于可持续发展的定义被广泛接受并引用，这个定义系统阐述了可持续发展的思想。1992 年 6 月，联合国在里约热内卢召开的环境与发展大会，通过了以可持续发展为核心的《里约环境与发展宣言》《21 世纪议程》等文件。

全球性能源紧张和气候变化，已成为国际社会普遍关注的重大全球性问题。作为世界上最大的发展中国家，我国成为全球应对能源紧张和气候变化重点关注的对象。我国党和政府高度重视节能减排与应对气候变化工作，我国政府编制的《中国 21 世纪人口、资源、环境与发展白皮书》，首次把可持续发展战略纳入我国经济和社会发展的长远规划。1997 年，我国把可持续发展战略确定为我国

目　录

世界主要国家交通运输占全社会终端能源消费总量比重(%)　　表 1-1

年份	1975	1980	1985	1990	1995	2000	2001	2002	2003	2004	2005	2006	2007
美国	25.3	25.2	26.3	26.4	26.1	26.9	27.2	27.6	27.4	27.9	28.2	28.5	28.6
日本	18.4	20.8	21.8	23	24.1	24.1	24.9	24.5	24.5	24.6	24.4	24.6	—
欧盟 25 国	—	—	—	26.8	28.8	30.7	30.3	30.9	30.5	30.8	—	—	—
中国	—	4.81	4.84	4.6	4.47	7.27	7.24	7.36	7.33	7.43	7.47	7.55	7.77

注:在《中国统计年鉴》中,我国的交通运输占全社会终端能源消费总量为交通运输、仓储及邮电业能源消费总量占全社会终端能源消费总量,与国外的统计口径不完全一致。

交通运输部一直以来高度重视低碳和绿色交通工作,注重促进交通运输行业节能减排工作相关的政策法规的制定,并取得了一定的成效。2008 年,交通运输部制定了《公路、水路交通实施〈中华人民共和国节约能源法〉办法》《公路水路交通节能中长期规划纲要》《关于交通运输行业深入开展节能减排工作的意见》。2009 年,印发了《资源节约型环境友好型公路水路交通发展政策》《道路运输车辆燃料消耗量检测和监督管理办法》。道路运输业"十二五"发展规划纲要提出,建立健全节能减排检测考核体系,尽快建立道路运输行业能源消耗和排放统计及分析制度,将节能减排统计指标纳入交通运输部门统计体系,研究建立道路运输行业节能减排评价体系。

1.3　公路基础设施建设低碳化的重要性

公路交通基础设施是提供公路交通运输服务的载体和前提。公路工程建设必定会对环境产生影响,主要表现为对社会经济、大气环境、声音环境、自然景观和生态环境等的影响。

长期以来,公路的规划、设计人员没有对如何解决公路的环保问题给予足够的重视。虽然在工程可行性研究阶段也要求对环境影响进行分析评价并提出相应的环保措施,但由于公路工程施工对沿线土地资源、水资源、森林资源、野生动物资源、景观资源等造成的影响和破坏程度大多没有量化指标,因而在实际操作过程中,从管理层到设计人员,往往忽略工程建设与使用对环境造成的负面影响,从而导致公路规划与设计在环保方面的不足。

施工期,包括施工放样、场地清理、征地及拆迁安置、建立施工驻地等施工前期准备工作和正式组织施工两大活动。施工期间,由于挖土填土、借土弃土、改移河道、清理表土、开采料场等活动,会造成地表植被破坏、地形改变、沟谷大量消失,恶化生物栖息的生态环境,加速地表侵蚀,增大地表径流,增加水土流失,改变自然流水形态,加剧水质恶化,从而直接导致对自然环境的破坏。同时应注意的是,公路工程建设对砂石土、石灰、水泥、沥青、化学添加剂等建材资源的依赖性很强。据统计，我国每年新建超过 10 万 km 的公路，仅路面工程就消耗天然砂石料、水泥、沥青和各类石油衍生品高达约 6 亿 t，将这些建材砌成 $1m^2$ 截面的墙可绕地球赤道 6.8 圈。公路工程建设，从原材料的获取，到现场施工整个过程都要消耗大量的能源，同时也造成了大量温室气体的排放。

营运期开始意味着项目巨大的经济效益和社会效益开始发挥作用，同时也意味着对沿线环境产生长期负面影响的开始。随着交通量的与日俱增，噪声和汽车尾气及粉尘污染逐渐加剧，噪声对沿线居民、学校和机关单位的学习、工作和休息产生长期的不利影响。

可见，公路建设不可避免地会引发很多生态问题，有必要更新公路建设理念，以生态学理论和系统论指导公路这一特殊生态系统的建设。在公路规划、设计、施工和运营各阶段，将自然、人和公路进行有机的结合。融入生态设计方法，不仅要考虑到人的活动和公路之间的相互影响，而且还要特别注重维护人们与生存的自然条件相互融洽和遵循其自然发展规律，形成行车安全舒适、运输高效便利、景观完整和谐的带状公路交通生态系统和区域交通生态系统。

推动公路交通基础设施建设、运营和养护过程中的节能减排，打造低碳公路体系，是交通运输行业节能减排、建设低碳交通运输体系的有机组成部分与重要环节，是公路工程绿色化、生态化的应有之意。这就迫切要求把节能减排与应对气候变化摆到更加突出的位置，推动公路建管养全过程的低碳化，实现公路建管养各环节能源资源利用效率的显著提升和碳排放强度的明显下降。具体来说，就是从公路规划、设计、施工、运营、维护等全寿命周期中的一个或几个阶段入手，采用低碳新理念、新材料、新方法、新工艺，实现公路工程全寿命周期范围内二氧化碳排放强度的显著降低，并为公路运输行业的节能减排创造有利条件，是未来公路基础设施建设的主流发展方向。例如：

(1)在路网规划阶段，强化连接线、断头路等薄弱环节，提高路网通行能力和效率；优化公路运输站场布局，建设布局合理、结构优化、与其他运输方式有效衔接的公路运输站场服务体系；提升路网技术等级和路面等级，提高路面铺装率等。

(2)在公路设计阶段，优化路线走向和纵横断面设计，设计采用长寿命或耐久性路面结构，采用合理的桥隧方案、路基填挖方案以及合理布局服务区，减少建设土地占用等。

(3)在公路施工阶段，积极应用温拌沥青等低能耗材料，积极应用粉煤灰、废旧路面、废旧轮胎、大宗固体废弃物等，优化施工组织方案和施工工艺，淘汰高能耗、高排放施工设备等。

(4)在公路运营和维护阶段，积极采用沥青路面材料再生利用技术、预防性养护技术、材料与结构延寿技术等，延长公路使用年限；加强生态防护、植被恢复与绿化建设，增加碳汇能力；通过提高高速公路联网不停车收费覆盖率等手段，为车辆安全、畅通、高效的营运创造良好交通条件；加大公路隧道、服务区、收费站等交通基础设施的节能技术改造力度，强化运营管理，提升运营效率和服务水平。

1.4 国内外低碳公路相关研究和应用

1)国外低碳公路评价体系

为了减少公路生命周期范围内对环境的影响，有必要提出低碳公路评价体系以便对公路建设的规划、设计、施工、运营各阶段进行评价。目前，国外比较著名的评价系统是美国华盛顿大学的“绿色道路”系统（The Greenroads Rating System）[30]和美国联邦公路局的INVEST(Infrastructure Voluntary Evaluation Sustainability Tool)系统（FHWA(2011)）[31]。

“绿色道路”系统（The Greenroads Rating System）是道路设计和施工项目可持续性的评价系统。该系统依据可持续发展的实践性为道路工程打分，通过得分的高低来评价工程的可持续性。充分完善的绿色道路系统具有以下内容和功能：①鼓励更多道路工程尝试可持续性的实践。②为道路可持续性评价提供一种标准和方法。③使工程设计更优。④使业主单位能评判道路工程的优劣。该系统包括11个项目基本要求（环境保护计划、寿命周期费用分析、寿命周期清单、施工质量控制、减噪计划、废旧物管理计划、污染预防计划、路面管理系统等）和6大类得分项（环境和水、通达和公正性、施工活动、材料和资源、路面技术）。鼓励使用温拌沥青混合料技术、排水路面、低噪声路面和再生技术。为了鼓励材料、设备、工艺的创新，还设定了自定义项，根据创新情况进行加分。

INVEST(Infrastructure Voluntary Evaluation Sustainability Tool)是美国联邦公路局研发的公路可持续性的自评工具，包括系统规划和过程（SP）、项目开发（PD）、运营和养护（OM）三个部分。这个工具是用来识别可持续性公路的特点、提供相关信息和技术、帮助业主在公路项目建设过程中集成可持续性的最佳实践方法。该系统的核心内容和“绿色道路”系统相似，主要区别在于按照公路建设和管理程序分阶段提出评价指标。

2)国外典型的低碳公路实施建议

加拿大在21世纪初开展了工业能源保护计划，在该计划的资助下，加拿大施工协会于2005年出版了《加拿大道路维修节能指南》。该指南通过以农村二级公路和主干线公路的维修为基础，分析了每公里每条车道原材料、运输和施工设备的能耗，得出了施工各个阶段能耗的比例。通过各施工项目的调研，总结得出了各种道路材料的能耗以及生产各阶段能耗的比例，最后分析了在道路材料生产阶段、运输和施工设备的节能措施[32]。

澳大利亚昆士兰环境署于1999年发布了《沥青混合料生产排放预估手册》，该手册通过大量调研，分析了沥青混合料生产各个环节产生的主要排放物以及控制措施，最后提供了帮助沥青混合料生产企业预估排放物的方法[33]。

根据美国能源局的统计，石料开采和破碎及其相关行业属于能源消耗密集型工业，用于破碎的石料占到美国石料消耗的42%，而其中大部分作为公路的集料使用。基于GDP增长计划，破碎石料的增长率要高于其他主要材料。因此，应鼓励采用石料再生利用技术，减少对石料的使用量[34]。

美国联邦环境保护局也开展了多项研究，调查统计了目前施工机械设备的能耗与排放数据，并结合不同的机械设备类型，提出了减少施工机械设备能耗与排放的措施[35]。

Chappat & Bilal (2003)详细分析了20种不同路面类型每生产1t材料所消耗的能量和排放的温室气体，结果表明水泥路面需要的能源最多，其次是热拌沥青路面。该报告也表明，就地冷再生是能耗最少的施工工艺[36]。

Terrel & Hicks (2008)分析了就地热再生的能耗，发现该工艺比热拌沥青混合料路面的耗能少[37]。

Miller & Bahia (2009)在一个关于可持续性路面的报告中指出，提前养护是最好的节能方法，因为这样可以以很小的代价改善路面结构和表面层。同时，作者认为冷补工艺和表面处治最节能[38]。

Jim Chehovits & Larry Galehouse(2010)研究了沥青路面维护工艺对能耗和温室气体排放的影响。结果表明，不同维护工艺的能耗不同，新建、大修、薄沥青加铺层以及就地热再生的能耗最高，碎石封层、稀浆封层、微表处和裂缝填充能耗较低，封缝和雾封层能耗最低，该研究中能耗评价标准为能耗除以单位面积和路面的延长寿命，即单位为J/(m^2·年)[39]。

3)国内的绿色建筑评价体系

2014年住房和城乡建设部发布了国家标准《绿色建筑评价标准》(GB/T 50378—2014)。该编制是在原《绿色建筑评价标准》(GB/T 50378—2006)基础上修订完成的。它将绿色建筑定义为：在全寿命期内，最大限度地节约资源(节能、节地、节水、节材)、保护环境、减少污染，为人们提供健康、适用和高效的使用空间，与自然和谐共生的建筑。财政部2012年发布《关于加快推动我国绿色建筑发展的实施意见》，2013年1月6日国务院发布《国务院办公厅关于转发发展改革委、住房城乡建设部绿色建筑行动方案的通知》，提出“十二五”期间完成新建绿色建筑10亿m^2；到2015年末，20%的城镇新建建筑达到绿色建筑标准要求。

《绿色建筑评价标准》(GB/T 50378—2014)规定的绿色建筑评价指标体由节地与室外环境、节能与能源利用、节水与水资源利用、节材与材料资源利用、室内环境质量、施工管理、运营管理7类指标组成。每类指标,均包括控制项和评分项。评价指标体系还统一设置加分项。标准采用打分的方式,评价指标体系7类指标的总分均为100分。在得到7类指标各自的评分项得分 Q_1、Q_2、Q_3、Q_4、Q_5、Q_6、Q_7 后,绿色建筑评价的总得分按下式进行计算,其中评价指标体系7类指标评分项的权重 $w_1 \sim w_7$ 按表1-2取值。

$$\sum Q = w_1 Q_1 + w_2 Q_2 + w_3 Q_3 + w_4 Q_4 + w_5 Q_5 + w_6 Q_6 + w_7 Q_7 + Q_8$$

权重取值表 表1-2

项目		节地与室外环境 w_1	节能与能源利用 w_2	节水与水资源利用 w_3	节材与材料资源利用 w_4	室内环境质量 w_5	施工管理 w_6	运营管理 w_7
设计评价	居住建筑	0.21	0.24	0.20	0.17	0.18	—	—
	公共建筑	0.16	0.28	0.18	0.19	0.19	—	—
运行评价	居住建筑	0.17	0.19	0.16	0.14	0.14	0.10	0.10
	公共建筑	0.13	0.23	0.14	0.15	0.15	0.10	0.10

注:1.表中"—"表示施工管理和运营管理两类指标不参与设计评价。

2.对于同时具有居住和公共功能的单体建筑,各类评价指标权重取为居住建筑和公共建筑所对应权重的平均值。

绿色建筑分为一星级、二星级、三星级3个等级。3个等级的绿色建筑均应满足《绿色建筑评价标准》(GB/T 50378—2014)所有控制项的要求,且每类指标的评分项得分不应小于40分。当绿色建筑总得分分别达到50分、60分、80分时,绿色建筑等级分别为一星级、二星级、三星级。

4)国内相关研究

国内学术界于1997年才真正开始关注LCA,1998年国家技术监督局开始全面引进ISO 14040系列标准,将其等同转化为国家标准,相应国家标准代号为GB/T 24040系列,即《环境管理 寿命周期评价 原则与框架》(GB/T 24040—1999)、《环境管理 寿命周期评价 目的与范围的确定和清单分析》(GB/T 24041—2000)、《环境管理 寿命周期评价 寿命周期影响评价》(GB/T 24042—2002)和《环境管理 寿命周期评价 寿命周期解释》(GB/T 24043—2002)。近几年,随着绿色制造、清洁生产的兴起,许多高校、科研单位对寿命周期评价进行了大量的研究。

国内目前对单个建筑材料的评价研究比较多,如龚志起[40]对钢材、建筑玻璃、水泥的寿命周期环境影响评价研究;刘顺妮[41]对硅酸盐水泥和混凝土所做的分析;郑莉[42]对路面材料水泥混凝土、再生水泥混凝土和粉煤灰水泥混凝土开展了寿命周期评价的研究。

目前,国内对高速公路的寿命周期评价的研究还很少,尚春静等[43]通过应用基于过程的生命周期评价(LCA)理论与方法,对高速公路水泥路面生命周期消耗的能源及产生的大气排放进行计算,将公路生命周期分为建筑材料生产、建造、养护和拆除废弃4个阶段。为了计算方便,研究中做了许多假设和简化。

就路面领域如何实现公路建设过程中低碳化,国内从材料技术、评价体系上也进行了一些研究。一些学者比较了温拌沥青混合料与热拌沥青混合料能耗和排放效果。秦永春[44]的研究表明,在生产阶段,温拌沥青混合料可比相应的热拌沥青混合料节能22.9%,改性温拌沥青混合料可比相应的改性热拌沥青混合料节能28.7%。程玲等[45]对温拌沥青混合料摊铺节能减排效果进行了定量化研究,研究表明,每吨沥青混合料制备可节约能耗22.4%。张雷、徐静珍[46]探讨了水泥企业节能减排定量化指标体系的构建和评价方法的设计,指出水泥行业节能减排评价指标体系应遵从综合性、公平与效率、引导性、环境与经济的原则,并从污染物排放、能源消耗、资源综合利用和节能减排支撑能力4个方面,建立了水泥行业节能减排评价指标体系以及综合评价指标体系。

综上可知,发达国家对路面生命周期评价的研究比较深入,对公路建设影响能耗和排放的影响因素有较深刻的认识,拥有公路可持续性评价体系指导公路的设计和施工。我国对公路工程生命周期评价研究较少,生命周期清单缺少基本的数据支撑,因此也难以进行生命周期影响评价,尚无有效的生命周期评价模型;现在对公路工程建设过程中的节能减排也越来越重视,但仅限于工艺能耗上的比较,针对具体项目而言,没有具体系统的指导性节能措施;尚无有效实用的低碳公路评价体系,用来指导公路的设计、施工和运营。

2 生命周期评价(LCA)

2.1 生命周期评价方法的概念和起源

生命周期评价的思想萌芽产生于20世纪60年代末到70年代初。在这一时期,全球爆发了石油危机,人类意识到资源和能源的有限性,开始关注资源与能源的节约问题,最初LCA主要集中在分析产品的能源和资源消耗。1969年,美国中西部资源研究所开展的可口可乐公司的饮料包装评价研究,被认为是生命周期评价研究的开始标志[1]。该研究旨在从最初的原材料采掘,到最终的废弃物处理,进行全过程的跟踪与定量分析一次性塑料瓶和可回收玻璃瓶两种方案对资源、能源和环境的影响,所采用的分析方法为当时已比较成熟的能源分析方法,也称之为资源与环境状况分析(Resource and Environment Potential Assessment,REPA)。与此同时,美国还开展了50多项REPA研究,欧洲一些国家也相继开展了类似的研究,如英国的BOUSTEAD咨询公司、瑞典的Sundstrom公司等,该阶段的主要特征为工业企业的内部决策行为、研究对象大多数为产品包装的废弃物问题。

20世纪70年代中期到80年代末期,生命周期评价方法论得到了较好的发展。随着资源和能源问题不再如以前突出,其他环境问题逐渐进入人们的视野。LCA方法因而被进一步扩展到废物管理的研究,最早的事例之一是美国国家科学基金的国家需求研究计划,该项目采用类似于清单分析的"物料—过程—产品"模型,对玻璃、聚乙烯和聚氯乙烯等包装材料生产过程所产生的废物进行比较与分析。然而,由于LCA缺乏统一的研究方法论,分析所需的数据经常无法得到,实际上不能解决许多现实问题,导致工业界的研究兴趣逐渐下降。而学术界关于LCA的方法论研究仍在有条不紊地进行,欧洲和美国的一些研究和咨询机构依据REPA的思想进一步发展了废弃物管理的方法论,更深入地研究环境排放和资源消耗的潜在影响。如,英国的BOUSTEAD咨询公司针对清查分析方法做了大量研究,奠定了著名的BOUSTEAD模型的理论基础;瑞士联邦"材料测试与研究实验室"开展了有关包装材料的项目研究,首次采用了健康标准评估系统,后来发展为临界体积方法。

20世纪80年代中期到90年代初,LCA研究得到了快速发展。随着区域性与全球性环境问题的日益严重和全球环境保护意识的增强，推动了可持续发展思想的普及和可持续发展行动计划的兴起。发达国家推行环境报告制度，要求对产品形成统一的环境影响评价方法和数据；一些环境影响评价技术，如对温室效应和资源消耗等的环境影响定量评价方法，为 LCA 方法学的发展奠定了基础。1989 年“荷兰国家居住、规划与环境部”针对传统的“末端控制”环境政策，首次提出了制订面向产品的环境政策，涉及从产品的生产、消费，到最终废弃物处理的所有环节，并对产品整个生命周期内的所有环境影响进行评价。荷兰政府历时三年开展了“荷兰废物再利用研究”，该研究的大量成果，尤其是 1992 年出版的研究报告“产品生命周期环境评价”，奠定了后来 SETAC 方法论的基础，即 1993 年 SETAC 出版的“生命周期评价纲要：实用指南”报告，为生命周期评价方法提供了基本技术框架，成为生命周期评价方法论研究的里程碑。

20 世纪 90 年代初期以后，由于欧洲和北美 SETAC 以及欧洲生命周期评价发展促进委员会（Society for Promotion of Life-cycle Assessment Development，简称 SPOLD）的大力推动，LCA 方法在全球范围内得到较大规模的应用。国际标准化组织制定和发布了关于 LCA 的 ISO 14040 系列标准（ISO 14040：2006、ISO 14044：2006、ISO 14047：2003、ISO 14048：2002）[2]。同时，各种 LCA 软件和数据库纷纷推出，促进了 LCA 的全面应用。LCA 在许多工业行业中取得了很大成功，并在决策制订过程中发挥了重要的作用，已经成为产品环境特征分析和决策支持的有力工具。目前，生命周期评价仍在发展中，还有很多地方有待完善。

2.2 生命周期评价的定义

2.2.1 国际环境毒理学和化学学会（SETAC）的定义

生命周期评价是一种通过对产品、生产工艺及活动的物质、能量的利用及造成的环境排放进行量化和识别而进行环境负荷评价的过程；是对评价对象能量和物质消耗及环境排放进行环境影响评价的过程；也是对评价对象改善其环境影响的机会进行识别和评估的过程。生命周期评价，包括产品、工艺过程或活动的整个生命周期，即原材料的开采、加工，产品制造、运输和分配，使用、重新利用、维持，循环以及最终处理[3]。

2.2.2 联合国环境规划署（UNEP）的定义

生命周期评价是评价一个产品系统生命周期整个阶段——从原材料的提取和加工，到产品生产、包装、市场营销、使用、再使用和产品维护，直至再循环和最终废物处置的环境影响的工具。

2.2.3 国际标准化组织(ISO)的定义

生命周期评价是对产品系统整个生命周期的输入、输出及潜在环境影响的汇集和评价[4]。生命周期评价是一种评价产品整个生命周期——从摇篮到坟墓的环境影响和资源消耗的方法论。生命周期评价的核心特征是能够全面反映产品系统功能的环境影响，而不局限于单个过程。图 2-1 所示为产品系统生命周期的一般模式。

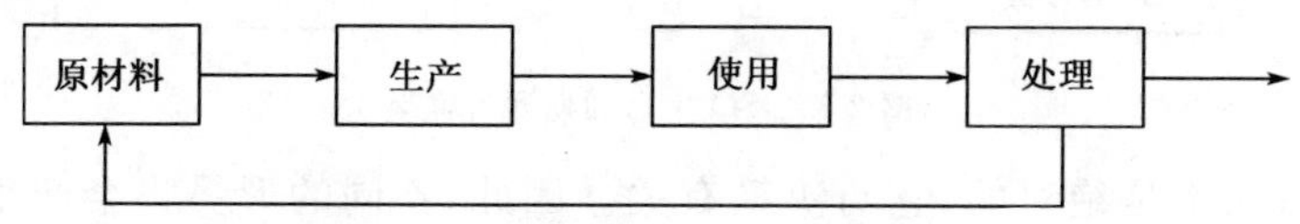

图 2-1 产品系统生命周期的一般模式

2.3 生命周期评价方法的主要内容

1993 年，SETAC 把 LCA 描述成由 4 个相互关联的组分组成的三角形模型。它们分别是目标定义和范围界定、清单分析、影响评价和改进评价，如图 2-2 所示。1997 年，ISO 14040 进一步把 LCA 的实施步骤分为目标和范围定义、清单分析、影响评价和结果解析 4 个部分，如图 2-3 所示。

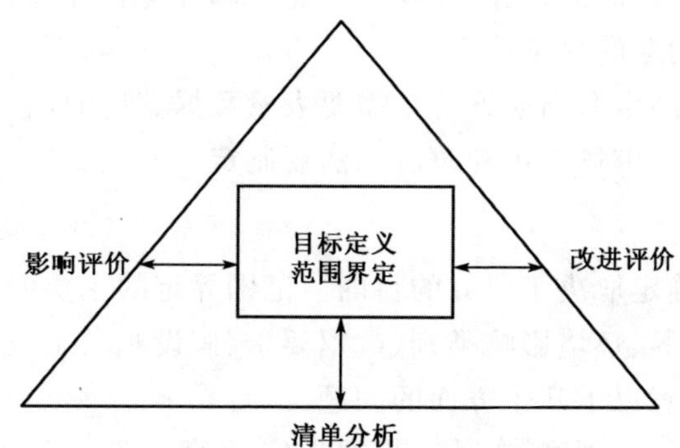

图 2-2 SETAC 生命周期评价的理论框架

2.3.1 研究目的和范围界定

1)研究目的

研究目的的确定是对即将提供的环境信息的决策过程。它为后续的解释阶段服务，即确定生命周期评价的结果能够回答什么问题，同时不能回答什么问题。

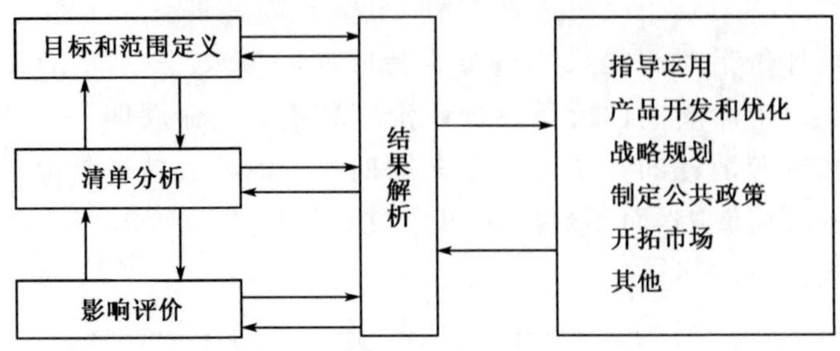

图 2-3 ISO 生命周期评价框架

研究目的不是绝对的，它与决策有关。因此，不同的形势将会产生不同的目的。目的可以是组织的采购部门在市场上选择对环境产生最小影响的产品，或是某一特定产品的生产者要确定其产品生命周期各个阶段中环境影响最显著的阶段，以利于集中精力全面减轻产品的环境负荷。

生命周期评价依据其研究目的分为三类：概念的、初步的和全面的产品生命周期评价[1]。

(1)概念的产品生命周期评价用于解决产品—环境系统的基本问题，主要向消费者描述环境标志产品应有的品质。

(2)初步的产品生命周期评价是对产品所存在的环境问题的半定量或定量的评估。它可以为产品的设计、开发及企业内部环境管理服务，也可以用于政府部门对有关环境问题的决策研究。

(3)全面的产品生命周期评价是需要大量数据支持的，它可以用于环境标志的认证、企业的外部市场宣传和政府的法规制定。

2)研究范围

研究范围的确定取决于研究的目的。范围界定的主要内容，包括系统功能、功能单位、系统边界、环境影响类别、数据要求、假设和限制条件等。在确定研究范围时，应主要注意以下几个方面的问题。

(1)研究对象——功能单位。范围界定的第一步是明确产品提供给用户的功能，生命周期评价的对象由产品的功能确定。只有具有相同功能的产品之间才能进行比较，这样可以保证产品系统间环境影响大小比较的公正性。功能单位是对功能属性的量化描述，应与研究的目的和范围一致。功能单位在产品系统间环境影响大小的比较方面起着重要作用，它是产品生命周期评价的基础。在清单分析中，收集的所有数据都必须换算为功能单位。建立功能单位的主要目的在于对产品系统的输入和输出进行标准化，因此需要明确界定功能单位，而且要可测度。在定义功能单位时，需要考虑三方面的因素：产品的效率、产品的使用期、产品质量标准。一旦确定了功能单位，就必须确定实现相应功能的产品的数量，此量化结果即为基准流。基准流主要用于表征系统的输入与输出。

(2)产品系统。生命周期评价的核心环节就是明确产品系统，包括对产品系统的详细描述和绘制产品系统与环境之间的边界以及确定产品系统整个生命周期的相关个体过程。产品系统的基本性质取决于它的功能，而不能仅从最终产品的角度来表述。产品系统是由提供一种或多种确定功能的中间产品流联系起来的单元过程的集合，通过物质与能量的利用与循环，为人类提供产品和服务。产品系统由系统和环境组成。系统环境为系统提供原材料和能量，同时接受产品和排放物。产品系统作为一个整体存在，包括了从最初的原材料开采到最终产品使用后的废物处理全过程。但在实践中，为使产品清单分析可行，在界定产品系统时，有时必须略去某些过程。

(3)评价标准。依据研究目的，产品系统的评价标准由研究的范围确定，以确保产品系统在清单分析阶段收集的数据与选定的评价标准相符。尽管研究人员试图将社会经济因素和伦理因素作为评价标准，但大多数研究只考虑直接的环境影响和资源消耗[5]。

(4)数据质量。数据质量决定了最终生命周期评价结果的质量。数据质量主要涉及时间跨度、空间范围(局域、区域和全球)和技术层次等。对实测数据和文献数据的来源应给予明确说明。实测数据应具有一定的代表性，应能反映系统中的主要能流和物流。数据质量考虑的主要因素：

①准确性：每种数据类型数值的变异度。

②完整性：在每一个工艺过程中，所获数据占所有潜在可获数据的比例。

③代表性：所采用的数据是否能够比较准确地反映系统的特征。

④相容性：定性评价所采用的方法是否具有一致性。

⑤可再现性：即其他生命周期评价从业者是否可根据所报告的数据和方法得出相同的研究结果。

2.3.2 清单分析

清单分析的任务是收集数据，并通过一些计算给出该产品系统各种输入输出，作为下一步影响评价的依据。输入的资源包括物料和能源，输出的除了产品外，还有向大气、水和土壤的排放。在计算能源时，要考虑使用的各种形式的燃料和电力、能源的转化和分配效率以及与该能源相关的输入输出。目前，生命周期评价方法按清单分析主要有三类：基于过程的生命周期评价、基于经济投入产出分析的生命周期评价和复合的生命周期评价方法。

1)基于过程的生命周期评价方法(以下简称 LCA 过程法)

LCA 过程法,旨在量化寿命周期系统范围内每个独立过程的输入和排放,把所有独立过程的数据累加起来就是整个寿命周期的输入、排放和影响。从功能上而言,这是个自下而上量化产品环境影响的方法。LCA 过程法可追溯到环境毒理学和化学学会(SETAC)以及美国环保署(EPA)支持和改进的方法,有时也称为 SETAC-EPA 法。

LCA 过程法的最大优点和最大缺点都在于其关注细节。由于产品的寿命周期是由独立过程组成的,因此评价结果对于所研究的产品是特定的。因此,LCA 过程法提供了一种细致化和直接的方法表征产品的环境特点。

LCA 过程法需要广泛大量的数据,数据收集耗时且费用高。另外,一个关键问题是必须排除上游供应链的不确定性。实际上,产品的供应链持续具有不确定性,最终与经济社会中的其他部分有直接和间接的关系。由于不可能研究无限个上游过程,LCA 过程法需要人为设置一个系统边界进行分析,这会导致忽略一部分过程,这称之为截断误差。有时该误差可达 50%[6],尽管误差量级与所研究的产品系统关系密切,对于路面和其他材料以及资源密集型产品,所有输入材料供应链过程数据的收集有助于减少截断误差。然而,应注意的是,即使扩大系统边界,有些产品的截断误差并不能显著减小[7]。

2)基于经济投入产出分析的生命周期评价方法(以下简称 IO-LCA 法)

IO-LCA 法是一个自上而下的方法,包括经济活动的所有方面。该方法基于 Wassily Leontief 1936 年提出的输入产出法[8]。通过识别经济活动中不同部门之间货物和服务流,输入产出模型可以追踪既定经济部门单位产出(即单位“最终需求”)所需的直接和间接的经济输入。从 1947 年,美国商务部开始定时出版美国经济输入产出表。其最近的出版物是基于 2002 年的数据,将经济分为 430 个部门[9]。LCA 输入产出法将输入产出模型和经济部门的环境数据耦合,然后评估生产既定产品的环境负担[10]。

IO-LCA 法的主要优点之一是能够分析整个供应链,没有截断误差。然而,使用该方法会产生新的误差。Lenzen (2001)认为,IO-LCA 法存在三方面的不确定性:

(1)累计误差:不同机构分组到同一个部门引起的误差。

(2)分配误差:不同产品分组到同一个部门引起的误差。

(3)数据源误差:不可靠的数据报告、收集和取样引起的误差。

下面将通过美国沥青生产的例子对这些误差进行有效说明。

沥青生产在美国输入产出模型中属于石油炼制经济部门,包括其他的以石油为基础的产品,如汽油、柴油和蜡等。该部门输入产出模型的环境数据是基于美国石油炼制厂报给政府机构的信息。采用这些环境数据得出石油炼制部门的环境影响强度(如 1 美元产出的排放量),这代表了所有美国炼制厂的平均值。

实际上,既定路面所用的沥青可能来自某个具备自身技术特点和环境影响强度的炼制厂。然而,IO-LCA 法采用的是国家环境影响强度额均值,这将总是低估或高估产品的环境影响。既定环境影响下的国家平均强度和特定炼制厂的强度之间的差别称为累计误差。累计误差的负面后果是,它是任何特定设施或供应链优化的障碍,因为 IO-LCA 法只能表征具有"国家平均水平"的设施或供应链。

一个相关的问题是,尽管石油炼制厂生产不同的产品,但 IO-LCA 法假定生产的所有产品的环境影响强度都是国家平均水平。例如,尽管工艺、能耗和排放具有显著差异,但认为生产汽油的环境强度(1 美元产出的排放量)与生产沥青相同。IO-LCA 法假设产品成本与产品环境影响呈完全正相关的关系,但这个假设并不完美,所以该方法存在分配误差。

另外,美国石油炼制厂不完全或误报的数据导致了数据来源误差。这些误差的量级大小主要取决于环境影响程度。例如,燃油购买价和能耗通常容易追踪,石油炼制厂的能耗也就可以准确记录。然而,挥发有机物排放量通常是按工程估算方法计算的,这个数值具有不确定性。

前述以沥青为例的误差,几乎对采用 IO-LCA 法评价任何产品都是存在的。IO-LCA 法固有的误差严重影响到它的完整性。然而,IO-LCA 法可以作为传统过程法的有效补充,因为它可以消除截断误差。

3)复合的生命周期评价方法(以下简称复合法)

LCA 过程法和 IO-LCA 法各有自己的优点和缺点。Hendrickson 等(2006)指出,LCA 过程法和 IO-LCA 法并不是不能共存,而是各有相对的比较优势。复合分析可以提高其各自方法的价值,得到更好更确信的答案[10]。复合法是一种融合 LCA 过程法和 IO-LCA 法的优点,并减少二者缺点的方法。二者的优点和缺点总结见表 2-1。

对一个项目进行精确的复合法分析,取决于项目约束条件和取得的数据。常用方法是采用 IO-LCA 法弥补过程法的缺陷[11]。通常实施复合法时,采用 LCA 过程法分析最直接和最有影响的过程,而采用 IO-LCA 法分析间接和上游的过程。这就利用了过程法(确定性)和 IO-LCA 法(广泛性)的主要优势,而使得两种方法分别产生的截断误差和累计误差最小。

图 2-4 为一般产品系统的复合法的示意图,图中采用 IO-LCA 法表征过程 A 和过程 B(所有上游直接和间接的过程),采用 LCA 过程法表征过程 C 和过程 D(下游的一切过程)。该方法利用独立过程法处理具体的生产过程(例如,过程

C 和过程 D)，利用 IO-LCA 法产生一个广泛性的覆盖范围。在 LCA 过程法和 IO-LCA 法之间划分界限是一个重要决定，必须对产品和项目参数进行独立评估。

LCA 过程法与 IO-LCA 法的优点和缺点[10] 表 2-1

项目	LCA 过程法	IO-LCA 法
优点	详细的特定过程分析； 特定产品比较； 过程改善，缺点分析； 未来产品研发评价	经济范围广泛、评价全面(所有直接和间接的环境效应)； 系统 LCA：工业、产品、服务、国家经济； 敏感性分析，情景规划； 数据可公开获取，结果可再现； 未来产品开发评价； 经济中每个产品的信息
缺点	系统边界确定具有主观性； 耗时、昂贵； 新过程设计困难； 使用专有数据； 如果使用保密数据，不能复制； 数据具有不确定性	许多产品评价包括累计数据； 过程评价困难； 经济和环境数据仅反映过去的实践； 进口货视为美国的产品； 难以适用开放经济(大量不可比较的进口货)； 非美国的数据获取是个问题； 数据具有不确定性

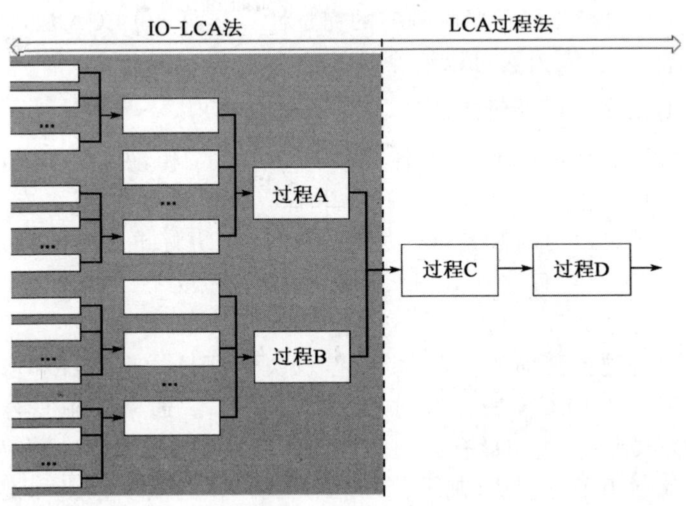

图 2-4 复合法示例

2.3.3 生命周期影响评价

清单分析对产品整个生命周期内的环境交换进行清查。清单分析所得的环境交换数据有些影响可能十分严重,有些影响较小或对影响没有什么意义。为了将生命周期评价应用于各种决策过程,就必须对这种环境交换的潜在影响进行评估,说明各种环境交换的相对重要性以及每个生产阶段或产品每个组成部分对环境影响的大小,这一阶段称为生命周期影响评价(Life Cycle Impact Assessment,LCIA)[12]。

目前,世界上关于 LCIA 尚无统一的方法。SETAC 将 LCIA 划分为分类、特征化和评估三个步骤。ISO 14042 标准在 SETAC 框架的基础上,进行了必备要素和可选要素的划分,即将分类、特征化以及影响类别、参数、评价模型作为必备要素,而将评估列为可选要素,从而进一步将其划分为归一化、分组、加权以及数据质量评价四步。图 2-5 所示为 ISO 生命周期影响评价框架[12]。

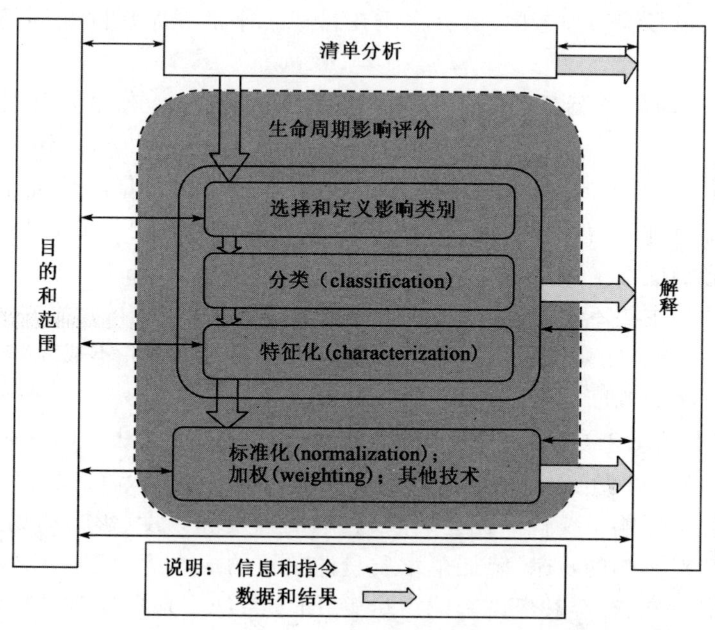

图 2-5 ISO 生命周期影响评价框架

LCIA 作为整个生命周期评价的一部分,可用于:确定产品系统改进的可能性并有助于确定其优先排序;对产品系统或其中的单元过程进行特征描述或建立参照基准,通过建立一系列类型参数对产品系统进行相对比较,为决策者提供环境数据或信息支持。

LCIA 与其他环境管理技术(如环境影响评价、风险评价)不同,它是一种基于功能单位的相对评价方法。

1)生命周期影响评价的主要方法

目前,国际上关于生命周期影响评价的定量方法主要有两种:环境问题法和目标距离法[13]。前者着眼于环境影响因子和影响机理，通过对各种环境干扰采用当量因子进行标准化和对比分析；后者则着眼于影响后果，采用目标距离的原则，即某种环境效应的严重性，用该效应当前水平与目标水平之间的差异来表示。

(1)瑞士临界体积法。瑞士临界体积法是第一个将清单结果汇总的方法。物质的临界体积是其排放极限或法律规定的极限。该方法采用国家法律所规定的污染物排放最高浓度，对排入空气、土壤和水体的污染物进行加权评估，然后将所有污染物的排放量汇总就得到总的环境影响，即被污染的空气、水和土壤的总量[14]。

该方法的主要不足是：法律规定的排放极限仅限于一些化学品和污染物；长期的全球环境影响未被考虑；所有物质在目标水平的残余风险相同的假设并不成立。

(2)瑞士的生态稀缺性方法(Ecological Scarcity)。该方法由瑞士联邦环境、森林和景观机构提出。在该方法中，产品的生态分值(Eco-points)通过清单流的生态因子(Eco-factor)计算得到。生态因子由当前每年的环境排放与目标年度最大环境排放的比较决定。各种清单流的生态分值可以直接加和，从而得出单一的影响值。

该方法的主要不足是：它只适用于某些具体的地区；对目标流的估算比较困难而且耗时；所有物质在目标水平的残余风险相同的假设并不成立；环境影响的科学计算与主观判断混合在一起[14]。

(3)瑞典的 EPS(Environmental Priorities System)方法。EPS 是由瑞典环境研究所开发的利用经济方法评价环境影响的方法。EPS 的最终结果主要考虑了诸如环境影响重要性的社会判断、影响的强度和频度、影响的场所和时间、每种因素流对影响的贡献、降低单位质量清单流的成本等因素。EPS 综合考虑了清单流的生态、社会和经济影响。尽管 EPS 系统在瑞典得到了广泛使用，但它也存在一些缺点，即缺乏透明度和假设的定量模型[14]。

(4)BEES 模型。BEES 模型采用环境问题法[14]。在 BEES 3.0 中除了采用 TRACI(Tool for the Reduction and Assessment of Chemical and other Environmental Impacts)中研究的 11 种影响类别外，还考虑了建筑物本身的特点，将室内空气质量也作为一种影响类别包括在 BEES 模型中。在 12 种影响类别中，BEES 将用水和室内空气质量两种类型直接将清单分析结果用于影响评价。其他 10 种采用 TRACI 方法，通过计算每一种影响类别的潜在特征化当量因子，再乘以清单流的物质的质量得到该影响类别的影响指数进行评价。图 2-6 描述了 BEES 3.0 中关于环境性能评价的模型。

(5)EDIP 方法。EDIP 是工业产品环境设计的简称，由丹麦技术大学开发[15]。该方法面向产品的开发和设计，将环境影响、资源消耗和职业健康全部包括在一个模型中。在考虑具体的影响类别时，又从全球性、区域性和局域性三个空间尺度加以区分。该方法通过标准化基准(每人每年的环境影响贡献)进行影响类别的标准化，同时采用政策目标距离确定不同环境影响类别的权重，再进行加权评估。

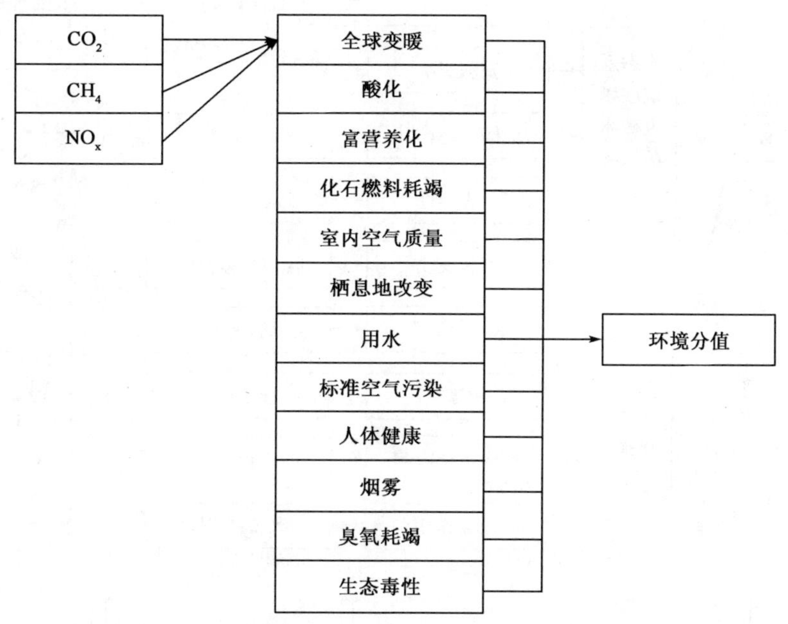

图 2-6　BEES 3.0 模型中环境性能评价框架

(6)荷兰生态指数 99 方法(Eco-indicator 99)。荷兰生态指数 99 方法是由 Pre 咨询机构开发的一套“面向损害”的生命周期影响评价方法[13]。该方法重点在于简化生命周期影响加权评估。它研究了几种非常有限的环境损害类型，即人类健康、生态质量和资源。损害模型用于评价产品对这三种类型造成的环境影响大小。它改变了荷兰生态指数 95 方法模型中采用“目标距离原则”的方法，侧重于实际的损害，如图 2-7 所示。

2)环境影响类别和相应的当量物质参数

生命周期影响评价的主要任务是解释清单分析的结果对 LCA 中的“保护领域”或“安全对象”的潜在影响。所保护的领域就成为划分环境影响类别的基本依据。目前，被广为接受的生命周期评价保护领域是[5]：人类健康、生态系统健康以及资源状况。将环境排放转换为潜在影响是通过环境因果网(the Environmental Causality Web)进行的。目前，对于环境影响类别的划分，还没有达成一致，不同研究机构按照自身研究领域的特点制订了不同的环境影响类别分

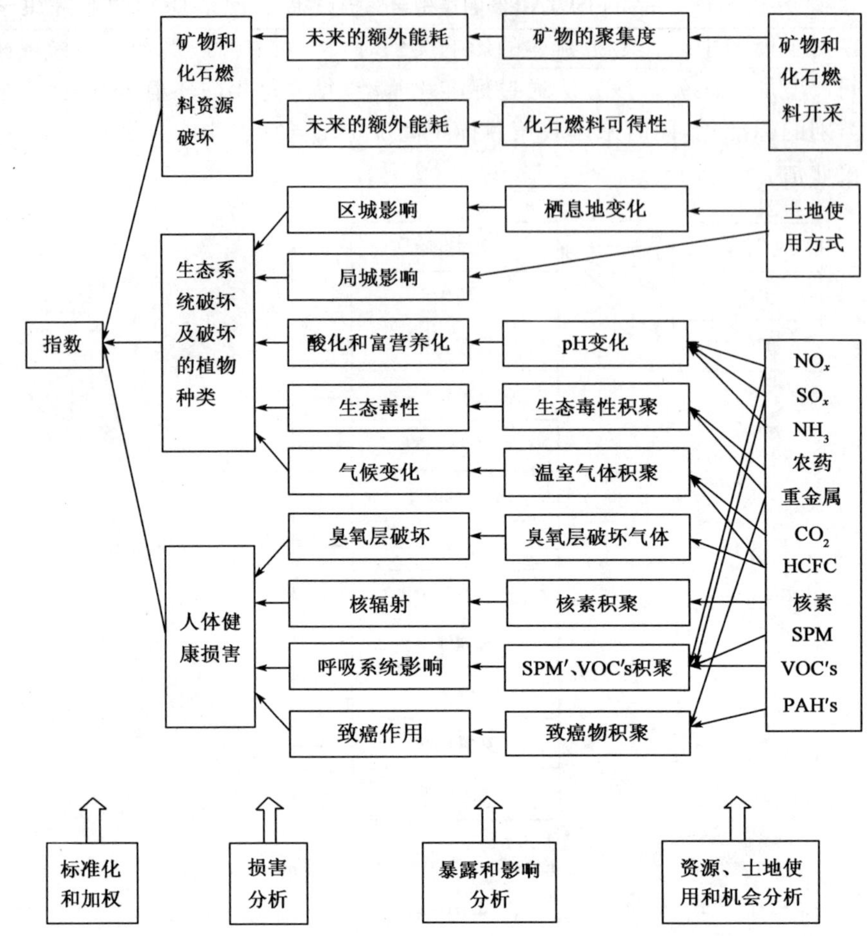

图 2-7　荷兰生态指数 99 影响评价模型

类方案。比较有影响的几个分类方案有：

(1)SETAC 提出的环境影响因素分类方案。SETAC 于 1993 年提出的环境影响分类方案,主要考虑资源、人类健康和生态系统健康三类。SETAC 划分的环境影响类别仍然被世界上许多研究者广泛引用。SETAC 方案的缺点是没有区分影响的空间尺度,如表 2-2 所示。

(2)EDIP 方法提出的环境影响因素。丹麦技术大学在 SETAC 分类方案的基础上,根据 ISO 14042 的原则在 EDIP 方法论中提出了一个新的环境影响类别分类体系,即根据环境影响的空间尺度,将环境影响分为全球性影响、区域性影响和局域性影响,又根据影响对象和影响途径分为环境污染、资源消耗和职业健康[15],如表 2-3 所示。

SETAC 影响类别与保护目标 表 2-2

类　　别		资源	人类健康	生态系统健康
资源消耗	非生物资源的消耗	+		
	生物资源消耗	+		
环境污染	全球变暖潜势		(+)	+
	臭氧层破坏		(+)	(+)
	人体毒性		+	
	生态毒性		(+)	+
	光化学氧化物形成		+	+
	酸化		(+)	+
	富营养化			+
生态系统和景观退化	土地利用		+	

注：+表示潜在直接影响；(+)表示潜在间接影响。

EDIP 方法中环境影响类别分类体系 表 2-3

类别	全球性影响	区域性影响	局域性影响
环境污染	全球变暖；臭氧层损耗	光化学臭氧合成；酸化；水体富营养化；持续性毒性	生态毒性(急性)；人体毒性；废物土地填埋
资源消耗	化石燃料；金属及其他矿物质		生物质(木料、作物等)；水(地下水、地表水、水力发电)
职业健康	土地利用		化学致癌；化学物质对生殖系统的损害；化学过敏；化学物质对神经系统的损害；单调重复工作对肌肉的损害；噪声对听力的损害；事故造成的人身伤害

(3)各种环境影响类别的当量物质参数。选择了环境影响类别后，就需要根据不同的影响类别确定类型参数。类型参数的确定，需要考虑环境干扰因子与环境影响之间的内在机制。表 2-4 列举了目前这方面的权威机构——国际气候变化专家委员会(IPCC)推荐的基本达成共识的一些类型参数。

环境影响类别的表示参数 表 2-4

影响类别	表示参数	影响类别	表示参数
全球变暖潜势(GWP)	CO_2	富营养化	NO_3
臭氧层损耗	CFC-11	光化学臭氧合成	C_2H_2
酸化	SO_2		

3)分类

分类的目的在于将清单分析结果分配到影响评价阶段的影响类别中。在分类中，当清单分析结果只与一种环境影响类别有关时，就直接将其归类；当清单分析结果与多种环境影响类别相关时，则要区分串联、并联、间接和联合影响问题。将一个清单分析结果分配到多个环境影响类别时，必须建立在现有知识的基础上，以免重复计算。如果涉及间接影响，清单分析结果应分配到第一影响类别中，以免重复计算。

如果清单分析结果不可得或者生命周期影响评价的数据质量达不到研究目的时，则必须反复收集数据或对目的和范围加以调整。

4)特征化

特征化，即对影响类别建立模型，以便于将同属一类的清单结果进行汇总的过程。特征化由造成某种类型的环境影响发生变化或对该类型的环境排放的因子表示。特征化的结果表明了环境排放或资源消耗的状况。

对每一种影响类别，都应建立具体的模型来表示清单结果与因子间的关系。模型应建立在科学基础上，也可包含假设和价值选择。建立模型时，涉及的假设和价值选择应该得到确定和验证。一般，对于归属于一类影响类别的所有物质的潜在影响都在特征化阶段建立量化模型。特征化建立在当量模型的基础上，即表示一单位物质造成的环境影响与多少单位参考物质造成的环境影响等同。

如，对全球变暖，某物质的全球变暖潜势(GWP)被选作特征化因子。IPCC将 CO_2 作为参照物，特征化因子表明其他物质的潜在影响相当于多少单位 CO_2 的影响。

5)标准化

标准化，即分析各因子对影响类别的相对贡献，是影响评价的可选分析过程。

6)加权评估

加权评估是生命周期影响评价的可选分析过程。权重反映了不同影响的相对重要程度。加权过程是一个价值判断的过程，不同主体、不同研究目的采用的加权方法不同。

2.3.4 生命周期解释

生命周期解释的目的，是根据 LCA 前几个阶段的研究或清单分析的发现，以透明的方式分析结果、形成结论、解释局限性、提出建议并报告生命周期解释的结果，尽可能提供对 LCA 或 LCI 研究结果与目的和范围界定相符的易于理解的、完整的和一致的说明。

生命周期解释的主要特征在于：生命周期解释基于 LCA 或 LCI 的研究发现，使用系统的程序识别、量化、检查、评估和提出结论，以满足目的和范围界定阶段确定的应用要求。生命周期解释需要不断反复。生命周期解释通过强调生命周期评价的作用和局限将 LCA 与其他环境管理技术联系起来。

ISO 14043 中,生命周期解释包括三个要素:基于 LCI 和 LCIA 的结果,识别重大问题;评估,即对生命周期评价过程的完整性、敏感性和一致性检查;给出结论、建议和报告。图 2-8 描述了生命周期解释各要素与 LCA 其他阶段之间的联系[16]。

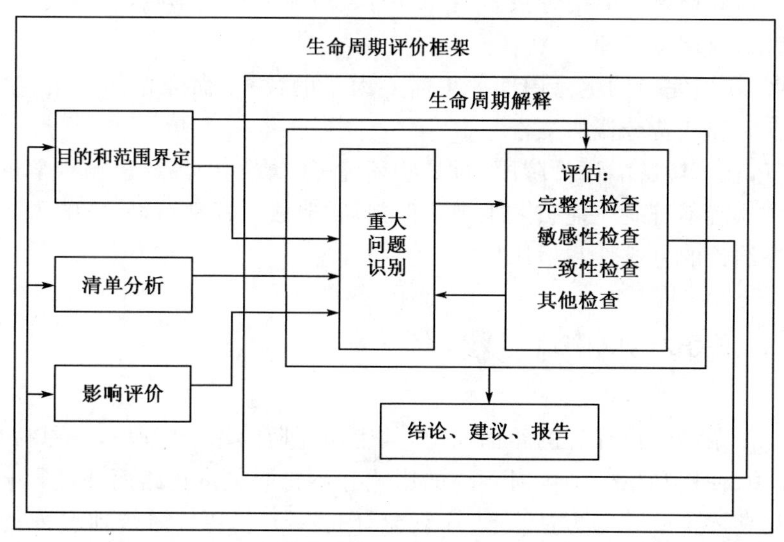

图 2-8 生命周期解释与生命周期评价其他阶段的关系

2.3.5 生命周期评价的应用

生命周期评价,既是一种评价方法,又是一种环境管理工具,在工业系统的可持续发展中起着重要作用。Weidema[17] 认为 LCA 主要有下面六个应用领域:重要环节识别;为一般消费者提供信息;市场需求;产品标准、税和补助金、生态认证标准;产品开发绩效标准;产品符合法规、社会活动的绩效标准。一般而言,生命周期评价可用于产品开发和改进,使产品在满足基本功能要求的同时,环境影响最低。在工业生产中,LCA 还可用于内部战略规划和政策决策支持,使工业生产符合可持续发展的要求。在市场上,LCA 可用作消费者绿色消费的依据。对政府而言,LCA 可用作生态认证、绿色采购和废物管理等政策制定的依据。

2.3.6 生命周期评价的局限性

生命周期评价方法仍然在发展中,还存在许多不足:

第一，目的和范围界定存在很大的主观性，有许多环节因为信息来源或科学背景不详而被省略，因此影响了评价的客观性和完整性，造成不同评价者对同一对象所做的评价、结论不同[18]。

第二，生命周期评价缺乏标准的清单分析方法；缺乏有效的标准化的数据库；将清单分析结果转化为影响评价指标时，缺乏标准、科学的模型。

第三，生命周期评价不是从具体的时间和空间范围考虑环境影响问题。因此目前生命周期评价的结论只表明评价对象潜在的环境影响，并非实际影响，它不能代替其他环境管理工具的作用。

第四，实施完整的生命周期评价需要大量的数据，而数据的采集、整理是一项非常耗时和耗费金钱的工作[19]。

第五，在环境影响评价阶段，对某些环境影响类别的环境影响科学机理还不甚清楚。这就不可避免地引入主观价值判断，造成无标准可循，影响了生命周期评价方法结论的可靠性和适用性。

2.4 国内外研究现状

对于一条已经设计好的路面而言，其生命周期的每个阶段——原材料生产、施工、养护、使用和生命结束对环境的影响并不相同。量化路面环境影响最好采用生命周期评价（LCA）方法。LCA 就是评价一个产品从摇篮到坟墓整个生命周期，从上游供应链加工到产品达到生命结束时被废置。理想情况下，LCA 评价对象包括所有与资源使用、排放、水、土地相关的环境影响。采用 LCA 方法评价路面已有逾 10 年的历史，但该研究领域仍不成熟。

路面生命周期把路面生命期间的活动进行分类，本书把生命周期分为五个独立阶段：材料生产、施工、使用、养护和生命结束。每个阶段的总结如图 2-9 所示。路面生命周期阶段可以任意划分，没有约定标准。比如，有的研究将路面生命周期划分为 10 个阶段[1]，有的划分为 4 个阶段，将使用阶段和维修养护阶段合成一个阶段。

2.4.1 国外路面 LCA 研究

关于国外路面 LCA 的研究文献非常多，本书选取了 12 篇关于生命周期评价或生命周期清单的具有代表性的研究报告和论文进行比较分析。

1）Häkkinen & Mäkelä（1996）

Häkkinen & Mäkelä（1996）[2]的研究比较了 SMA 面层和设置传力杆的接缝水泥混凝土路面（JRCP）。尽管这是最早的路面 LCA 研究报告，但本研究是

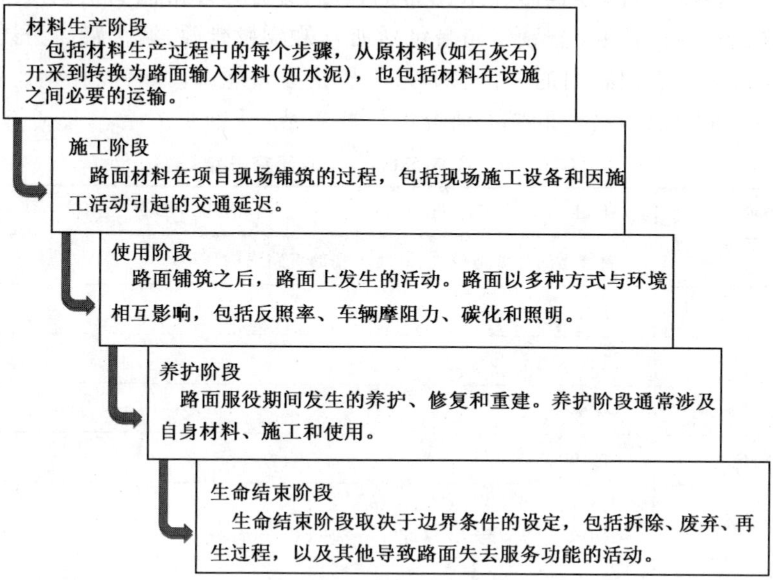

材料生产阶段

包括材料生产过程中的每个步骤，从原材料(如石灰石)开采到转换为路面输入材料(如水泥)，也包括材料在设施之间必要的运输。

施工阶段

路面材料在项目现场铺筑的过程，包括现场施工设备和因施工活动引起的交通延迟。

使用阶段

路面铺筑之后，路面上发生的活动。路面以多种方式与环境相互影响，包括反照率、车辆摩阻力、碳化和照明。

养护阶段

路面服役期间发生的养护、修复和重建。养护阶段通常涉及自身材料、施工和使用。

生命结束阶段

生命结束阶段取决于边界条件的设定，包括拆除、废弃、再生过程，以及其他导致路面失去服务功能的活动。

图 2-9　路面生命周期阶段

迄今为止最全面的。评价了 18 个不同环境标准(包括 CO_2 排放、能耗、空气污染物和重金属排放)下的两种路面结构，路面结构基于芬兰的 Tampere 高速公路。路面交通量假定为 20 000 辆/d，对重车比例没有说明。

本研究通过追踪和量化两种结构每个组成部分的上游供应链来量化材料阶段的环境负荷。数据来自于北欧，设计也反映了该区域的独特性，如带钉轮胎、路面撒盐对结构设计有重要影响，对养护和使用也有影响。

施工阶段的影响，主要集中在现场铺路设备的油耗及其产生的排放。案例研究采用新建路面，忽略了初次施工引起的交通延误。然而，分析中包括了养护和维修阶段的交通干扰。养护和维修阶段按照芬兰推荐的 50 年分析期进行分析，水泥路面包括 2 次研磨，沥青路面包括铣刨，然后采用再生料和新料加铺。

使用阶段的纳入，使得本研究区分于本领域其他研究，范围包括路面对油耗、噪声照明、灰尘和混凝土碳酸化的影响。作者认为，路面之间的油耗差异不能在合理误差水平内进行量化，这种差异与路面类型有关，路面特点的变化会引起油耗的净增长或减少。另外，作者评价了绝对交通量水平，相比路面生命周期内的总环境影响，车辆交通的环境总影响更有用。在年平均日交通量(AADT)为 20 000 的情况下，50 年设计期的绝对交通排放量比路面生命期间内的总排放量几乎高 2 个数量级。研究也进行了有限的敏感性分析，发现如果由于路面特点使得油耗降低 0.1%～0.5%，车辆排放也将比整个路面生命周期内的排放减少更多。混凝土碳酸化估计会吸收水泥生产过程煅烧释放 CO_2 的 10%。

就 CO_2 排放而言，作者估计水泥路面的排放比沥青路面高 40%～60%，具体差异取决于养护计划。相反，如果包括沥青的原料能源，沥青路面消耗的不可再生能源几乎是水泥路面的 2 倍。如果不包括原料能源，二者能耗则比较接近，尽管水泥路面能耗会略微下降。研究的简要总结，见表 2-5。

Häkkinen & Mäkelä(1996)研究总结 表 2-5

作者	Häkkinen & Mäkelä
题目	混凝土的环境适应性：混凝土和沥青路面的环境影响
国家	芬兰
LCA 方法	过程法
分析期	50 年
交通量	20 000AADT
路面结构	1. SMA(50cm)；AC(190mm) 2. JPCP，设置传力杆(220mm)；AC(120mm)
研究阶段	材料、施工、使用、养护维修
输出	能源、排放、原材料、噪声

2)Horvath & Hendrickson (1998)

Horvath & Hendrickson (1998)[3]是最早研究路面生命周期影响的论文。作者采用卡内基梅隆大学的 EIO-LCA 法评价了美国的热拌沥青路面和连续配筋混凝土(CRCP)路面，环境输出包括不同燃料类型的消耗、用电、矿石和肥料消耗、空气污染物排放、水释放和土地出让，但没有量化温室气体(包括 CO_2)的排放。路面设计符合 AASHTO 的标准，累计交通量约为 1 000 万次 ESAL，约相当于州际公路 10 年的交通量。

该研究集中在不同表层原材料的获取和混合料生产，仅量化了施工阶段和生命结束阶段。施工阶段讨论了热拌沥青材料排放的有毒烟雾，生命结束阶段探讨了两种材料的再生利用。对使用阶段没有讨论，养护阶段由于缺少可靠的数据也没有讨论。

研究认为，沥青路面生命周期的材料阶段能耗比水泥路面高 40%。该研究未包括沥青或其他材料的原料能源。尽管在能耗方面沥青路面更高，但其他环境影响参数还是水泥路面更高。作者认为，如果能够有效再生，从环保角度而言，沥青路面是更好的选择。作者之所以得出这样的结论，是承认数据存在很大的不确定性，包括很难准确预测路面寿命和未来的养护活动。另外一个重要的方面是，CRCP 使用的钢筋的环境负荷非常大。本研究的简要总结，见表 2-6。

Horvath & Hendrickson(1998)**研究总结** 表 2-6

作者	Horvath & Hendrickson
题目	沥青路面与钢筋混凝土路面环境影响比较
国家	美国
LCA 方法	I-O 法
分析期	10 年
交通量	1 000 万次 ESAL
路面结构	1. HMA(300mm) 2. CRCP(220mm)
研究阶段	材料、施工、生命结束
输出	能源、排放、原材料、释放出的水、有毒物质、水使用情况

3)Roudebush (1999)

Roudebush (1999)[1]采用“能值”比较水泥路面和沥青路面结构。“能值”是生命周期能耗的汇集方法,考虑了能量的质量和来源。该热力学方法将不同类型的能源转化为等效太阳能,称之为“太阳能焦耳”。报告中未介绍具体计算方法。本报告是 1996 年报告[4](作者是 Roudebush)的升级版和浓缩版,两份报告都由波特兰水泥协会资助和出版,都评价了美国的路面。功能单位为 24ft❶ 宽、1km 长的路面,分析期为 50 年,交通量没有相关信息。

路面生命周期,包括从原材料开采到再生和废弃 10 个不同阶段。Roudebush 划分的 10 个阶段可归类为本综述中的五个阶段,该报告研究了 10 个阶段中的 6 个阶段,相当于材料、施工、养护和生命结束阶段,省略了使用阶段。尽管研究指出路面类型在照明和油耗方面的差异值得进一步研究。

报告认为,沥青路面结构需要的能值比水泥路面多 90.8%(未包括沥青的原料能源,因为这不是能值计算的部分)。材料和养护阶段(后者被 Roudebush 化为使用阶段)因路面类型能值差异很大,可能因为单位质量沥青混合料的能值转换是水泥混凝土的 2 倍,沥青路面的养护(包括旧路铣刨和罩面)也比水泥路面更为频繁,需要更多的材料。本研究的简要总结,见表 2-7。

❶ 1ft=0.304 8m。

Roudebush (1999)研究总结 表 2-7

作者	Roudebush
题目	水泥和沥青路面环境工程评价
国家	美国
LCA 方法	过程法
分析期	50 年
交通量	未知
路面结构	1. SMA(127mm),集料基层(356mm) 2. JPCP,设置传力杆(229mm),集料基层(152mm)
研究阶段	材料、施工、养护维修、生命结束
输出	能值

4)Berthiaume and Bouchard (1999)

Berthiaume and Bouchard (1999)[5]采用的是火用分析沥青路面结构和水泥路面结构。火用是能量的衍生词,反映了一个系统离热力学平衡的距离。与Roudebush (1996, 1999)使用的能值一样,火用是功的量度,并考虑了能量质量的差异。作者认为,火用和环境之间的联系比能量和环境之间的联系更为直接。

功能单位是加拿大一平方米路面,分析期是 40 年。论文研究范围仅限于路面表层(即水泥和沥青路面的磨耗层)和火用。火用与材料生产阶段有关,因为忽略了施工、使用和生命结束阶段。分析采用了 3 种交通量:住宅区(20 000 ESALS)、城区(150 000 ESALS)和高速公路(2 000 000 ESALS),考虑了两种水泥混凝土类型(水泥生产干法和湿法工艺)和两种沥青路面施工季节(夏季和秋季)。对养护阶段进行了简化处理,水泥路面更换了一半的路面板,沥青路面根据交通量加铺了不同的厚度(160mm 或 200mm)。

火用分析发现,除干法水泥工艺的水泥路面外,每种情景下的水泥路面的火用消耗都比秋季施工的沥青路面高。一般而言,干法水泥工艺的水泥路面比湿法需要更少的能量。秋季施工和夏季施工火用消耗的差异主要是因为秋季集料含水率更高,需要更大的火用消耗烘干集料。

作者承认,很难公正地把火用分配在多种炼制产品上,因为沥青、燃料以及其他产品都是同一系列炼制过程的产物。采用的是煤火用和汽油火用之间的一个任意值。另外指出的是,没有考虑沥青的原料能源,原料能源储存在路面中,没有火用消耗。因此,不推荐直接比较火用和一次能源。本研究的简要总结,见表 2-8。

Berthiaume & Bouchard(1999)**研究总结** 表 2-8

<table>
<tr><td>作者</td><td colspan="2">Berthiaume & Bouchard</td></tr>
<tr><td>题目</td><td colspan="2">铺面材料生产环境影响的火用分析</td></tr>
<tr><td>国家</td><td colspan="2">加拿大</td></tr>
<tr><td>LCA 方法</td><td colspan="2">过程法</td></tr>
<tr><td>分析期</td><td colspan="2">40 年</td></tr>
<tr><td>交通量</td><td colspan="2">a) 20 000 ESAL;b) 150 000 ESAL; c) 2 000 000 ESAL</td></tr>
<tr><td rowspan="3">路面结构</td><td>a</td><td>1. AC(75mm)
2. JPCP,设置传力杆(205mm)</td></tr>
<tr><td>b</td><td>1. AC(110mm)
2. JPCP,设置传力杆(220mm)</td></tr>
<tr><td>c</td><td>1. AC(260mm)
2. JPCP,设置传力杆(230mm)</td></tr>
<tr><td>研究阶段</td><td colspan="2">材料、施工、使用、养护维修、生命结束</td></tr>
<tr><td>输出</td><td colspan="2">火用</td></tr>
</table>

5)Mroueh 等 (2000)

Mroueh 等 (2000)[6]突破了比较水泥路面和沥青路面的传统,而研究工业产品在路面结构中的应用。报告研究了 7 种使用粉煤灰、破碎旧混凝土以及高炉矿渣替换新鲜材料的路面结构。环境影响指标,包括资源使用、水和土地的释放、空气污染物排放、废物产生和噪声。考虑了材料、施工和养护阶段,没有考虑使用和生命结束阶段。功能单位是芬兰 1km 长、AADT 7 000、含 14%重车的公路。

材料阶段是本研究的主要研究对象,作者引用了以前研究的数据,主要是 Häkkinen and Mäkelä (1996)的研究数据。尽管该研究详细阐明了资料来源,但输入和输出不够清晰,难以评价结果的全面性和可信性。

施工阶段分析与材料阶段有类似的问题。作者说明了信息来源和方法,但没有阐明设备类型、生产能力和排放因子。路面结构之间的数量级差异也不清楚。尽管没提供具体数值,但条状图表明施工阶段能耗仅占总能耗很小的一部分。

养护阶段分析采用和 Häkkinen and Mäkelä (1996)相同的养护方案。作者假设每个方案采用相同的养护活动,即每个结构有相同的性能变化曲线,该假设是不合理的。结果表明,养护阶段对于某些环境指标是不可忽略的,比如能耗,但对于 CO_2 排放的影响则非常小。

该报告根据专家的排名打分系统汇总了各种环境指标,这让所有的环境负荷累加成为一个单一的环境"得分"。该系统给材料和能量消耗打分过高,而对水消耗和噪声产生等指标打分较低,因而难以评价打分系统对路面结构选择的影响，因为不是所有路面结构评价都采用这样的过程。总体上，采用再生或废旧材料的结构相比采用新材料的结构更为环保。应该指出的是，尽管打分被视为LCA影响评价阶段的一个可选因素[7]。ISO标准建议不要使用综合环境指标结果进行比较评估。本研究的简要总结，见表2-9。

Mroueh 等（2000）研究总结 表2-9

作者	Mroueh 等
题目	道路施工的生命周期评价
国家	芬兰
LCA 方法	过程法
分析期	50 年
交通量	7 000 AADT，14%货车
路面结构	1. AC（160mm）；stone（250mm）；砾石（250mm）；砂（250mm） 2. AC（50mm）；stone（150mm）；fly ash ＋ cement（650mm）；砂（200mm） 3. AC（160mm）；stone（150mm）；fly ash ＋ cement（350mm）；砂（200mm） 4. AC（160mm）；stone（150mm）；fly ash（350mm）；砂（200mm） 5. AC（160mm）；破碎的旧混凝土（450mm）；砂（550mm） 6. AC（80mm）；破碎的旧混凝土（400mm）；砂（450mm） 7. AC（160mm）；crushed BFS（100mm）；granulated BFS（450mm）
研究阶段	材料、施工、养护维修
输出	能源、空气污染物排放、原材料、过滤水的使用、噪声

注：AADT-年平均日交通量；AC-沥青混凝土；Stone-级配碎石；fly ash＋cement-水泥和粉煤灰稳定材料；crushed BFS-破碎的高炉水淬矿渣；granulated BFS-颗粒状高炉水淬矿渣。

6）Stripple（2001）[8]

Stripple（2001）研究了JPCP和分别采用热拌和冷拌生产的沥青路面。该研究基于同一作者2000年的研究[9]（仅研究了沥青路面）。Stripple（2001）研究了生命周期的前四个阶段，没研究生命结束阶段，作者认为道路不存在“生命结束”。交通量较低，年平均日交通量为5 000，重车比例未作说明。理论上，轻交通路面首次施工需要较少的材料，养护频率和养护强度也较低。该研究包括许多环境指标，如能耗、水、空气污染物、废物产生和资源消耗。数据主要来自于北欧。值得注意的是，该研究的研究范围是整个道路而不是路面结构，包括道路标线、标识、设备以及其他与路面本身不直接相关的问题。

材料生产阶段叙述非常详细，对每种材料生产的每个过程都详细定义和量化，即使用量很少的材料如黏层油，也在材料生产阶段加以考虑。生产设施之间的运输是一个重要因素，因为距离比较远（如瑞典使用的沥青来自委内瑞拉）。

热拌和冷拌沥青混合料采用相同的配合比设计，但最终生产步骤差别很大。

热拌法就是按照传统技术加热沥青和集料，然后进行拌和。冷拌法采用乳化沥青，优点是施工温度更低，混合料生产和施工耗能也较少。研究未对热拌和冷拌沥青混合料的性能进行讨论。

施工阶段仅考虑了用于施工路面的设备，没有考虑交通延误。Stripple 详细列出了不同的设备，包括摊铺机、挖掘机、装载机和压路机。养护阶段基本采用与材料阶段和施工阶段相同的输入参数。该研究未详细定义养护活动，不过从上下文可知，养护活动包括研磨、铣刨和加铺。

该研究也没考虑使用阶段，认为路面类型之间没有区别。照明和其他运营按照 40 年分析期进行汇总。对水泥路面的碳酸化进行了简要讨论，仅引用说明需要较长时间才能实现显著的碳汇水平。

能耗结果取决于沥青的原料能源。研究认为，不考虑沥青原料能源，JPCP 的能耗明显高于沥青路面，若考虑，则结论相反。有趣的是，热拌和冷拌沥青混合料的能耗几乎相同，由于添加了乳化剂，冷拌法的原料能耗特别高。JPCP 的 CO_2 排放高于两种沥青路面。本研究的简要总结，见表 2-10。

Stripple（2001）研究总结 表 2-10

作者	Stripple
题目	道路生命周期评价：清单分析的先导研究（二次修订版）
国家	瑞典
LCA 方法	过程法
分析期	40 年
交通量	5 000 AADT
路面结构	1. JPCP ，stone（500mm），砾石（1 000mm） 2. AC，hot method（unspecified），stone（500mm），砾石（1 000mm） 3. AC，cold method（unspecified），stone（500mm），砾石（1000mm）
研究阶段	材料、施工、使用、养护维修
输出	能源、空气污染物排放、原材料

注：JPCP-普通接缝水泥混凝土路面；AC，hot method（unspecified）-普通热拌沥青混合料；AC，cold method（unspecified）-普通冷拌沥青混合料；stone-碎石。

7）Nisbet 等（2001）

Nisbet 等（2001）[10]比较了城市连接线和高速公路的沥青路面和设置传力杆的 JPCP。大部分数据来自于同年相同作者的另一份报告[11]。两份研究都得到波特兰水泥协会的资助。比较指标包括能耗、空气污染物排放（颗粒物、CO_2、SO_2、NO_x、VOC、CO 和 CH_4）以及自然资源的使用情况。计算中使用的数据来源清楚，大多来源于波特兰水泥协会的行业报告。

该研究探讨了除使用阶段外的其他 4 个阶段，不过作者也说明使用阶段的一些方面(如交通能耗、交通延误和照明)是其他研究的主题。对生命结束阶段,仅讨论了两种路面类型的可再生性,但没有进行量化。

作者得出结论,对于城市连接线和高速公路,水泥路面总体上需要更少的材料,有较低的隐含一次能、较少的空气污染物排放(CO_2、NO_x例外,这两个指标都是沥青路面较低)。结果包括了沥青的原料能源。另外,研究进行了敏感性分析,评价了不同因素的相对重要性。例如,敏感性分析发现沥青的原料能是隐含能计算的支配性因素,运输只起到很小的作用。评价的其他因素,包括使用寿命、路面设计、养护计划、水泥混凝土配合比设计和沥青混合料设计,粉煤灰的使用、沥青回收旧料的使用以及施工设备。敏感性分析的引入是本研究的一大进展,本研究对本研究领域具有重要的贡献。本研究的简要总结,见表 2-11。

Nisbet 等(2001)研究总结 表 2-11

作者	Nisbet 等(2001)	
题目	波特兰混凝土和沥青混凝土的生命周期清单	
国家	美国	
LCA 方法	过程法	
分析期	40 年	
交通量	未说明;城市连接线;公路	
路面结构	a	1. JPCP(200mm);集料基层(100mm) 2. AC(90mm);集料基层(150mm);集料底基层(340mm)
	b	1. JPCP(300mm);集料基层(200mm) 2. AC(250mm);集料基层(150mm);集料基层(190mm)
研究阶段	材料、施工、使用、养护维修、生命结束	
输出	能源、空气污染物排放、资源耗用	

8)Park 等(2003)

Park 等(2003)[12]首次在路面领域采用复合法 LCA 进行研究。该文将韩国经济的 IO 模型与国家能源资产负债表结合起来,估算路面寿命周期的材料开采和生产阶段。施工阶段和生命结束阶段采用过程法分析。路面养护阶段综合采用 IO 法和过程法。能耗是主要讨论的环境指标,根据能耗推算 NO_x、SO_2 和 CO_2的排放量。

该研究的输入参数缺乏透明性,对沥青混合料和水泥混凝土的厚度以及下承结构未作说明。同样,研究中虽然包括了钢筋、水泥、集料以及其他材料,但除环境影响外没深入讨论。研究中也缺少 IO 模型的分析细节,如数据来源、模型优缺点以及发起机构。本研究的简要总结，见表 2-12。

Park 等(2003)研究总结 表 2-12

作者	Park 等 (2003)
题目	公路生命周期内环境影响量化评价
国家	韩国
LCA 方法	复合法
分析期	20 年
交通量	未知
路面结构	表面层(50mm)；基层 (250mm)；底基层 (300mm)；挑选材料(250mm)
研究阶段	材料、施工、使用、养护维修、生命结束
输出	能源、空气污染物排放

9)Treloar 等 (2004)

Treloar 等 (2004)[13]采用复合法分析评估了 8 种路面类型，包括 CRCP、未设传力杆的 JPCP、复合式路面以及多种沥青路面。公路类型为澳大利亚的农村公路，日交通量为 10 000 辆，其中 10%为载货汽车。本研究探讨了生命周期的前四个阶段，作者认为大部分农村公路随时间变化较小，因而可以忽略生命结束阶段的分析。作者比较了每个路面结构的能耗，但未包括沥青的原料能。大部分结构采用 40 年的设计寿命，两个结构采用 20 年的设计寿命，但结构承载能力较差。作者指出，不同路面设计(尤其与载货汽车交通量有关)性能存在差异，但未作深入探讨。

材料生产阶段，采用过程法进行量化。大部分数据引自作者 1998 年的论文。施工阶段采用澳大利亚 IO 分析，但去除了“道路施工”部门的材料隐含能，这主要是因为道路初次施工仅包括路面材料的准备和现场施工过程。也评估了运输过程，但没说明是材料生产阶段还是施工阶段。尽管作者做了一些重要假设，但是仍然可以反映施工的影响。

养护阶段的能耗，假设每年占初始总能耗的 4%，按复合比率计算，分析期(40 年)内的总能耗是初始输入的 4.6 倍；若不按复合比率计算，则是初始输入的 1.6 倍。作者承认年度 4%的假设过于简化，但认为对结果影响不大。±1%的敏感性分析表明，分析期能耗是初始输入的 3.2～6.7 倍(采用复合比率)。

使用阶段的能耗，假设与路面类型无关，仅作为评价材料阶段、施工阶段和养护阶段相对重要性的基准。作者考虑了交通量的能耗、车辆生产的隐含能、拥有车辆的成本(包括注册、轮胎、服务、保险和利息)。采用 IO 法确定车辆生产以及车辆拥有的能耗。值得注意的是，载货汽车比例从设计时的 10%增至 23.4%，这无疑会产生更高的交通能耗，但增加的幅度并不清楚。

忽略两个设计寿命为20年的结构，不设传力杆的JPCP的能量输入最低，而全深度沥青路面能量输入最高。本文假设初始能量输入低的路面也采用相同的养护方案是有违常理的。本研究的结论重点不在于选择最佳路面类型，而是突出路面的材料、施工和养护阶段相比车辆交通能耗具有相对较小的重要性。作者支持采用复合LCA法改进过程法的精度，减少截断误差。本研究的简要总结，见表2-13。

Treloar (2003)研究总结 表2-13

作者	Treloar (2003)
题目	道路建设和使用复合生命周期清单
国家	澳大利亚
LCA方法	复合法
分析期	40年和20年
交通量	10 000 AADT，10%载货汽车
路面结构	1. CRCP (102mm)；低强度混凝土 (107mm) 2. JPCP，未设传力杆(186mm)；低强度混凝土 (107mm) 3. AC (231mm)；低强度混凝土(131mm) 4. AC (171mm)；低强度混凝土(108mm) 5. AC (171mm)；压实土 6. 压实土 7. AC (128mm)；低强度混凝土(175mm) 8. AC (42mm)；低强度混凝土(252mm)
研究阶段	材料、施工、使用、养护维修
输出	能源

注：CRCP-连续配筋水泥混凝土路面。

10) Zapata & Gambatese (2005)

Zapata & Gambatese (2005) [14]分析了美国CRCP和沥青路面原材料生产和施工阶段的能耗。Horvath & Hendrickson(1998) 和 Stripple (2001)在哪种路面类型有较低的能耗方面结论相左。本文采用了与Horvath & Hendrickson研究中相同的路面结构和交通量假设，以便进行合理的比较。

Zapata & Gambatese (2005)认为能耗差异的原因在于LCA方法的不同(即IO法和过程法)，更确切地说是两种方法的系统边界存在差异。作者采用了过程法，因为该方法使用更广且比较透明。

研究涉及原材料获取、生产和施工阶段，从以前研究中(Häkkinen & Mäkelä (1996)、Berthiaume & Bouchard (1999)以及Stripple (2001)等)获取能量数据。作者指出，以往研究的大部分数值基本一致，主要例外是沥青生产过程，其能耗有一定数量级的差别。未考虑沥青的原料能，养护、使用和生命结束阶段也没有考虑。

研究结果表明，CRCP在材料生产阶段和施工阶段消耗了大部分能量，这与Stripple (2001)的研究是一致的。值得注意的是，该研究的数据源与Stripple研究是相似的，所以这个结论并不意外。作者认为沥青提炼和生产能耗比水泥生产低。沥青路面能耗主要受集料烘干和拌和的影响；CRCP的能耗主要受水泥生产的影响。作者指出，准确确定沥青生产过程中的能耗有一定难度，因为存在不同炼制产品的能耗分配问题。然而，结论对文献中报道的不同沥青提炼和生产的能耗值并不敏感。本研究的简要总结，见表2-14。

Zapata and Gambatese (2003)**研究总结** 表2-14

作者	Zapata and Gambatese (2003)
题目	沥青路面和钢筋混凝土路面的能耗
国家	澳大利亚
LCA方法	过程法
分析期	10年
交通量	10 000 000ESAL(累计)
路面结构	1. AC (300mm) 2. CRCP (220mm)
研究阶段	材料、施工
输出	能源

11) Athena Institute (2006)

Athena Institute (2006) [15]比较了沥青路面和JRCP结构的能耗以及全球变暖潜势(GWP)，该项目得到了加拿大水泥协会的资助。该研究是1999年同单位研究报告的升级[16]。该研究采用过程法分析了6个案例，涉及干线道路和大交通量城市公路。大量的研究工作用于如何设计一个等效的水泥路面和沥青路面。环境数据收集来自加拿大和美国，分析期是50年。

分析中，考虑了材料生产阶段和养护阶段。作者认为施工阶段施工设备的能耗相对于其他阶段微不足道，以往也有研究证明施工阶段能耗较少[如Zapata & Gamatese (2005)]。而且，两种材料类型的施工设备差别也不大，这使得施工阶段显得不那么重要。

材料生产阶段，包括主线和路肩所需的沥青混合料、水泥混凝土和基层材料的原材料采集和混合料生产。评价了两种沥青混合料：一种全部是新鲜材料；另一种含20% RAP。包括沥青的原料能，约占每吨沥青混合料总能耗的75%。

养护阶段，包括了加拿大公路部门通常采用的养护措施，主要考虑了需要大量新材料的工艺，如加铺层和重建，而封缝和钻石研磨由于不需要太多材料而被忽略。在分析期过半时，对 JRCP 加铺沥青层做了分析。在分析期的最后一年，进行了一次重建设计，包括新的水泥混凝土和钢筋。沥青路面设计沥青加铺层、旧沥青层的铣刨以及完全重建。

能耗研究结果有利于水泥路面设计。如果包括原料能，沥青路面在材料生产和养护阶段能耗超出水泥路面的 200%～500%。如果不包括原料能，沥青路面仍然能耗较高，比等效的水泥路面超出 30%～70%。全球变暖潜势预估值差异不到 10%，且在研究的置信区间内，被视为差异不显著。本研究的简要总结，见表 2-15。

Athena Institute（2006）研究总结 表 2-15

作者	Athena Institute（2006）	
题目	混凝土和沥青道面的寿命周期分析：隐含一级能和全球变暖潜势	
国家	加拿大	
LCA 方法	过程法	
分析期	50 年	
交通量	约 50 000 AADT，10%载货汽车，40×10^6 ESALS（累计）	
路面结构	a	1. JPCP（200mm）；砾石（200mm）；砾石（150mm） 2. AC（50mm）；砾石（150mm）；砾石（585mm）
	b	1. JPCP（190mm）；砾石（150mm） 2. AC（50mm）；砾石（150mm）；砾石（165mm）
	c	1. JPCP（225mm）；砾石（150mm）；砾石（150mm） 2. AC（50mm）；砾石（150mm）；砾石（700mm）
	d	1. JPCP（215mm）；砾石（150mm） 2. AC（50mm）；砾石（150mm）；砾石（225mm）
	e	1. JPCP（240mm）；砾石（150mm）；砾石（689mm） 2. AC（240mm）；砾石（286mm）；砾石（553mm）
	f	1. JPCP（260mm）；砾石（100mm）；砾石（300mm） 2. AC（300mm）；砾石（100mm）；砾石（500mm）
研究阶段	材料、养护维修	
输出	能源、全球变暖潜势	

12）Chan（2007）

Chan（2007）[17]分析了密歇根州 13 个项目，研究目的有两个：（1）识别每个项目基本生命周期分析（LCCA）的错误；（2）采用 LCA 方法货币化污染的影响来考虑环境负荷。研究对象是沥青路面和水泥混凝土路面，包括新建、重建或修复的路面，主要比较能耗、温室气体排放、关键污染物排放（除臭氧外）和空气中的致癌物质。

研究采用波特兰水泥协会、Athena 可持续材料研究所、SimaPro 6.0、Stripple (2001)以及其他人的环境数据评估路面材料影响。仅考虑表面层材料,研究结果仅代表材料之间的差异。边界条件的确定与下承层类型和厚度有关。施工阶段的设备排放采用美国环保署的 NONROAD2005 模型确定。研究也包括了养护阶段,但对养护计划及相关细节未提供。

该研究与以前路面 LCA 研究相比的一个显著进展是在首次施工阶段考虑了施工过程引起的交通延迟。采用肯塔基运输中心的 KyUCP 工具预估了交通延误,采用美国环保署的 MOBILE6 将交通延迟转化为各种交通负荷。研究结果表明,对于交通量大的项目,施工过程中的交通延误产生的能耗和 CO_2 排放与材料生产阶段相比,即使不是优势,至少也具备可比较性。

作者认为,考虑沥青原料能的情况下,沥青路面通常消耗更多的能源,如果不考虑沥青原料能,两种方案的能耗非常相似。由于水泥生产的煅烧过程产生大量的 CO_2,水泥混凝土是温室气体最大的排放者。研究发现,污染成本货币化结果仅占总生命周期费用的小部分。Chan 指出了环境影响评价的难度和假设以及存在的不准确性。另外,研究首次将路面 LCA 结果与平行 LCCA 结果结合起来。本研究的简要总结,见表 2-16。

Chan (2007)研究总结 表 2-16

作者	Chan (2007)
题目	生命周期分析实践的经济和环境评价:密歇根州运输部路面项目案例研究
国家	美国
LCA 方法	过程法
分析期	未说明
交通量	变量
路面结构	26 个不同结构[13 个位置,2 个方案(AC 和 JPCP)]
研究阶段	材料、施工、养护维修
输出	能源、空气污染物排放、原材料

2.4.2 国外路面 LCA 模型

评价路面生命周期的软件工具很多,但大多用于路面设计决策的是生命周期费用分析(LCCA),其在美国各州运输部应用非常普遍,但生命周期环境评价用于路面设计决策的还比较少。目前,有一些评价产品的 LCA 工具,如 BEES 模型,该模型用于评价建筑物,也包含路面,但路面是建筑物系统的边缘部分,主要形式是停车场,因此类似这样的工具(包括像 SimaPro 和 Gabi 这样大型的商业 LCA 工具)不能深入地评价路面。目前路面专用的 LCA 工具主要有以下三个。

1)PaLATE[18]

路面生命周期环境和经济效用工具(PaLATE),用于评价路面项目的环境和经济负荷,2003 年由加州伯克利分校开发。该模型模拟了路面的材料开采、生产、施工、养护和生命结束阶段。评价方法是 IO 法和过程法相结合的复合法。用户负责提供每个结构层的材料数量和养护活动数据。

PaLATE 的环境输出,包括能耗和水耗、全球变暖潜势(GWP)、NO_x、PM_{10}、SO_2、CO、Hg、Pb、产生的危险废弃物和人体健康损害指数(HTP)。除了能耗、全球变暖潜势(GWP)和人体健康损害指数(HTP)之外,其他环境输出皆为原始数值。因此,PaLATE 主要是个生命周期清单(LCI)工具,而不是生命周期影响评价(LCIA)工具。PaLATE 也提供了简单的生命周期费用分析,主要限于材料方面,不包括劳务、监督、用户和其他费用。

PaLATE 的主要问题是计算时采用的参数过时,比如采用 1992 年经济输入输出模式,由于当时缺少数据,不少参数假设粗略。PaLATE 忽略了交通延误和用户阶段。尽管存在这些不足,PaLATE 仍是目前美国唯一的路面 LCA 工具。

2)ROAD-RES[19]

丹麦技术大学的一篇博士论文讨论了一个名为 ROAD-RES 的模型,该模型评价了材料生产、施工、养护和生命结束阶段的环境影响。也有一些沥出物信息,使得这个模型至少部分适用于使用阶段。该模型不但着眼于路面本身,也包括道面上的一些问题,如冬季养护活动(撒盐)。ROAD-RES 特别关注燃烧残留物(底灰)等废旧材料的使用。

ROAD-RES 模型考虑了 8 个影响类别:GWP、光化学臭氧形成、富营养化、酸化、臭氧层破坏、人体毒性、生态毒性和存储的生态毒性。这些类别涵盖了对空气、土壤和水(地表淡水、海洋表层水和地下水)的影响。该模型的重要贡献在于关注废弃残留物和水污染。

3)英国沥青路面 LCA 模型

Huang 等(2009)的一篇论文提出了沥青路面的 LCA 模型[20],并指出了已有路面 LCA 模型五个方面的不足:相关性、适用性、符合性、范围和实用性。该模型考虑了材料生产、施工(仅限于现场设备)和养护阶段,包括必要的运输。材料也包括了诸如玻璃、底灰和 RAP 这样的可循环材料。该模型旨在分析英国的路面。

该模型包含 11 个环境影响类别:材料消耗、化石燃料消耗、GWP、臭氧层破坏、酸化、光氧化形成、人体毒性、生态毒性、水体富营养化、噪声、垃圾填埋空间占用。这篇论文还采用了“生态分值”对影响类别进行了分组和加权。

该模型还处于深入研究中。从文章看，该模型对范围进行了良好的定义，执行了 ISO 14040 的系列标准。采用生命周期影响评价(LCIA)可以提供比生命周期清单(LCI)更多的信息。然而，生命周期影响评价(LCIA)考虑的类别比较复杂，也需要大量数据支持。另外比较明显的是，该模型没有讨论交通延误或使用阶段。

总之，已有路面 LCA 正朝着更全面、更完善的方向发展。然而，目前路面 LCA 模型仅限于常见的材料生产、施工、养护和生命结束阶段，较少关注使用阶段和交通延误，数据也仅限于特定地区，对于其他地区则不建议使用该模型。

路面 LCA 模型可以灵活分析不同的路面，这是一大进展，也可以节省时间、人力、物力进行 LCA 分析，使得评价路面的环境影响更为可行。随着路面 LCA 模型的不断完善，未来的 LCA 模型可以作为路面决策的重要组成部分。

2.4.3 国外路面 LCA 研究总结

已有路面 LCA 研究一般采用三种方法——IO 法、过程法和复合法。不同的研究数据来源有很大的差异性，因此很难确定某一研究的数据比另一个研究的数据可靠性更高。大部分研究数据具有透明性，可以采用既有数据和计算方法复现结果。由于路面设计方案的差别，LCA 框架的可变性以及路面 LCA 研究还处于起步阶段，致使评价结果之间也缺乏一致性。

下面从五个方面(功能单位、系统边界、沥青和水泥信息、生命周期清单和影响结果，以及总体效用情况)对已有研究进行总结，这样可以更清楚地发现哪些领域值得进一步研究和探讨。

1)功能单位

路面 LCA 研究的一个主要缺点是功能单位缺乏一致性。例如 Stripple (2001)选取的功能单位是设计年限 40 年、年平均日交通量 5 000、经受严酷冻融的瑞典道路，而 Horvath & Hendrickson (1998)采用的是美国典型的两车道公路，承受交通量为 1 000 万 ESAL。这是两种完全不同的情况，却在随后的 LCA 研究中被比较和引用。功能单位非标准化的问题主要说明了路面的复杂性，而不是路面 LCA 分析的无序性。路面很难通过一个或数个功能单位进行定义，这主要是因为路面结构(材料类型和厚度)受交通量、环境条件、设计寿命以及其他项目特定条件影响很大，这些因素的变异性使得两种等长度的路面却有着完全不同的特点。简单采用路面结构尺寸作为功能单位不足以描述路面的多方面特征。所以，尽管货物运输可以合理准确地采用“吨·公里”或发电量进行描述，路面却不能采用“ESAL·公里”或一些等效简单的功能单位来描述。

功能单位不标准限制了对已有文献的比较和对比。已有路面 LCA 文献研究表面上看起来相似，但实际上情景分析却不同，所以想得出基本的结论（如沥青或水泥混凝土更为环保）几乎是不可能的。如果路面 LCA 研究关于哪种路面更为环保取得一致意见，则解决了功能单位不一致的问题。然而，事实是已有研究的结果和结论通常差别很大。研究中使用的功能单位完全不同，无法进行比较。研究结论也仅适用于既定研究案例。一个相对可比较的功能单位至少包括相同的交通量、车辆特点、气候和分析期。

然而，因为定义一个路面需要太多参数，因此通过设定一个标准化的功能单位也不是可行的解决方案。路面 LCA 研究人员应意识到，特定案例的研究结论与其他案例研究是不相关的。为了回避这个问题，得到更广义的结论，可以对重要影响因素（如交通量水平、位置和设计寿命）进行敏感性分析[比如 Nisbet 等(2001)]。这样有助于认识到结论的正确程度，确定结论适合的最佳情景。另一个方法是创建一个包含多个功能单位的目录，根据路面特点推荐最佳的实践方法，这样可以对既定路面的环境影响进行直接的评价，其问题在于如何形成反映路面特点的全面的数据组。

功能单位也是研究的关注点之一。许多路面 LCA 研究比较两个或多个路面设计的影响，通常是比较水泥路面和沥青路面。为了方便进行比较，不同的路面在寿命期间应能提供等效的服务，否则，就会影响结果和结论的正确性。

2)系统边界

所有的研究都包括了材料生产阶段。路面材料的开采和加工过程导致数据源以及研究结果之间的差异，特别是炼油厂的沥青炼制问题[Zapata & Gambatese (2005)]。LCA 方法（过程法或 IO 法）的选择对结果也有重要影响。Horvath & Hendrickson (1998) 和 Stripple (2001) 曾因此得出不同的结论。交通量水平和位置的不同也会引起评价结果的不同。也许能耗最大的偏差来源是沥青路面原料能的使用与否。原料能约占材料阶段总能耗的 75%[15, 17]。

几乎所有的路面 LCA 研究都忽略了用户阶段。用户阶段包括潜在有影响性的因素，如路面平整度和结构引起的油耗、城市热岛效应、辐射强迫、混凝土碳化、沥出物以及轮胎磨损。Häkkinen & Mäkelä (1996)、Stripple (2001) 和 Treloar 等 (2004)的研究包含了用户阶段，但这些分析不够完善。这些研究的主要缺点是使用绝对值反映总体交通量，而不是对路面造成实际影响的数值。Häkkinen & Mäkelä (1996)研究了混凝土碳化，Stripple (2001)定性分析了混凝土碳化过程，而其他研究忽略了该过程。显然，由于缺少数据使用阶段，使得分析比较困难，该阶段是路面 LCA 研究中最大的研究空白。

路面养护阶段涉及许多养护实践，准确预测未来的养护活动比较困难。目前在路面 LCA 分析中，通常将养护阶段简化为一系列重复进行的简单养护活动。实际上，养护活动时间间隔是不等的，每次养护活动的复杂程度也不同。养护阶段可能是对整体环境影响最大的阶段，然而全面表征养护阶段的研究还不多，对不同养护方案进行敏感性分析的研究也很少。Athena (2006)研究提供了详细的养护方案案例，但也忽略了日常小型的养护活动，如钻石研磨和封缝，因为这些活动对环境的影响非常有限或微乎其微。

大部分研究，主要通过设备使用情况表征施工阶段的影响，通常忽略了施工活动引起的交通延误。Chan(2007)是个例外，该研究表明交通延误是生命周期的重要方面，特别是对于交通量大的路面。Häkkinen & Mäkelä(1996)也考虑了交通延误，但只是针对有限范围的养护活动。Chan 的研究表明，交通延误引起的能耗和 CO_2 排放可能超过整个材料生产阶段。既然以前的路面 LCA 研究强调材料生产阶段，那么交通延误这个因素的引入可能改变全部评价结果和结论。既定分析中，生命周期的阶段和组成都是主观选择的，这严重影响了评价结果的效用。目前，尚无研究能包括生命周期的所有阶段，更不用说每个阶段内的适用因素。被忽略的因素可能对整个生命周期评价结果有重要影响，因而可能会改变既定研究结论。不过，条件约束(比如数据获取问题)使得很难将生命周期评价中的所有因素涵盖。这种情况下，研究应充分阐明忽略的因素，由此也使得研究均存在不足。

3)沥青和水泥信息的不平衡

简单地说，路面是由集料以及将集料黏结在一起的胶结料组成的。波特兰水泥和沥青均可作为路面的胶结料。已有的对水泥和沥青研究的深度和数据来源差别很大，这两种材料环境数据的质量和可信度也不平衡，导致路面 LCA 评价结果的准确度和不确定性差异显著。

沥青是石油炼厂的残留物[21]，它可以用在屋顶以及其他防水设施上，主要用于沥青路面。沥青的环境分析通常是和沥青路面联系在一起的，迄今为止这被证明是相对较浅显的研究领域，沥青生产环境影响的相关研究非常有限。少量关于沥青生产的 LCA 研究通常集中在原油炼厂内产品的影响分配上，沥青只是其中一小部分。Wang 等(2004)研究了石油产品的能源分配方式，包括质量、能量含量以及基于成本的分配方法[22]。尽管沥青也在评价范围之列，但很少讨论沥青生产的具体过程。更准确确定沥青的物化环境影响很大程度上在于改进石油产品的分配方法——这是一个仍在研究的领域。进一步了解每个炼制过程的物化环境影响，改进开采、运输和炼制的分配方法，将能得到更准确的沥青物化环境影响状况。

沥青的主要用途是铺路，而水泥的用途则更为广泛，水泥路面只是用途之一。关于水泥，相当多的研究集中在水泥的物化环境影响[23-26]。虽然大量研究不一定能保证精度，但更多的研究正在不断改进生命周期环境数据。采用准确的环境数据预估路面材料生产阶段环境影响的重要性,需要改进沥青和沥青混合料已有的数据和研究。对水泥和沥青理解程度的差异是路面 LCA 误差的重要来源。

4)生命周期清单和影响结果

迄今为止,路面 LCA 采用的环境参数多种多样,最常见的是能耗。有研究[2,3,6,8,10,12,17]补充了常规空气污染物清单(如 SO_2、NO_x、CO、PM_{10});有研究[2,6,8,10,12,15,17]补充了温室气体;也有研究报告了与能耗或废气排放不相关的环境影响,如氮排放到水[2,8]、危险废弃物产生[3]、重金属释放[2,6],以及其他环境指标。

很明显,现有路面 LCA 研究缺少全面的影响评价。ISO 14040 将 LCA 中的影响评价定义为"旨在了解和评价潜在环境影响的大小和意义"[7]。通常是把污染物和其他环境指标归到影响类别,然后再把影响类别归到一个指标,以此量化影响的严重程度。美国环保署(EPA)确立了 11 种常用的影响类别:全球变暖潜势、臭氧层破坏、酸雨、富营养化、光化学烟雾、陆地生态毒性、水生生物毒性、人类健康、资源消耗、土地使用和水的使用[27]。

可以说,许多研究更应归类于生命周期清单(LCI),因为它们部分或全部排除了生命周期影响评价(LCIA)。环境负荷清单化提供了有价值的信息,但对于决策还是不够的。诸如 SO_2、NO_x、CO 这样的污染物通常在结果清单中,但它们对环境的影响难以判断,除非归类于像光化学烟雾或人体毒害这样更有意义的类别。有些清单结果非常接近影响类别,单独的影响评价也就不必要了。能耗和 CO_2 排放通常是清单结果的输出形式,但了解它们的影响不需要过多转化。能耗与能源安全和化石燃料消耗密切联系在一起,二者都是重要的社会和环境问题。然而,燃料的细分(如可再生资源、煤、石油等)可以更好地了解它们的影响,因为安全和消耗问题与使用的燃料类型相关。而且,其他量化生命周期能耗的指标,如参考文献[1]和[5]分别讨论的能值和火用,为通过测量路面生命周期的热力学损失提供了更多视角。由于缺少相关研究,这些指标的效用难以确定。将能源指标(如一次能源)与能值和火用结果进行对比是未来研究的一个方向,这样可了解这两个指标的潜在效益。二氧化碳排放是全球气候变暖的主要因素,其排放水平的简单清单是合理的影响指标,为了完整性,建议把其他温室气体(如 CH_4、N_2O)排放也作为影响指标。

已有路面 LCA 研究的能耗形式不一,至少可以说已有研究是部分生命周期评价。除了个别研究包括了废弃物、噪声、水消耗和自然资源枯竭,大部分研究结果通常以污染物清单呈现而不是影响。将污染物转化为诸如人体毒害、富营养化和酸化这样的影响类别将产生更有价值的信息,也可更好地了解这些污染物的环境影响。

即使进行彻底的影响评价,仍有许多悬而未决的问题应该纳入环境影响范围。对于沥青,原油开采的风险以及运输过程中的溅漏值得关注,对富油区域的脆弱生态系统有潜在的伤害。水泥生产的问题涉及山坡采石及其对当地生态系统的破坏。这种宏观环境问题通常不在典型的 LCA 范畴之内,但值得进一步探讨。

5)现有路面 LCA 研究的总体效用

LCA 的效用关键在于能够洞察产品的环境性能。目前,大部分路面 LCA 研究对比了两种主要材料——沥青混合料和水泥混凝土,也有研究次等材料或其他类型的路面的[28,29]。了解路面 LCA 研究的效用是非常必要的,功能单位、系统边界、数据质量和环境指标的不一致使得研究结果很大程度上相互不兼容,因此难以汇集得出更广义的结论。比如,所有研究考虑的能量形式不一,路面生命周期内哪种材料消耗更多能量仍没取得一致意见。原料能的引入有利于对水泥混凝土的研究,但研究在能量计算中并不经常考虑沥青原料能。也有许多因素(很多来自于路面生命周期的使用阶段)在能量计算中没有考虑。即使能耗评价确定有利于对混凝土的研究,仍有许多亟待解决的问题(如温室气体排放、传统的废气排放、水释放)。可以在已有路面 LCA 研究的基础上,对沥青路面和水泥路面进行进一步探讨。

现有路面 LCA 的效用,因为缺少相应的不确定性和敏感性分析而受到限制。用于评价每个过程的环境信息来自不同的数据源,由于研究区域的不同,结果差别很大。例如,Zapata & Gambatese (2005)的调查发现沥青生产能耗不同的数据源差别超过一个量级[14]。大部分研究未说明结果存在的不确定性,通常也忽略了结果对数据不确定性或其他变量波动的敏感性。没有这些分析,很难评价结果的准确性或结论的可靠性,因此也就削弱了研究的效用。

研究结论的地区差异性也是个问题。电力混合、生产实践、路面设计、可获得的材料、养护实践以及其他区域特定因素(如当地气候对路面设计和养护的影响)的不同,都将产生不同的结果。由于地区差异,无法直接对加拿大、芬兰、美国或其他地区的研究结果进行比较。同一国家不同地区之间的比较也要受不同因素的影响。有些研究,如 Athena (2006),提供了区域间的比较,比较结果表明不同位置间的差别较小,但并不可忽略。总之,有必要进一步研究和了解区域差异对结果和结论的影响。

最后,已有路面 LCA 研究缺少同行评审,这使得研究成果效用降低。已有研究中,不少是为学术界、工业界或政府组织准备的报告,同行审查的严格程度并不是很明显。尽管同行审查不是质量的保证,但可为本领域其他专家提供质疑研究有效性和研究价值的机会。同行的严格审查有助于消除用于评价路面的数据和方法中的矛盾，从而扩大该研究领域的效用。

路面 LCA 的效用严重受到了上述缺点的阻碍，为了得出广义、明确的关于路面环境性能的结论，必须填补这些空白或缺陷。通过标准化功能单位（至可行程度）、扩展系统边界、改善数据质量、研究更多的环境指标，才能进行公平的评价和比较，结果才具有更高的可靠性，从而有助于进一步改善路面环境性能。

2.5 本章小结

本章简述了生命周期评价方法的概念和起源，以及国际环境毒理学和化学学会、联合国环境规划署和国际标准化对生命周期评价的定义，介绍了生命周期评价方法的主要内容，以及研究目的和范围界定、清单分析、生命周期影响评价和生命周期解释，最后指出了生命周期评价的应用领域和该方法的局限性。

3 高等级公路路面材料能耗清单研究

清单分析是生命周期评价的重要环节。公路路面建设过程中，会消耗大量的原材料（钢筋、水泥、沥青、石料等）和能源（水、电、油、气等），并排放大量的温室气体和其他有害物质。

基于我国国情和现有国内 LCA 研究成果，本研究参考了《2006 年 IPCC 国家温室气体清单指南》的碳排放因子缺省值；参考国内外已有研究和实践，归纳建立了多种公路建设原材料的能耗清单；混合料的生产、运输和摊铺过程中的能耗清单采用实测法和定额法相结合的方式确定。

3.1 能源的清单分析

本研究旨在分析目前高等级公路行业的能源消耗和温室气体排放，能源的投入在高等级公路系统中是一个不可或缺的环节，因此必须先建立高等级公路相关的能源生产和使用的环境负荷清单。能源系统的寿命周期主要包括矿石开采、能源生产、能源运输和能源使用四个阶段。其中，能源生产，特别是二次能源生产是非常复杂的过程。为了简化研究，本书在参考大量国内外研究成果的基础上，对能源清单进行了整合统计，省略能源寿命周期内各阶段的研究分析，直接利用现有研究成果提取高等级公路相关能源的能值和能源碳排放因子来进行分析。

能源碳排放因子（Carbon Emission Factor）是指消耗单位质量能源伴随的温室气体的生成量，是表征某种能源温室气体排放特征的重要参数[1]，也是计算碳足迹的基础数据，用二氧化碳当量与相关的活动单位表示。它将有关活动的数据和温室气体排放相关联。能源的碳排放因子包括单位质量能源从开采、加工、使用各个环节中排放的温室气体量转化为二氧化碳量的总和。

能源平均碳排放因子一般通过能源的消耗量及碳排放量统计数据计算获得，准确的碳排放因子则根据实验测定[2]。碳排放因子实验测定流程如下：

3.1.1 收集基础数据

实验目的是测定得到单位质量能源产生的温室气体质量即碳排放因子，以准确反映某种能源的碳排放特征。

根据实验原理和目的收集基础数据是首要关键步骤。通常，一种能源有很多不同的类型，由于实验目的不同，需要对收集采样进行范围、质量标准等的确定。测定一类能源的综合碳排放因子与测定特定一种能源的碳排放因子，其采样大相径庭。例如，煤分为无烟煤、焦炭、褐煤等。当测定无烟煤排放因子时，取样范围限于无烟煤；当测定煤炭的排放因子时，应根据煤炭能源的能源供应结构及能源消耗结构对不同种类煤炭取样。

3.1.2 建立模型并实验

1)测量实验模型

测量实验模型模拟了能源实际消耗过程和温室气体的排放过程，因此实验模型的建立不仅要考虑便捷、准确地获得实验数据，还要考虑能源自身的特点。当能源的排放量取决于可变的燃烧过程和操作条件及技术时，还应确保测量模型的准确，并使实验条件保持正常[3]。

2)分析模型

在实验中直接获得的往往不是数据，而是燃烧回收的颗粒、灰量。因此，要建立物理、化学模型，通过一定的方法(如 OC 热光法分析、石英纤维膜分析等)进行分析。通过分析得到排放的温室气体量、剩余的能源量。此外，能源的排放量很大程度上取决于能源的化学构成，因此要对能源的化学成分进行分析。

3.1.3 加工处理测定数据

在得到实验数据后，要进行加工和准确性检验，目的是要得到实际实验消耗的能源和实际排放的全部温室气体量。同时确定碳排放因子的单位，计算得到碳排放因子。

中国工程院、国家环境局温室气体控制项目、国家科委气候变化项目、国家发展和改革委员会能源研究所等国内的相关机构对能源碳排放因子进行了测定，较多机构对煤、石油、天然气、电力这些主要能源进行了测定，却鲜有研究机构对柴油、燃料油、汽油、乙炔等碳排放因子进行测定。目前，我国未公布排放因子数据库，所以本研究采用了联合国政府间气候变化专门委员会(IPCC)提出的环境排放因子[4]。IPCC 各种能源碳排放因子，见表 3-1。

IPCC 各种能源碳排放因子 表 3-1

能源类型		原煤	燃料油	柴油/汽油	沥青	液化天然气	电力
排放因子缺省值(mg/MJ)	CO_2	94 600	77 400	74 100	80 700	56 100	317 000
	CH_4	1	3	3	3	92	—
	N_2O	1.5	0.6	0.6	0.6	3	—

3.2 原材料的能耗清单分析

筑路材料物化的环境负荷计算，以单位材料的能耗量和碳排放量表示。材料清单分析是将单位筑路材料生产过程中所使用的化石燃料及电能分别统计，得出单位材料生产消耗的化石燃料数量和电量，然后根据上述不同化石燃料的能源热值将其换算为能值。温室气体排放清单则是将单位筑路材料物化过程中各工艺过程的温室气体排放因子，参考统计年鉴及 IPCC 分别统计，按照相应的全球变暖潜值换算成二氧化碳当量，即碳排放量。对于筑路材料能耗和碳排放的数据来源，由于国内缺乏相应研究，本研究参考了国外相关资料。

3.2.1 道路沥青

道路沥青主要含直馏沥青，是石油蒸馏后的残留物或残留物氧化而得到的产品，偶尔也加入大量添加剂。根据美国能源信息管理局(EIA)的报告，沥青生产属于石油炼制部门，是美国第二大能源密集制造业，按 1 美元产出能耗计算，仅次于散装化学品。沥青生产包括如下阶段：提取、运输/储存、加热、蒸馏、冷却和最终处理。在石油蒸馏阶段，原油承受高压和高温(高于 300℃)(Derucher 等 1998)。蒸馏的主要能耗用在加热流体和产生蒸汽(Unruh 2002)。炼制过程能耗中约 40%用于沥青，60%用于轻质产品(Stripple 2001)。沥青生产后被运到沥青拌和站，通常储存在较大的沥青罐中并持续加热保证其流动性。沥青储存需要稳定加热，这也要消耗额外的能源。

由于目前国内对沥青的寿命周期研究较少，而且各国炼油工艺存在较大差异，许多方法中采用了估计值，因此数据质量相对较低。沥青生产和储存能耗，见表 3-2。

沥青生产和储存能耗 表 3-2

能耗(MJ/t)	CO_2当量(kg/t)	数据来源	备　注
过程：沥青生产			
630	—	Stammer & Stodolsky(1995)	—
420	—	NCSA(1977)	—
6 000	—	Häkkinen & Mäkelä(1996)	数据来自于 Neste(Jouko Nikkonen)； 生产过程包括： (1)原油生产； (2)原油运输； (3)炼制

续上表

能耗(MJ/t)	CO_2当量(kg/t)	数据来源	备　注
2 930	—	Stripple(2001)	生产过程包括： (1)原油在委内瑞拉生产； (2)原油运输至炼制厂； (3)炼制：炼制过程中的能耗分配为沥青占40%，轻质油占60%
4 900	285	Eurobitume	—
3 490 乳化沥青(60%残余物含量)	211	Eurobitume	—
过程：沥青储存			
543	—	Stripple(2001)	—

本研究在此基础上对中海油的原油加工过程能耗进行了研究，中海油气开发利用公司某炼厂一个班组一日生产能耗情况见表3-3。

中海油公司原油能耗情况　　表3-3

序号	介　质	单位	接班表数	本班表数	实际用量	折算系数	综合能耗
1	进装置原油	t/h	399 461	400 230	769		
2	1.0MPa 蒸汽	t/h	0	0.47×16	7.52	76	0.743
3	电	kW·h	293 221	300 091	6 870	0.26	2.322
4	循环水	t/h	2 952 866	2 957 229	4 363	0.1	0.567
5	新鲜水	t/h	22 021	22 077	56	0.17	0.012
6	软化水	t/h	9 338	9 350	12	0.25	0.003
7	燃料气	Nm^3/h	3 347 824	3 353 421	5 597	950	5.185
合计							9.832

将各种燃料、工质折算成标油用量得到：

综合能耗＝实际用量×折算系数/原油加工量＝9.832kgEo/t＝411.6MJ/t

即加工1t原油能耗约为411.6MJ。该能耗实测数据与表3-2中所示的NCSA的数据几乎一致，与Stammer & Stodolsky的数据比较接近，但是与其他数据来源结果相去甚远。分析认为，本研究实测数据以及NCSA、Stammer & Stodolsky的统计数据只是考虑石油炼制过程，而其他数据不仅考虑了炼制过程，还考虑了原油开采和运输过程，因此才出现了数量级上的差异。

3.2.2 水泥

水泥是一种重要的道路建筑材料，也是高能耗产品之一。由于我国水泥产量很大、产品单耗高，所以我国水泥工业消耗能源总量也高，已对环境产生巨大的影响。我国水泥工业每年消耗标准煤约 6 700 万 t，占全国煤炭总产量的 6%以上，我国水泥工业标准煤耗平均为 175kg/kJ，比国外先进水平高 50%以上，每年多消耗煤约 3 000 万 t[5]。

波特兰水泥主要是由石灰质材料（如石灰岩或白垩）以及氧化铝和二氧化硅组成的黏土或页岩制造而成。按 1 美元产出的能耗计算，根据美国能源信息管理局（EIA）的报告，水泥制造业在所有能源密集制造业（EIA 2002）中排名第七。波特兰水泥的生产过程，包括原料混配、粉碎、煅烧、冷却、熟料研磨等单元。根据原料混配和研磨的条件，将水泥生产分为干法和湿法（Neville 1996）。干法和湿法的选择主要考虑原材料性质、燃料费用、项目位置以及其他条件。对于湿法，建厂费用高，容易生产高质量产品，但能耗高；对于干法，能耗低，运营费用也低。根据联合国工业发展组织（2003）的数据，能源成本占波特兰水泥生产成本的 20%～30%，90%或更多的燃料消耗用于熟料煅烧，约 40%的电力消耗在成品研磨上，不到 30%的电力消耗在原材料处理和熟料煅烧工艺上。成品研磨的电力消耗主要用在研磨机上，熟料煅烧电力消耗主要用在风扇上。根据龚志起（2004）的研究，热耗（约占总能耗的 85%）是造成水泥生产工艺中能量消耗巨大的主要原因。因此要降低水泥的生产能耗，就要设法降低水泥的燃煤消耗，即通过降低水泥在熟料烧成阶段的燃煤消耗，可大大降低水泥生产工艺中的能耗。工艺过程和电力生产是产生 CO_2 的主要原因，因此要减少这些方面的环境影响，可以改进水泥生产工艺和提高电力生产效率或使用清洁能源。

美国能源信息管理局（EIA 2002）称美国水泥行业 1998 年的能耗是 3.76×10^9 MJ。几乎 97%的能耗用于生产过程和组装。煤炭是使用最多的能源，占水泥行业能耗的 2/3。1998 年，水泥行业的能源强度是每美元产出能耗71.7MJ。EIA 报告称 1998 年能源密集型生产部门（散装化学品、石油炼制、纸、钢、食品、水泥、铝、玻璃）的平均每 1992 年美元产出能耗是 16.5MJ，而 1998 年整个工业（能源密集型制造业、非能源密集型制造业、非制造业）的平均每 1992 年美元产出能耗不到 5.8MJ。

水泥物化阶段的环境排放主要来源于四个方面：①工艺过程，包括原料开采、生料制备、煤粉制备、熟料烧成、石膏制备、矿渣粉磨、熟料粉磨和水泥包装；②运输过程，包括所有用料的运输；③使用电力造成的与电力生产相关的排放；④使用的燃料煤生产过程造成的环境排放。已有研究文献中水泥生产能耗，见表 3-4。

水泥生产能耗 表 3-4

能耗(MJ/t)	数据来源	备注
6 330	资源学院,环境和社会(波特兰水泥协会,1990 年数据)	该值包括原材料开采和运输的直接能耗。根据环境方面的研究,生产 1kg 成品水泥需要 1.75kg原材料
5 350～10 200	Berthiaume & Bouchard(1999)	5.35×10^9(干法),10.2×10^9(湿法)
6 700	Stammer & Stodolsky(1995)	—
6 360	Twinshare(2003)	生产 1t 成品水泥需要 1 600g 原材料
5 350	Häkkinen & Mäkelä(1996)	数据来自芬兰水泥(Stefan Lindfors)。系统包括: (1)能源原材料的获取和运输; (2)水泥原材料的获取; (3)水泥原材料运输至水泥厂; (4)生料生产; (5)熟料煅烧; (6)水泥研磨
4 770	Stripple(2001)	—
3 227(CO_2当量为 870kg)	龚志起(2004)	原料开采、生料制备、煤粉制备、熟料烧成、石膏制备、矿渣粉磨、熟料粉磨

3.2.3 钢材

钢材是重要的基础工业材料,同时也是筑路主材之一。2010 年,我国钢材消费量 7.7 亿 t,同比 2009 年增长 12.4%[6]。钢铁原料提取、制备、生产、使用和废弃过程消耗大量的资源和能源,同时也排放出大量废气、废水和工业固体废弃物,污染环境,恶化人类赖以生存的空间。钢材物化环境状况分析,主要包括原材料获取和钢材生产两个阶段产生的直接环境影响和消耗能源而间接导致的环境影响。已有研究中钢生产过程中的能耗,见表 3-5。

钢生产过程中的能耗 表 3-5

能耗(MJ/t)	数据来源	备注
19 000	Stubbles(2000)	生产钢的总能耗
18 000～23 000	Stammer & Stodolsky(1995)	1t 加强钢筋
6 200	Häkkinen & Mäkelä(1996)	挪威生产加强钢筋,1992 年的数据,假设 100% 的挪威废铁

续上表

能耗(MJ/t)	数据来源	备　注
25 300	Stripple(2001)	—
24 969 (CO_2当量为 7 522.3kg)	龚志起(2004)	钢材生产工艺过程由铁矿石开采及运输、矿石精选、造粒及运输、烧结、高炉炼铁、炼钢以及压力加工等主要工艺过程和制氧、焦化及其他原料的制备等辅助工艺过程组成;炼钢工艺主要考虑转炉炼钢的情况

3.2.4 砂石料

砂石集料是公路建设中用量最大的一种建筑材料,砂石集料的寿命周期清单是基于岩石的破碎生产。首先将岩石进行爆破,爆破后的岩石用货车运输到碎石器处。将爆破的石头进行破碎和筛选,成为最终产品即集料。集料的能耗分析是基于整体能量消耗的现实总量值,包括现场所有过程的能量消耗。已有研究中砂石集料生产过程中的能耗,见表3-6。

集料生产过程中的能耗　　表3-6

能耗(MJ/t)	数据来源	备　注
53	NCSA(1977)	能耗范围在21.1～63.3MJ/t,普通值为53MJ/t
22.2	Berthiaume & Bouchard(1999)	—
74	Stammer & Stodolsky(1995)	—
24(砾石) 52(沥青路面用破碎集料)	Häkkinen & Mäkelä(1996)	就砾石而言,过程包括获取和运输;就沥青路面破碎集料而言,其过程包括: (1)采石和爆破; (2)爆破岩石的运输; (3)爆破岩石的破碎; (4)碎石运输
38.18(破碎集料)	Stripple(2001)	从岩体获取破碎集料的过程包括: (1)岩石爆破; (2)爆破岩石的运输; (3)爆破岩石的破碎

在此基础上,选择山西某料场,对其2013年一年的能耗情况进行了统计,结果见表3-7。从表中可以看出,将该石料厂一年生产能耗除以生产石料总量,得到的石料单位能耗为43.0MJ/t,与表3-6中国外的统计数据的均值十分接近。

石料生产量及能耗统计　　表 3-7

统计年限	开采设备		总产量(t)	用电量(kW·h)	柴油(L)	柴油(kg)	总能耗(MJ)	单位能耗(MJ/t)
	品牌	购置时间						
2013 年	颚式破碎机	2009 年	60 500	292 285	43 315	36 384.6	2 604 102.0	43.04

3.2.5　废旧沥青路面材料

按照《公路沥青路面再生技术规范》(JTG F41—2008)的定义,废旧沥青路面材料(RAP)是采用铣刨、开挖等方式从沥青路面上获得的旧路面材料。它是路面再生技术中必然要用到的材料。

既然是通过铣刨、开挖等方式获取的路面材料,获得 RAP 必然需要产生能耗。但是考虑到 RAP 是路面养护过程产生的废弃物,它的能耗已经在路面养护时计算了,因此在原材料能耗计算时不予考虑。此外,RAP 的运输、预处理当然也需要消耗一定的能源,本研究也不予考虑。

3.2.6　其他原材料

沥青路面全寿命周期范围内可能用到的原材料,还包括乳化剂、改性剂、再生剂、温拌剂等各类添加剂。生产这些材料必然也需要消耗能源。考虑到这些添加剂在路面材料中占比很低,其能源消耗可忽略不计。

3.2.7　原材料能耗清单的选择

从以上统计数据可以看出,不同数据来源的原材料能耗存在差异,其中沥青生产能耗差异最为显著,最低值与最高值相差接近 10 倍。不同数据来源的钢材、水泥、砂石料(集料)等的生产能耗也有不同,但是差异相对小一些。这种统计数据本身的差异除了统计口径等因素的可能影响外,也反映出不同生产工艺、不同机械设备、不同技术水平等带来的能耗的真实差异。为保证本研究数据的国际可对比性,同时又使其尽可能反映我国的真实生产工艺水平,本研究对原材料能耗清单作出如下选择:

(1)沥青生产能耗,采信 Häkkinen & Mäkelä 研究得出的 6 000MJ/t 的能耗参数,该能耗在各个能耗数据来源中数值最高。本研究采信该数据,一是因为该能耗考虑了原油的开采和运输,更为全面;二是我国原油对外依赖严重,大量原油是从国外远距离运输而来,总的生产能耗是应该高于国际常规水平的。

(2)水泥生产能耗,采信 Stammer & Stodolsky 研究得出的 6 700MJ/t 的能耗参数,因为该数据接近国外各类数据来源的平均值。我国龚志起研究得到的

3 227MJ/t 的能耗参数仅为国外参数的一半左右。

(3)钢材生产能耗,采信龚志起研究得出的 24 969MJ/t 的能耗参数,因为我国钢产量已经接近全球总产量的 50%左右,采用我国学者的数据既符合我国实情,又能代表全球的总体水平。

(4)砂石料生产能耗,采信 NCSA 研究得出的 53MJ/t 的能耗参数。该参数与本研究实测的石料开采数据也比较接近。

(5)乳化沥青生产能耗,采信 Eurobitume 研究得出的 3 490MJ/t 的能耗参数。

具体情况见表 3-8。

原材料能耗参数 表 3-8

材 料	能耗(MJ/t)	数据来源	备 注
沥青	6 000	Häkkinen & Mäkelä(1996)	数据来自于 Neste(Jouko Nikkonen)。生产过程包括: (1)原油生产; (2)原油运输; (3)炼制
水泥	6 700	Stammer & Stodolsky(1995)	—
钢材	24 969 (CO_2当量为 7 522.3kg)	龚志起(2004)	钢材生产工艺过程由铁矿石开采及运输、矿石精选、造粒及运输、烧结、高炉炼铁、炼钢以及压力加工等主要工艺过程和制氧、焦化及其他原料的制备等辅助工艺过程组成;炼钢工艺主要考虑转炉炼钢的情况
集料	53	NCSA(1977)	能耗范围在 21.1~63.3MJ/t,普通值为 53MJ/t
乳化沥青(60%残余物含量)	3 490(CO_2当量为 211kg)	Eurobitume	—
RAP	0	—	RAP 是路面养护过程中产生的废弃物,它的能耗已经在路面养护时计算了,在原材料能耗计算时记为 0
乳化剂、改性剂、再生剂、温拌剂等各类添加剂	0	—	这些添加剂在路面材料中占比很低,其能源消耗可忽略不计

3.2.8 筑路混合料的原材料能耗清单

上述各种原材料在筑路过程中首先需要按照一定的比例掺配，经过生产过程得到混合料后方能用于筑路。常用的混合料包括热拌/温拌沥青混合料、就地热再生混合料、厂拌热再生混合料、冷再生混合料、水泥稳定碎石混合料、水泥混凝土、级配碎石混合料、微表处/稀浆封层混合料等。对这些常用混合料的原材料能耗进行分析，见表 3-9。将其能耗按照大小排序，见图 3-1。

各种筑路混合料的原材料能耗 表 3-9

筑路材料类型	组成材料及所占比例		各组分能耗（MJ/t 混合料）	能耗（MJ/t 混合料）
	组分	占比（%）		
热拌/温拌沥青混合料	沥青	4	230.8	281.7
	集料	100	51.0	
就地热再生混合料	沥青	1	49.6	58.3
	RAP	100	0.0	
	集料	20	8.8	
厂拌热再生混合料	沥青	1.5	68.4	108.7
	RAP	30	0.0	
	集料	100	40.3	
冷再生混合料	沥青	2.5	134.3	196.2
	水泥	1	50.0	
	RAP	100	0	
	集料	30	11.9	
水泥稳定碎石混合料	水泥	5	319.0	369.5
	集料	100	50.5	
水泥混凝土	水泥	25	1 340.0	1 382.4
	集料	100	42.4	
级配碎石	集料	100	53.0	53.0
微表处/稀浆封层	乳化沥青	12	387.1	498.0
	水泥	1	61.9	
	集料	100	49.0	

从表 3-9 和图 3-1 可以看出，各类筑路混合料的原材料能耗由高到低排序依次为：水泥混凝土＞微表处/稀浆封层＞水泥稳定碎石混合料＞热拌/温拌沥青混合料＞冷再生混合料＞厂拌热再生混合料＞就地热再生混合料＞级配碎石。

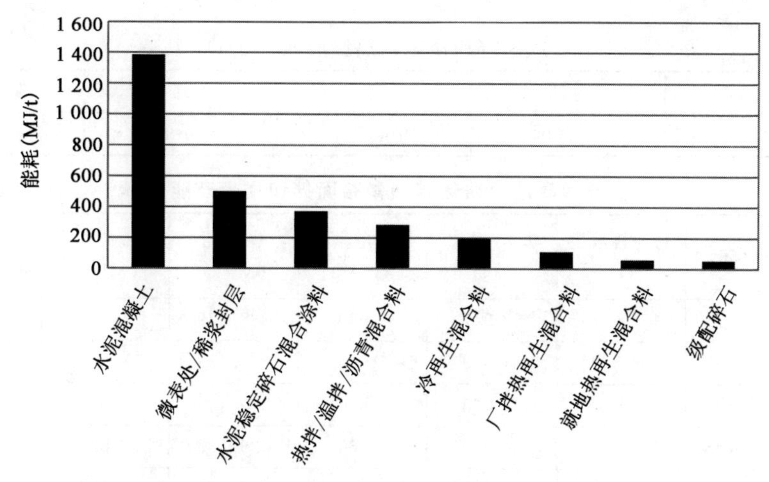

图 3-1 各种筑路混合料的原材料能耗排序

3.3 路面混合料生产和施工的能耗清单分析

本节通过现场实测方法得到路面混合料生产和施工阶段的能耗清单。

3.3.1 热拌沥青混合料

沥青生产后被运到沥青拌和站，通常储存在较大的沥青罐中并持续加热保证流动性。沥青储存需要稳定加热，这也要消耗额外的能源。生产沥青混凝土时，集料从冷料仓传送至烘干筒，烘干加热到 150～170℃。当彻底烘干加热后，集料混合料输送至拌和锅，注入沥青共同拌和。最终的沥青混合料在运输到现场之前，储存在热储料仓。运至现场后的沥青混合料由摊铺机进行摊铺，压路机进行碾压成型。

因此，沥青混合料生产过程的能耗包括拌和阶段、运输阶段和摊铺压实阶段的能耗，涉及拌和楼、运输车辆、摊铺机、压路机以及其他辅助设备设施（装载机、水车、班车等）的运转能耗。

1) 拌和

拌和能耗见表 3-10～表 3-12。

昌平拌和楼运转热量消耗(MJ/t) 表 3-10

产　　品	重油	电	煤	总　计
岩沥青 SUP-20	309.659	5.213	132.919	447.791
低温橡胶 SMA-13	372.011	4.257	132.919	509.187

武邑拌和楼运转热量消耗(MJ/t) 表 3-11

产　　品	重油	电	煤	总　　计
AC 20	286.504	15.904	102.967	405.375

长湘高速公路热拌沥青路面拌和楼生产能耗 表 3-12

序号	时间	混合料数量(t)	煤粉用量(kg)	用电量(kW·h)	煤能耗(MJ/t)	电能耗(MJ/t)	总能耗(MJ/t)
1	第一天	4 235.76	52 947	9 080	287.839	7.717	295.556
2	第二天	2 655.22	31 863	5 660	276.329	7.674	284.003
3	第三天	3 851.7	45 065	8 640	269.418	8.075	277.493
4	第四天	2 373.46	33 940	5 160	329.283	7.827	337.110
5	第五天	3 471.78	47 911	7 510	317.777	7.787	325.565
6	第六天	2 608.36	35 735	5 630	315.476	7.770	323.246
均值							309.483

拌和楼生产能耗与很多因素有关系,比如沥青加热温度、集料加热温度、滚筒加热温度、集料含水率、生产数量等,所以拌和楼生产能耗虽然具有可比性,但变异也较大。为了便于第 4 章的分析,这里约定改性沥青 SMA 的拌和生产能耗为 509MJ/t,其他改性沥青混合料拌和生产能耗为 447MJ/t,普通沥青混合料拌和生产能耗为 405MJ/t。

2)运输

此外,按照《公路工程预算定额》(JTG/T B06-02—2007)中 9-1-6-95 对材料运输能耗测算,如表 3-13 所示。

材料运输能耗测算(单位:100m³) 表 3-13

运输距离(km)	台班	能耗(kg 柴油)	能耗(MJ)	单位能耗(MJ/t)
1	0.48	32.587 2	1 387.0	5.8
2	0.58	39.376 2	1 675.9	7.0
3	0.68	46.165 2	1 964.9	8.2
4	0.78	52.954 2	2 253.8	9.4
5	0.88	59.743 2	2 542.8	10.6
6	0.98	66.532 2	2 831.7	11.8
7	1.08	73.321 2	3 120.7	13.0
8	1.18	80.110 2	3 409.7	14.2
9	1.28	86.899 2	3 698.6	15.4
10	1.38	93.688 2	3 987.6	16.6

根据表 3-13 情况，得出以下的材料运输能耗公式：

单位运输能耗[MJ/(t·km)]=5.8+(运输公里数-1)×1.2

3)摊铺和压实

(1)能耗实测。选择北京、河北、湖南等地沥青路面施工现场进行摊铺压实能耗的实测，结果如表 3-14 所示。

沥青混合料摊铺、碾压能耗　　表 3-14

地点	时间	摊铺数量(m^2)	单位体积油耗(MJ/m^2)	单位质量油耗(MJ/t)
北京	ATB 25(8cm)			
	第一天	2 020.95t/10 104.8	3.514	17.570
	第二天	1 655.5t/8 277.5	3.920	19.600
	SUP 20(6cm)			
	第三天	2 999.5t/19 996.6	2.236	14.907
	第四天	2 887.96t/19 253.1	1.781	11.873
	SMA 13(4cm)			
	第五天	1 870.47t/19 243.6	2.549	26.224
	第六天	2 130.23t /21 915.9	2.549	26.224
武邑	AC 20(5cm)			
	第一天	1 230t /9 120	3.674	
长沙	ATB 25(8cm)			
	一个月	171 003.8	2.713	
	AC 20(6cm)			
	一个月	253 050	2.322	
	第一天	11 250	2.368	
	第二天	6 540	2.345	

由于压实工艺、设备型号、功率和新旧程度、环境条件等多种因素的影响，不同路面结构层的摊铺压实能耗(含配套设备)有明显不同，变异性很大。为此，通过定额法进行进一步分析如下。

(2)定额法计算。按照《公路工程预算定额》(JTG/T B06-02—2007)中 2-2-14-30/31/32/33(对应于混合料拌和能力 30t/h 以内)对沥青混合料的施工能耗情况(包括机械摊铺、整形、碾压、初期养护)测算如表 3-15 所示。可以看出，通过定额测算的能耗数据约为 23.5MJ/t，或者与实测数据十分接近，同时更具规律性。

沥青混合料施工能耗测算(单位:1 000m³)　　表 3-15

设　　备	台　　班				单位台班能耗(kg 柴油)
	特粗	粗粒	中粒	细粒	
6～8t 光轮压路机	10.52	10.52	10.67	10.67	19.33
12～15t 光轮压路机	10.52	10.52	10.67	10.67	40.46
4.5m 以内沥青摊铺机	10.7	10.7	10.85	10.4	32.00
9～16t 轮胎压路机	10.26	10.26	10.41	10.16	33.71
施工总能耗(MJ)	56 183.6	56 183.6	56 986.5	56 012.9	—
单位体积能耗(MJ/m³)	56.2	56.2	57.0	56.0	—
单位质量能耗(MJ/t)	23.4	23.4	23.7	23.3	—

(3)设备和材料对施工能耗的影响。所采用的生产设备不同,施工能耗也会出现显著差异。例如,假设按照《公路工程预算定额》(JTG/T B06-02—2007)中2-2-14-50/51/52/53(对应于混合料拌和能力 320t/h 以内)以及 2-2-14-46/47/48/49(对应于混合料拌和能力 240t/h 以内)对沥青混合料的施工能耗情况(包括机械摊铺、整形、碾压、初期养护)测算如表 3-16 所示。可以看出,对应于320t/h 的混合料施工能耗约为 10.0MJ/t,对应于 240t/h 的混合料施工能耗约为 10.2MJ/t,能耗仅为 30t/h 工况时的 43%左右,节能效果明显。目前,高等级公路沥青混合料拌和设备大量采用生产能力大的 3000 型拌和设备,生产能力在240t/h,考虑到技术进步和研究成果推广的延迟,因此本研究将生产能力 320t/h作为标准工况。

此外,同样是沥青混合料,粗粒式、中粒式、细粒式、砂粒式的施工能耗差异很小,可以忽略不计。

沥青混合料施工能耗测算(单位:1 000m³)　　表 3-16

工　况	设　　备	台　　班				单位台班能耗(kg 柴油)
		粗粒	中粒	细粒	砂粒	
沥青混合料拌和设备生产能力 320t/h	6～8t 光轮压路机	2.86	2.87	2.9	2.89	19.33
	12～15t 光轮压路机	4.28	4.31	4.35	4.34	40.46
	12.5m 以内沥青摊铺机	1.45	1.46	1.47	1.47	136.41
	16～20t 轮胎压路机	0.83	0.84	0.85	0.85	42.29
	20～25t 轮胎压路机	1.95	1.96	1.97	1.97	50.29
	施工总能耗(MJ)	23 860.1	24 017.8	24 209.2	24 183.7	—
	单位体积能耗(MJ/m³)	23.9	24.0	24.2	24.2	—
	单位质量能耗(MJ/t)	9.9	10.0	10.1	10.1	—

续上表

工　况	设　　备	台　　班				单位台班能耗（kg 柴油）
		粗粒	中粒	细粒	砂粒	
沥青混合料拌和设备生产能力 240t/h	6～8t 光轮压路机	3.75	3.78	3.80	3.80	19.33
	12～15t 光轮压路机	3.75	3.78	3.80	3.80	40.46
	12.5m 以内沥青摊铺机	1.91	1.92	1.93	1.93	136.41
	16～20t 轮胎压路机	0.55	0.55	0.56	0.56	42.29
	20～25t 轮胎压路机	1.28	1.29	1.30	1.30	50.29
	施工总能耗（MJ）	24 413.4	24 569.6	24 718.2	24 718.2	—
	单位体积能耗（MJ/m³）	24.4	24.6	24.7	24.7	—
	单位质量能耗（MJ/t）	10.2	10.2	10.3	10.3	—

为了进一步检验材料不同对施工能耗的影响，按照《公路工程预算定额》（JTG/T B06-02—2007）中 2-2-14-28/51/57（对应于混合料拌和能力 320t/h 以内）对沥青混合料的施工能耗情况（包括机械摊铺、整形、碾压、初期养护）测算如表 3-17 所示。可以看出，三种不同混合料类型的施工能耗存在差异，以沥青混凝土为基准，沥青玛蹄脂的施工能耗是其 1.58 倍，为 15.8MJ/t；沥青碎石的施工能耗是其 0.91 倍，为 9.1MJ/t。

不同类型的中粒式混合料的施工能耗测算（单位：1 000m³）　　表 3-17

设　　备	台　　班			单位台班能耗（kg 柴油）
	沥青碎石	沥青混凝土	沥青玛蹄脂	
6～8t 光轮压路机	2.80	2.87	4.38	19.33
12～15t 光轮压路机	4.19	4.31	5.26	40.46
12.5m 以内沥青摊铺机	1.42	1.46	1.78	136.41
9～16t 轮胎压路机	2.73	—		33.71
15t 以内振动压路机	—	—	4.34	80.92
16～20t 轮胎压路机	—	0.84		42.29
20～25t 轮胎压路机	—	1.96		50.29
施工总能耗（MJ）	21 726.2	24 017.8	38 023.7	—
单位体积能耗（MJ/m³）	21.7	24.0	38.0	—
单位质量能耗（MJ/t）	9.1	10.0	15.8	—

3.3.2　温拌沥青混合料

温拌沥青混合料是一类拌和温度介于热拌沥青混合料（150～180℃）和冷拌（常温，10～40℃）沥青混合料之间、性能达到（或接近）热拌沥青混合料的新型沥青混合料。与热拌沥青混合料相比，根据混合料类型，不同温拌混合料的拌和温度一般可在对应的热拌混合料基础上降低约 40℃。

沥青混合料生产过程中，能量消耗主要用于集料的加热。由于温拌沥青混合料的拌和温度可比热拌沥青混合料降低 30℃以上，其混合料的能耗下降是必然的。Dave Newcomb 博士撰文指出，采用沥青泡沫法、添加沸石的方法生产温拌沥青混合料的技术可使能耗降低 30%，Graham C. Hurley 等人也认为采用温拌技术可使沥青混合料节能 30%。

1)理论计算分析温拌沥青混合料能耗

分别计算普通沥青热拌混合料、普通沥青温拌混合料，以及改性沥青热拌混合料、改性沥青温拌混合料的拌和能耗。为了方便计算，参照我国沥青混合料拌和过程中的一般情况，将本次有关能量计算所用的参数列于表 3-18 中。其各个参数的选用详述如下：

(1)集料和水分。考虑到我国沥青混合料拌和应用的季节和拌和厂料棚搭建的实际情况，集料，包括其中所含的水分在内，加热前的温度统一取 20℃，集料的比热容取为 920J/(kg·℃)。计算过程中选定集料的含水率为 2%，综合考虑到水分蒸发吸热以及水蒸气散失带走热量的情况，其所消耗的能量按该水分在 130℃时全部蒸发出去计算，并统一选取水的比热容为 4 190J/(kg·℃)。

(2)加热过程参数。拌和楼加热过程中所用燃料选定为柴油，并且燃烧效率可达到 90%，柴油的发热量为 42.5×10^6 J/kg，滚筒热交换率选为 60%。

(3)油石比。各类混合料的油石比按 5%计算。

集料加热过程所需能量的计算参数选择 表 3-18

项目	集料比热容	水的比热容	油石比	柴油发热量	柴油燃烧效率	加热前集料温度	集料的含水率	滚筒热交换率
单位	J/(kg·℃)	J/(kg·℃)	%	J	%	℃	%	%
数值	920	4 190	5	42.5×10^6	90	25	4	60

以热拌沥青混合料的出料温度为 150℃为例进行计算，此时集料需要加热到 185℃。根据以上参数计算出热拌沥青混合料加热集料所需要的燃油，结果见表 3-19。

热拌沥青混合料中集料加热过程中所需要的柴油 表 3-19

热拌	热拌混合料		集料加热过程需要能量		集料加热过程需要柴油量
	出料温度	集料温度	集料吸热	水分蒸发	
单位	℃	℃	J	J	kg
数值	150	185	1.355×10^8	0.084×10^8	6.63

为了清晰地表明计算过程，本例中集料加热耗能计算分析如下：

集料加热过程中需要能量 E_h 包括集料加热消耗能量 E_{ha} 和水分蒸发 E_{hw} 两部分，那么根据能量公式 $E=cm(t_2-t_1)$ 计算 1t 热拌沥青混合料中集料加热过程中需要能量 E_h 为：

$$E_h=E_{ha}+E_{hw}$$

$$=920\text{J}/(\text{kg}\cdot℃)\times950\text{kg}\times(185℃-20℃)+4\ 190\text{J}/(\text{kg}\cdot℃)\times950\text{kg}\times0.02\times(130℃-20℃)$$

$$\approx1.442\times10^8\text{J}+0.088\times10^8\text{J}=1.530\times10^8\text{J}$$

根据表 3-18 中所列参数，计算得出热拌沥青混合料中集料加热过程中所需要的柴油 m_h 为：

$$m_h=1.530\times10^8\ \text{J}\div(42.5\times10^6\ \text{J/kg})\div60\%\div90\%\approx6.67\text{kg}$$

同样算法，可计算出温拌沥青混合料、改性热拌沥青混合料、改性温拌沥青混合料集料加热过程中所需要的柴油分别为 4.57kg、7.62kg 和 5.33kg，同时计算出温拌技术分别节约燃油的数量和比例，具体见表 3-20～表 3-22。

温拌沥青混合料中集料加热过程中所需要的柴油 表 3-20

温拌	温拌混合料		集料加热过程需要能量		集料加热过程需要燃油量	节约燃油[①]	节能比率[②]
	出料温度	集料温度	集料吸热	水分蒸发			
单位	℃	℃	J	J	kg	kg	%
数值	120	130	0.961×10^8	0.088×10^8	4.57	2.10	31.5

注：①节约燃油＝6.67kg －4.57kg ＝2.10kg。

②节能比率＝100％×2.10÷6.67≈31.5％。

改性热拌沥青混合料中集料加热过程中所需要的柴油 表 3-21

改性热拌	改性热拌混合料		集料加热过程需要能量		集料加热过程需要柴油量
	出料温度	集料温度	集料吸热	水分蒸发	
单位	℃	℃	J	J	kg
数值	180	215	1.661×10^8	0.088×10^8	7.62

改性温拌沥青混合料中集料加热过程中所需要的柴油 表 3-22

改性温拌	改性温拌混合料		集料加热过程需要能量		集料加热过程需要燃油量	节约燃油[①]	节能比率[②]
	出料温度	集料温度	集料吸热	水分蒸发			
单位	℃	℃	J	J	kg	kg	%
数值	135	155	1.136×10^8	0.088×10^8	5.33	2.29	30.1

注：①节约燃油＝7.62kg－5.33kg ＝2.29kg。

②节能比率＝100％×2.29÷7.62＝30.1％。

根据计算结果可以看出，对于普通沥青混合料，采用温拌技术，每生产1t混合料可比相应的热拌沥青混合料节约集料加热能耗31.5%；而每生产1t改性温拌沥青混合料可比相应的改性热拌沥青混合料节约集料加热能耗30.1%。

2)实测能耗验证

为验证以上理论计算温拌沥青混合料节能效果的准确性，在拌和厂中拌和较大数量的温拌及热拌沥青混合料，其出料温度分别为122℃和150℃。通过实际计量各自的耗油量，从而计算出温拌技术的节能效果，结果见表3-23。

拌和厂中热拌和温拌沥青混合料的能耗实测 表3-23

项目	温拌沥青混合料	热拌沥青混合料	节约燃油	温拌节能比率
单位	kg	kg	kg	%
实测耗油量	5.01	7.26	1.50	31.0

3.3.3 冷再生沥青混合料

沥青路面再生指采用专用机械设备对旧沥青路面或者回收沥青路面材料(RAP)进行处理，并掺加一定比例的新集料、新沥青、再生剂(必要时)等形成路面结构层的技术。按照再生混合料控制和施工温度的不同，沥青路面再生分为热再生和冷再生；按照施工场合和工艺的不同，沥青路面再生分为厂拌再生和就地再生。

就地冷再生是指利用沥青再生设备将旧沥青路面材料就地打碎，并加入适当的沥青及改性材料后拌和压实，以旧路面材料为主修筑道路的技术。因此，就地冷再生能耗组成包括新材料运输、再生机铣刨、平整、压实等几个阶段，涉及运输车辆、再生机、油罐车、水车等设备的运转能耗。

厂拌冷再生是将回收沥青路面材料运至拌和厂，经破碎、筛分后，以一定的比例与新集料、活性填料、水分进行常温拌和，常温铺筑形成路面机构层的沥青路面再生技术。因此，厂拌冷再生能耗组成包括铣刨机铣刨、运输、拌和机拌和、运输、摊铺、压实等几个阶段，涉及铣刨机、拌和机、沥青保温罐、摊铺机、压路机以及辅助设备设施(水车、班车)的运转能耗。

根据浙江湖州318国道长兴段的调研结果，就地冷再生生产过程(再生机、平地机、压路机、水车、油车)单位能耗为30.078MJ/t、9.7MJ/m^2或0.65MJ/(cm·m^2)。

根据17省道华白线路面大中修工程调研结果，厂拌冷再生拌和(仅为拌和机)

单位能耗为5.239MJ/t;考虑到还有沥青维持可施工温度的能耗为32MJ/t,混合料中沥青含量以3%计,则每吨泡沫沥青冷再生混合料还需增加0.96MJ/t,乳化沥青冷再生无此项能耗。生产过程材料装运也需要能耗,参照《公路工程预算定额》(JTG/T B06-02—2007)中2-1-9-9对水泥稳定碎石的施工能耗情况,得到材料装运能耗为7.0MJ/t。因此,厂拌冷再生混合料生产总能耗记为12.2MJ/t。

根据17省道华白线路面大中修工程调研结果,摊铺和压实(仅包括摊铺机和压路机)单位能耗为2.686MJ/m^2。

3.3.4 水泥稳定碎石

水泥稳定碎石,简称水泥碎石,是以水泥、碎石为原料,以适当的级配和配比进行拌和摊铺、碾压形成的道路基层结构。水泥稳定碎石生产过程能耗涉及拌和、运输、摊铺、压实等阶段,涉及稳定土拌和机、运输车辆、摊铺机和压路机以及辅助设备设施的能耗。

根据嘉兴至海盐工程四合同段水泥稳定碎石(20cm)能耗调研结果,单位拌和(仅为拌和机)能耗为1.214MJ/t。

此外,按照《公路工程预算定额》(JTG/T B06-02—2007)中2-1-9-9对水泥稳定碎石的施工能耗情况(包括机械摊铺、整形、碾压、养护)测算如表3-24所示。

水泥稳定碎石施工能耗测算(单位:1 000m^2)　　　　表3-24

设　　备	台班	单位台班能耗(kg 柴油)	能耗(MJ)
6～8t 光轮压路机	0.14	19.33	197.9
12～15t 光轮压路机	1.27	40.46	2 191.6
9.5m 以内稳定土摊铺机	0.24	85.94	900.2
6 000L 以内洒水车	0.31	42.43	561.0
单位能耗	3.8MJ/m^2		

3.3.5 水泥混凝土

水泥混凝土路面是由水泥、水、集料和外加剂按适当比例配合拌和后运至现场摊铺养生后成型的路面。水泥混凝土路面生产过程能耗涉及拌和、运输、摊铺、压实等阶段,涉及混凝土拌和机、混凝土罐车、摊铺机以及辅助设备设施的能耗。

根据北京西道口水泥混凝土站调研结果,水泥混凝土拌和单位能耗为

3.204MJ/t。

根据《公路工程预算定额》(JTG/T B06-02—2007)和《公路工程机械台班费用定额》(JTG/T B06-03—2007),得出 1 000m^2 水泥路面的施工能耗,如表 3-25 所示。

水泥路面现场施工能耗 表 3-25

设　备	定额(台班)		机械台班油耗(kg)	燃料消耗(kg)	
	26cm	28cm		26cm	28cm
滑模摊铺机	0.49	0.53	83.66	40.993	44.340
混凝土刻纹机	8.91	8.91	8.55	76.181	76.181
混凝土切缝机(汽油)	3.82	3.82	6.24	23.837	23.837
6 000L 以内洒水汽车	1.9	1.9	42.43	80.617	80.617
柴油总计(kg)				197.791	201.137
汽油总计(kg)				23.837	23.837
单位能耗(MJ/m^2)				10.137	10.291

3.3.6 级配碎石

根据《公路工程预算定额》(JTG/T B06-02—2007)和《公路工程机械台班费用定额》(JTG/T B06-03—2007),得出 1 000m^2 级配碎石的施工能耗,如表 3-26 所示。

级配碎石的施工能耗 表 3-26

设　备	定额(台班)	机械台班油耗(kg)	燃料消耗(kg)
120kW 以内自行式平地机	0.33	82.13	27.103
6～8t 光轮压路机	0.25	19.33	4.833
12～15t 光轮压路机	0.66	40.46	26.704
6 000L 以内洒水汽车	0.408 5	42.43	17.333
总能耗(kg)			75.972
单位能耗(MJ/m^2)			3.497

3.3.7 不同混合料施工生产施工能耗比较

根据以上调研信息,得出不同混合料的生产过程中能耗,其中拌和阶段能耗见表3-27,现场阶段能耗见表3-28。

混合料拌和阶段能耗(MJ/t)　　表3-27

SMA	509	水泥混凝土	3.2
其他改性沥青混合料	447	水稳	1.2
普通沥青混合料	405	厂拌冷再生	12.2

混合料摊铺压实阶段能耗(MJ/m^2)　　表3-28

SMA13	2.549	水泥稳定	6.263
SUP 20/AC 20	2.21	级配碎石	3.497
ATB25	3.382	厂拌冷再生	2.686
水泥混凝土	10.137		

3.4 工程定额法测算路面生产施工能耗

3.4.1 工程定额法与实测法的对比

通过实测方法获得路面生产施工能耗,尽管最为直接,但是由于路面施工能耗受到材料特性、生产施工设备、生产施工工艺、气候条件、人为因素等的影响,每次检测数值都会有一定程度的波动,如果希望获得具有代表性的数据,往往需要有长期数据积累。为使路面生产施工能耗数据更具代表性,本研究提出了采用工程定额测算生产施工能耗的建议。

《公路工程预算定额》是交通运输部发布的指导全国公路工程预算定额编制的指导性规范,是编制施工图预算的依据,也是编制工程概算定额的基础,适用于全国公路基本建设新建、改建工程。定额中的工程内容,均包括定额项目的全部施工过程,均包括准备与结束、场内操作范围内的水平与垂直运输、材料工地小搬运、辅助和零星用工、工具及机械小修、场地清理等工程内容,其中材料消耗量、设备台班数量、油耗等数据代表了整个公路行业的平均水平。

为检验使用《公路工程预算定额》测算能耗的准确性,本研究选用沥青混凝土这一使用最为广泛的筑路材料,对其能耗最大的拌和过程同时进行实测和定额测算,其中实测是采用连续两年的平均值,以便消除偶然因素对能耗数据的影响。

1)沥青混凝土拌和能耗的对比分析

首先,按照《公路工程预算定额》(JTG/T B06-02—2007)和《公路工程机械台班费用定额》(JTG/T B06-03—2007),计算得到四车道高速公路1km沥青路面工程的能耗为2 478.8MJ,单位体积能耗为649.5MJ/m^3,或者270.6MJ/t。定额法测算沥青混合料生产能耗,见表3-29。

定额法测算沥青混合料生产能耗 表3-29

<table>
<tr><th>序号</th><th>工序</th><th>设备</th><th>工程量(m^3)</th><th>总台班</th><th>单位台班能耗</th><th>能耗(kg标准煤/台班)</th><th>小计(MJ)</th></tr>
<tr><td rowspan="4">1</td><td rowspan="4">沥青混凝土拌和</td><td>3m^3轮胎式装载机</td><td>3 420</td><td>8.652 6</td><td>115.15kg柴油/台班</td><td>1 451.8</td><td rowspan="4">2 221 438.1</td></tr>
<tr><td rowspan="2">320t/h拌和设备</td><td>3 420</td><td>4.617</td><td>9 574.4kg重油/台班</td><td>65 043.2</td></tr>
<tr><td>3 420</td><td>4.617</td><td>5 917.61kW·h/台班</td><td>9 016.1</td></tr>
<tr><td>5t自卸汽车</td><td>3 420</td><td>4.993 2</td><td>41.63kg汽油/台班</td><td>305.9</td></tr>
<tr><td colspan="3">单位能耗</td><td colspan="5">649.5MJ/m^3
282.4MJ/t</td></tr>
</table>

然后,选择安徽一处沥青混凝土拌和企业,对部分固定式的沥青拌和厂的年度能耗数据进行了实测统计,见表3-30。该企业连续两年平均的单位生产能耗分别是726.6MJ/m^3和767.7MJ/m^3,两年平均值为747.2MJ/m^3,或者311.3MJ/t。

安徽某沥青混凝土生产企业的沥青生产能耗情况 表3-30

<table>
<tr><th colspan="2">统计周期</th><th>沥青混凝土(t)</th><th>用电量(kW·h)</th><th>柴油(t)</th><th>重油(t)</th><th>设备类型</th></tr>
<tr><td rowspan="4">第一年度</td><td>总量</td><td>112 513</td><td>344 280</td><td>71.31</td><td>660.98</td><td rowspan="8">3000型</td></tr>
<tr><td>单位能耗(kg/m^3)</td><td>—</td><td>7.34</td><td>1.52</td><td>14.10</td></tr>
<tr><td>折算成标准煤(kg/m^3)</td><td colspan="4">24.8</td></tr>
<tr><td>单位能耗(MJ/m^3)</td><td colspan="4">726.6</td></tr>
<tr><td rowspan="4">第二年度</td><td>总量</td><td>175 445</td><td>469 630</td><td>94.98</td><td>1 136</td></tr>
<tr><td>单位能耗(kg/m^3)</td><td>—</td><td>6.42</td><td>1.30</td><td>15.54</td></tr>
<tr><td>折算成标准煤(kg/m^3)</td><td colspan="4">26.2</td></tr>
<tr><td>单位能耗(MJ/m^3)</td><td colspan="4">767.7</td></tr>
</table>

将上述两表中的实测能耗与定额测算能耗进行对比可以看出，实测能耗数据比定额测算数据高出约13%。分析认为出现这一差异的主要原因是定额能耗没有区分改性沥青和普通沥青，而两者的生产施工温度相差20℃左右，因此实测能耗略高于定额能耗。但是总体来看，通过定额测算路面生产施工能耗是可行的，得到的能耗数据是可信的。

2)沥青混合料摊铺能耗对比

按照《公路工程预算定额》(JTG/T B06-02—2007)中2-2-14-8和《公路工程机械台班费用定额》(JTG/T B06-03—2007)，计算得到单位体积能耗为58.7MJ/m^3。假设沥青层摊铺厚度在4～6cm变化，则单位面积能耗在2.3～3.5MJ/m^2，与上节实测能耗(1.78～3.92MJ/m^2)基本接近。定额法测算沥青混合料施工能耗，见表3-31。

定额法测算沥青混合料施工能耗(单位:1 000m^3)　　表3-31

设　　备	台班	单位台班能耗(kg柴油)	能耗(MJ)
6～8t光轮压路机	10.30	19.33	8 492.0
12～15t光轮压路机	10.30	40.46	17 774.7
4.5m以内沥青混合料摊铺机	10.47	32.00	14 290.1
9～16t轮胎压路机	10.04	42.43	18 169.6
单位能耗	58.7MJ/m^3 3.52MJ/m^2(以厚度6cm计)		

3)水泥稳定碎石生产施工能耗对比

按照《公路工程预算定额》(JTG/T B06-02—2007)中2-1-7-3对15cm厚度的水泥稳定碎石的生产能耗情况(包括装载机运料、上料、配送料、拌和、出料)测算如表3-32所示:该测算得到的定额推算能耗为1.43MJ/t，与上节实测得到的1.214MJ/t(仅计算拌和机的能耗)比较接近。水泥稳定碎石拌和能耗测算，见表3-32。

水泥稳定碎石拌和能耗测算(单位:1 000m^2，压实厚度20cm)　　表3-32

设　　备	台班	单位台班能耗	能耗(MJ)
3m^3轮胎式装载机	0.63	115.15kg柴油	3 087.6
300t/h以内稳定土厂拌设备 .	0.34	539.56kW·h	660.4
单位能耗	18.7MJ/m^3(其中拌和机能耗为3.3MJ/m^3) 8.13MJ/t(其中拌和机能耗为1.43MJ/t)		

注:水稳碎石密度以2.3t/m^3计。

通过以上对比分析可以得出以下结论:

(1)采用定额法测算路面生产施工能耗是合理可行的。

(2)实际能耗分析时,有实测能耗数据的可以优先使用;没有实测能耗数据的,可以使用定额法计算能耗数据。

3.4.2 定额法对公路工程建设环节各分部工程的能耗对比

采用定额法,选择一条高速公路,计算施工总能耗及各分部工程的单位长度能耗,以便进行各工序的能耗敏感性。为便于数据在工程中的应用,本节能耗全部以标准煤表示。同时,由于是横向对比,因此没有乘以 1.5 的换算系数。

1)分部工程能耗

选取华北地区某山岭区长 98.9km 长度的 4 车道高速公路,按照其施工图设计文件和工程定额,计算各主要分部工程能耗情况,见表 3-33、图 3-2、图 3-3。

某山岭区高速公路项目施工能耗分析　　表 3-33

序号	规格名称	单位	分部工程统计							合计
			临时工程	路基工程	路面工程	桥梁涵洞工程	交叉工程	隧道工程	交通工程	
1	重油	kg			4 675 901	184 656	1 016 654	84 769	74 437	6 036 417
2	汽油	kg		165 108	448 688	4 661	137 073	146 756	416 762	1 319 048
3	柴油	kg	1 458 010	19 151 526	3 298 981	1 146 910	6 822 826	3 971 179	130 655	35 980 087
4	煤	t	9		577	29	91	5	1	712
5	电	kW · h	379 008	2 914 029	3 816 841	22 240 977	8 271 231	30 100 558	1 622 025	69 344 669
分部合计	标准煤	tce	2 250	29 110	13 407	9 281	14 325	16 057	1 445	85 875
分部工程能耗占比		%	2.6	33.9	15.6	10.8	16.7	18.7	1.7	100
分项里程		km	—	78	98.9	6	11	5	98.9	98.9
单位里程能耗		t 标准煤/km	—	375	172	1 620	1 364	3 280	15	—

从表 3-33、图 3-2、图 3-3 可以看出:

(1)该 98.9km 的双向 4 车道高速公路的施工总能耗为 8.6 万 t 标准煤,折算为单位里程能耗为 868.3t 标准煤/km。

(2)各分部工程的总能耗由高到低排序依次是路基工程、隧道工程、交叉工程、路面工程、桥梁涵洞工程、临时工程、交通工程。这个排序,很大程度上取决

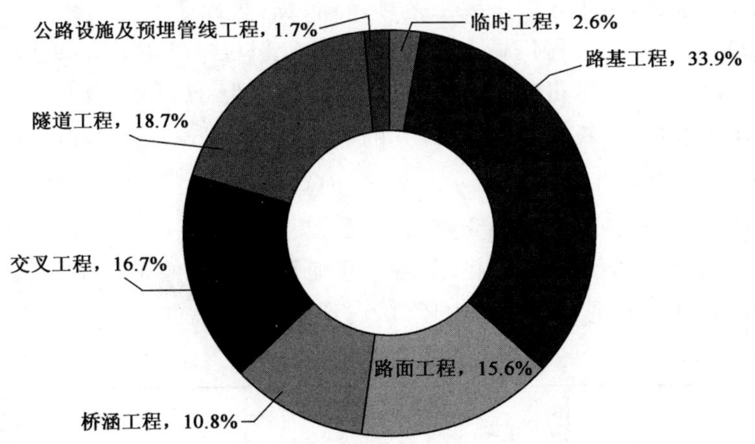

图 3-2　某山岭区高速公路施工能耗分布情况

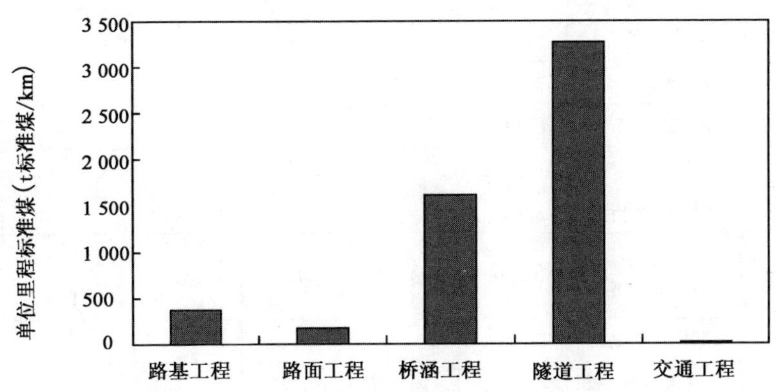

图 3-3　某高速公路单位里程分部工程能耗情况对比

于各分部工程数量的多少。对于一般的高速公路而言，路基工程量一般是最大的，能耗自然最多。而对于目前一些桥隧比高达 50%以上的高速公路而言，情况可能就不同了。

(3)将各分部工程换算成单位里程(1km)能耗，则各分部工程能耗从高到低依次是隧道工程、桥涵工程、路基工程、路面工程、交通工程(交叉工程包含不同的分部工程类别，此处不予分析)，单位里程能耗分别为 3 280t 标准煤、1 620t 标准煤、375t 标准煤、172t 标准煤、15t 标准煤。其中，隧道工程的单位里程施工能耗最高，高于其他分部工程数倍；而交通工程的施工能耗几乎可以忽略不计。

2)路基工程各工序能耗测算

以 1km 双向四车道高速公路填方路基为对象，假设路基宽度 26m，边坡坡度 1 ∶ 1.5，路基高度 4m，清表厚度 15cm，运土距离 10km。考虑清表、挖掘机挖装土、运土、推土、压实等几个主要工艺环节，根据《公路工程预算定额》(JTG/T B06-02—2007)、《公路工程机械台班费用定额》(JTG/T B06-03—2007)的有关机械台班油耗数据，计算得到1km路基工程的能耗为275.3t柴油(401.1t标准煤)，单位体积能耗(换算成1m³土石方的能耗)为1.15kg柴油/m³(3.13kg标准煤/m³)，具体情况如表3-20所示。表中计算得到的路基单位里程能耗低于上一节的高速公路实例，主要是由于路基高度的不同。

从表3-34及图3-4可以看出，在路基几何尺寸确定的情况下，对路基工程施工能耗影响最大的是土石方运输环节，占到路基施工总能耗的75.3%。

填方路基施工能耗分析 表3-34

序号	工序	设备	工程量(m³)	总台班	单位台班能耗(kg/台班)	能耗(kg柴油)	小计(kg标准煤)	占比(%)
1	清表(厚度15cm)	135kW履带推土机	5 700	9.12	98.06	894.3	1 303	0.3
2	挖掘机挖装土	75kW履带推土机	128 000	35.84	54.97	1 970.1	25 051	6.2
		20m³履带挖掘机	128 000	165.12	92.19	15 222.4		
3	运土	20t自卸卡车(运距10km)	128 000	2 686.72	77.11	207 173.0	301 872	75.3
4	推土	240kW履带推土机(距离20m)	32 000	30.08	174.57	5 251.1	7 651	1.9
5	压实	120kW平地机	128 000	208.64	82.13	17 135.6	65 220	16.3
		6～8t光轮压路机	128 000	198.4	19.33	3 835.1		
		20t振动压路机	128 000	225.28	105.6	23 789.6		
合计柴油消耗量(t/km)						275.3		
折算成标准煤(t/km)						401.1		
单位体积能耗(kg标准煤/m³)						3.13		

3)路面工程各工序能耗测算

本次测算只考虑沥青面层，没有考虑路面基层。按照厚度18cm、宽度19m(与26m宽度的路基对应)的1km长度高速公路沥青面层作为研究对象，同样按照交通运输部定额反推，计算得到1km沥青路面工程的能耗为84.6t标准煤，单位体积能耗为24.7kg标准煤/m³。其中，沥青混合料生产能耗最高，占比高达90%，是沥青路面工程能耗最大工艺环节(不考虑半刚性基层)。沥青面层工程施工能耗分析，见表3-35。沥青面层施工各工序能耗分部情况，见图3-5。

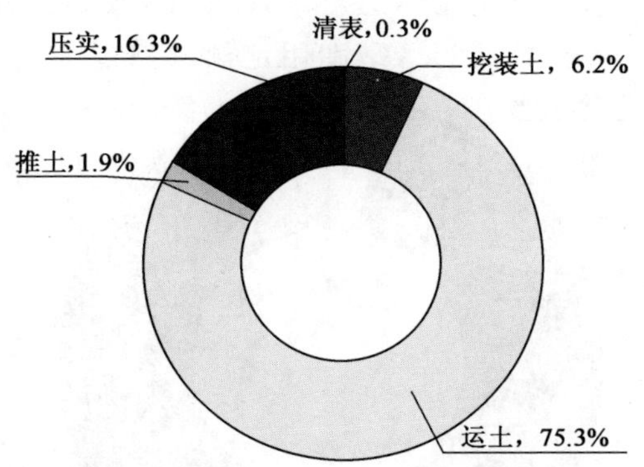

图 3-4　填方路基施工各工序能耗分部情况

沥青面层工程施工能耗分析　　表 3-35

序号	工序	设　备	工程量（m^3）	总台班	单位台班能耗（kg 柴油/台班）	能耗（kg 标准煤/台班）	小计（kg 标准煤/台班）	占比（%）
1	沥青混凝土拌和	$3m^3$ 轮胎式装载机	3 420	8.652 6	115.15	1 451.8	75 817	89.6
			3 420	4.617	9 574.4 重油	65 043.2		
		320t/h 拌和设备	3 420	4.617	5 917.61kW·h	9 016.1		
		5t 自卸汽车	3 420	4.993 2	41.63 汽油	305.9		
2	沥青混凝土运输	20t 自卸卡车（运距 10km）	3 420	53.078 4	77.11	5 963.7	5 964	7.1
3	摊铺压实	6～8t 光轮压路机	3 420	9.815 4	19.33	276.5	2 806	3.3
		12～15t 光轮压路机	3 420	14.740 2	40.46	869.0		
		12.5m 摊铺机	3 420	4.993 2	136.41	992.5		
		16～20t 轮胎压路机	3 420	2.872 8	42.29	177.0		
		20～25t 轮胎压路机	3 420	6.703 2	50.29	491.2		
合计单位里程能耗折算成标准煤（t 标准煤/km）						84.6		
单位体积能耗（kg 标准煤/m^3）						24.7		

4)桥梁工程各工序能耗测算

选取我国北方地区某座新建桥梁工程实例，该桥梁全长 600m，跨径布置为

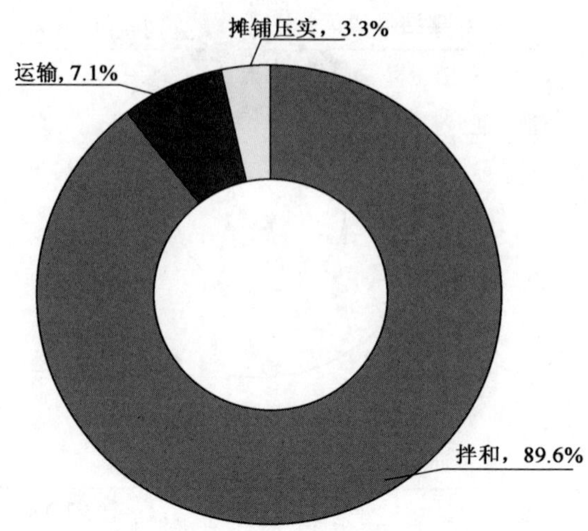

图 3-5　沥青面层施工各工序能耗分部情况

20×30m，四孔一联；桥梁结构总宽度 56.6m，按四幅桥实施，四幅布置为 11.8m+16.5m+16.5m+11.8m，总建设面积为 33 960m²。上部结构采用 30m 径预制简支变连续小箱梁结构，下部结构采用大悬臂式盖梁，重力式桥台，桥梁墩台桩基础采用钻孔灌注桩。全桥共钻孔灌注桩 424 棵，承台 84 个，盖梁 84 架，后张法预应力箱梁 400 片，桥面铺装 33 960m²。

经计算，换算成长度 1 000m、宽度 26m 的桥的单位里程能耗为 2 844.7t 标准煤/km。该数据高于上一节的高速公路实例中 1 620t 标准煤/km，反映出桥型不同、桥梁高度不同、施工难度不同等必然带来单位里程能耗的波动。此外，本案例中能耗包括了沥青混凝土桥面铺装。某桥工程施工能耗分析，见表 3-36。

某桥梁工程施工能耗分析　　表 3-36

用能类别	用电量(kW·h)	汽油(kg)	柴油(kg)	重油(kg)
能源消耗量	8 191 481	864.79	648 056.2	46 825.85
折算成标准煤(t 标准煤)	2 703.2	1.3	944.3	66.9
换算成单位里程 26m 宽桥梁的能耗(t 标准煤/km)	2 069.6	1.0	722.9	51.2
能耗合计(t 标准煤/km)	2 844.7			

5)隧道工程各工序能耗测算

以 1km 长、宽度 10.86m、高度 8.21m 的隧道为例，只考虑正洞开挖和衬砌，计算得到的单洞能耗折算成标准煤为 611.9t，单位体积能耗为 5.4kg 标准煤/m³，见表 3-37。如果换算成高速公路双洞隧道(乘以 2)的话，1km 隧道的耗能是 1 224t 标准煤。其中,正洞开挖环节的能耗占比最高,达到 90%以上。

单洞隧道工程施工能耗分析 表 3-37

序号	工 序	设 备	工程量(m^3)	总台班	能耗(kW·h)	换算成标准煤 kg	小计(kg 标准煤)	占比(%)
1	正洞机械开挖加运输	气腿式凿岩机	113 098	13 063	0.0	—	552 879	90.4
		$10m^3/h$ 电动空压机	113 098	498	172 613.3	56 962.4		
		$20m^3/h$ 电动空压机	113 098	2 499	1 502 778.8	495 917.0		
2	衬砌(初衬 5cm,二衬 30cm),现浇,模板台车	$60m^3/h$ 混凝土泵	37 699	490	178 936.0	59 048.9	59 049	9.6
合计		—	—	—	—	—	611 928	—
折算成单位体积开挖量的能耗(kg 标准煤/m^3)					5.4			

该算例中隧道没有考虑锚杆、小导管超前支护等工艺。试算后发现,如果考虑这些工艺,隧道工程的单位体积能耗可以翻一倍甚至更高,按照 1km 长度高速公路双洞隧道计,则可增加至 4 000t 标准煤甚至更高。

6)对比分析

对路基、路面、桥梁、隧道工程的能耗对比分析认为:

(1)按照单位长度计算,建设期能耗由高到低排序一般是隧道工程、桥梁工程、路基工程、路面工程、交通工程;按照单位体积计算,建设期能耗由高到低排序是路面工程、隧道工程、路基工程(桥梁和交通工程不适宜按体积计算),其中沥青面层的单位体积能耗数倍于其他分部工程。

(2)由于公路工程的复杂性,在截面尺寸、工艺等发生改变后,按照单位里程长度计算的能耗数据会在较大区间内波动。

(3)对于沥青路面工程而言,沥青混凝土的生产能耗占比超过 90%。因此,为了降低能耗,应尽可能减少沥青混凝土生产能耗。可行的方法包括使用温拌技术降低适宜的生产温度。

(4)不同的沥青混合料拌和设备的单位生产能耗有较大差异。因此,为了降低能耗,应尽量采用高能效的拌和设备,也可通过拌和楼油改气等改进能耗结构。

(5)对于路基工程而言,能耗占比占绝对多数的施工环节是土石方的运输。因此,为了降低能耗,路基土石方应尽可能避免远距离运输,同时尽量选择低路基。

(6)以交通运输部公路工程定额以及项目施工图设计文件中的工程量清单

为依据计算能耗，与实际情况吻合，说明该方法合理、可行。

3.5 本章小结

(1)研究确定了道路沥青、水泥、钢材和砂石料等筑路原材料的生产能耗参数(表3-38)以及各种筑路混合料的原材料能耗(表3-39)。路面再生混合料的原材料能耗与热拌沥青混合料相比减少了30%～60%，而材料性能基本相当，因此是沥青路面技术中最具推广价值的节能减排降耗技术。

原材料生产能耗 表3-38

原材料类别	能耗(MJ/t)	原材料类别	能耗(MJ/t)
沥青	6 000	集料	53
水泥	6 700	乳化沥青(60%残余物含量)	3 490
钢材	24 969		

各种筑路混合料的原材料能耗 表3-39

筑路材料类型	组成材料及所占比例		各组分能耗(MJ/t混合料)	能耗(MJ/t混合料)
	组分	占比		
热拌/温拌沥青混合料	沥青	4	230.8	281.7
	集料	100	51.0	
就地热再生混合料	沥青	1	49.6	58.3
	RAP	100	0.0	
	集料	20	8.8	
厂拌热再生混合料	沥青	1.5	68.4	108.7
	RAP	30	0.0	
	集料	100	40.3	
冷再生混合料	沥青	2.5	134.3	196.2
	水泥	1	50.0	
	RAP	100	0	
	集料	30	11.9	
水泥稳定碎石混合料	水泥	5	11.9	369.5
	集料	100	319.0	
水泥混凝土	水泥	25	50.5	1 382.4
	集料	100	1 340.0	
级配碎石	集料	100	42.4	53.0

续上表

筑路材料类型	组成材料及所占比例		各组分能耗（MJ/t 混合料）	能耗（MJ/t 混合料）
	组分	占比		
微表处/稀浆封层	乳化沥青	12	53.0	498.0
	水泥	1	387.1	
	集料	100	61.9	

(2)研究发现可以通过定额法准确、方便地计算公路工程各生产施工环节的能耗情况。实际能耗分析时，有实测能耗数据的可以优先使用，没有实测能耗数据的，可以使用定额法计算能耗数据。

(3)以实测法为主，配合使用定额法，研究确定了热拌沥青混合料、冷再生混合料、水泥稳定碎石、水泥混凝土、级配碎石等主要筑路材料的生产施工能耗参数，见表 3-40。

路面混合料生产施工能耗 表 3-40

筑路材料类型		能耗		
		混合料生产(MJ/t)	运输[MJ/(t·km)]	施工
热拌沥青混合料	改性沥青 SMA	509.0	5.4+1.2×(公里数−1)	15.8MJ/t
	改性沥青 AC	447.0		10.0MJ/t
	普通沥青 AC	405.0		10.0MJ/t
温拌沥青混合料	改性沥青 SMA	356.3		15.8MJ/t
	改性沥青 AC	312.9		10.0MJ/t
	普通沥青 AC	283.5		10.0MJ/t
厂拌冷再生混合料		12.2		2.7MJ/m^2
就地冷再生混合料		20.3		9.8MJ/m^2
水泥稳定碎石混合料		1.2		3.8MJ/m^2
滑模摊铺水泥混凝土		3.2		10.2MJ/m^2
级配碎石		—		3.5MJ/m^2

(4)在不考虑原材料生产能耗的情况下，对于沥青路面工程而言，沥青混凝土的生产能耗占比超过 90%。因此，为了降低能耗，减少沥青混凝土生产能耗尤其是集料加热能耗是节能的关键。

(5)温拌沥青混合料比热拌混合料降低生产施工温度约 40℃，研究得出温拌沥青混合料的集料加热能耗比热拌混合料减少 30%以上。因此，温拌沥青混合料是沥青路面技术中最具推广价值的节能技术之一。

(6)沥青混合料施工(摊铺、压实)能耗受到施工设备组合的显著影响。对应于 320t/h 的混合料施工能耗约为 10.0MJ/t，对应于 240t/h 的混合料施工能耗约为 10.2MJ/t，能耗仅为 30t/h 工况时的 43%左右，节能效果明显。因此，应该尽可能选择生产效率高、技术状况好的机械设备进行生产施工。

(7)沥青混合料施工(摊铺、压实)能耗受到混合料类型、矿料级配粗细等的影响，但是差异不大，可以忽略不计。但是沥青胶浆黏度对混合料施工能耗影响较大，SMA 的施工能耗是 AC 能耗的 1.58 倍。

(8)厂拌冷再生混合料的生产能耗为 12.2MJ/t，仅为热拌沥青混合料生产能耗的 3%左右，节能 95%以上，是路面技术中最具推广价值的节能技术之一。

(9)量化分析了公路工程各分部工程、分部工程中的各工序的能耗情况，找出了公路建设期节能重点环节。沥青面层是整个公路工程中单位施工体积能耗最大的部分，是公路工程节能的重点环节。

4 高等级公路路面结构生命周期能耗评价

本章是对沥青路面和水泥路面进行环境寿命周期分析，确定能耗。在两种寿命周期分析方法中，本章选择 SETAC-EPA 方法。选择这个方法基于几种考虑：首先，SETAC-EPA 方法在美国以及欧洲多个国家得到应用，应用范围十分广泛，国家标准化组织（ISO）也把它包括在标准方法中。其次，SETAC-EPA 把系统分为若干个独立过程或活动，这些过程或活动能够独立分析。最后，采用 SETAC-EPA 方法的寿命周期清单结果很容易在流程图上汇总。

本文选取的高速公路基本概况为：采用高速公路技术标准，全封闭、全立交、双向四车道，计算行车速度为 100km/h，路基宽度为 26m，半幅路幅布置为 0.75m 土路肩＋3m 硬路肩＋2×3.75m 行车道＋0.75m 左路缘带＋1/2×2m 中央分隔带。路面结构，如表 4-1 所示。

路面结构 表 4-1

沥青路面			水泥路面	
结构 1	结构 2	结构 3	结构 1	结构 2
4cm SMA	4cm SMA	4cm SMA	26cm 水泥混凝土	28cm 水泥混凝土
6cm AC20	6cm AC20	7.5cm AC20	20cm CTB	20cm CTB
8cm AC25	8cm AC25	9cm AC25	20cm CTB	20cm CTB
20cm CTB	8cm LSM25	9cm AC25	20cm GAB	20cm GAB
20cm CTB	20cm CTB	7.5cm AC13F		
20cm CTB	20cm CTB			

功能单位的确定是整个寿命周期评价的基石，它将产品系统的输入和输出进行标准化，建立起一个横向比较的度量单位。在清单分析中，所有数据的收集获取都应与系统的功能单位相联系，尤其是具有统一功能的产品或系统。本书主要研究的是比较不同路面结构高速公路，在全寿命周期的不同阶段，能耗方面的差异。为了能更好地反映不同路面结构的寿命周期能耗情况，也为了有利于研究比较，取 1km 双向四车道高速公路的半幅路面作为 1 个基本单元，输入的

能量形式采用高速公路全寿命周期内1基本单元路面所消耗的能量，具体能耗表示为MJ/基本单元。

沥青路面和水泥路面能耗领域的研究，是一门相对新的学科，相关数据比较零碎，很多情况下甚至是相互矛盾的。本研究由于数据收集带来的局限性，因此有必要做一些假设：

(1)如绪论所述，道路全寿命周期可概括为五个阶段：筑路材料物化阶段、建设施工阶段、运营阶段、养护维修阶段和寿命终止阶段。确定道路运营和养护期间的能耗需要建立养护计划，包括识别最可能破坏路面结构完整性的因素，选择最有效的方法控制和预防系统的恶化。故本研究仅考虑前两个阶段。

(2)本研究没有考虑路基土方、中央分隔带、土路肩三个部位的材料物化和施工能耗。

(3)本研究没有考虑原材料的运输能耗。运输能耗可能因运距、使用的设备以及运输道路的条件而差别巨大。

(4)路面结构寿命周期的许多活动和过程需要水。尽管每种路面消耗的水量可以计算，但本研究中水的获取和运输的能耗没有考虑，一方面是因为已有文献中缺少能耗的数据，另一方面是因为水的获取和运输能耗与其他材料的能耗相比非常小。

(5)本研究忽略了生产厂(如炼制厂和水泥厂)建设的能耗，以及道路施工建设必要设备(摊铺机、混凝土拌和机、压路机等)的生产和维修能耗。这些因素本研究中不予考虑。

4.1 建设期沥青路面生命周期清单分析

4.1.1 材料物化阶段

五种路面结构的材料数量，如表4-2和表4-3所示。假设沥青混凝土的密度均为2.45t/m^3，SMA 13的油石比为6.0%，AC 20的油石比为4.5%，AC 25的油石比为4.2%，AC13F的油石比为5.2%，LSM25的油石比为3.8%。黏层和封层均使用乳化沥青，用量为0.5kg/m^2。水泥混凝土的密度为2.40t/m^3，假设水泥：粉煤灰：矿渣粉：砂：石＝274：9：99：692：1 083，水泥用量为12.2%，砂石用量79.0%。水泥稳定碎石的密度为2.30t/m^3，水泥用量为3.5%。级配碎石的密度为2.25t/m^3。计算可得五种路面结构的原材料消耗量清单，如表4-4所示。根据第3章的能耗参数，可得五种路面结构的原材料物化能耗，如表4-5所示。五种路面结构原材料物化能耗比较如图4-1所示，不同原材料的贡献比例见表4-2～表4-5。

沥青路面结构材料数量 表 4-2

层　　次	结　构　1	结　构　2	结　构　3
上面层(1 000m²)	11.27	11.27	11.275
中面层(1 000m²)	11.32	11.32	11.337 5
下面层(1 000m²)	11.39	11.39	11.42
基层(1 000m²)	11.98	11.792 5	11.782 5
底基层(1 000m²)	12.45	12.425	11.906 25
黏层(1 000m²)	22.71	34.502 5	46.446 25
封层(1 000m²)	11.98	12.425	0

水泥路面结构材料数量 表 4-3

项　　目	结　构　1	结　构　2
面层(1 000m²)	11.25	11.25
基层(1 000m²)	12.05	12.05
底基层(1 000m²)	12.825	13.17
垫层(1 000m²)	13.14	13.17
传力杆 ϕ32(kg)	36 913.5	0
传力杆 ϕ34(kg)	0	41 710.5
拉杆 ϕ16 (kg)	4 740	4 740
支架钢筋 ϕ12 (kg)	675.324	682.250 4
支架钢筋 ϕ10 (kg)	498.844 5	498.844 5

路面原材料消耗清单 表 4-4

材　　料	沥青路面			水泥路面	
	结构 1	结构 2	结构 3	结构 1	结构 2
沥青(t)	234.911 9	322.742 4	478.294 4	0	0
水泥(t)	601.335	400.085	0	1 256.927 5	1 328.362
集料(t)	21 345.69	18 020.44	10 013.85	22 500.813	23 094.058
乳化沥青(kg)	17 345	23 463.75	23 223.13	0	0
钢材(kg)				42 827.669	47 631.594 9
粉煤灰、矿渣(t)				617.76	665.28

材料物化能耗(MJ) 表 4-5

材 料	沥青路面			水泥路面	
	结构 1	结构 2	结构 3	结构 1	结构 2
沥青	1 409 471	1 936 454	2 869 766	0	0
水泥	4 028 945	2 680 570	0	8 421 414	8 900 025
集料	1 131 322	955 083.3	530 734.1	1 192 543	1 223 985
乳化沥青	60 534.05	81 888.49	81 048.72		
钢材				1 069 364	1 189 313
总计	6 630 272	5 653 996	3 481 549	10 683 321	11 313 324

注:粉煤灰、矿渣不计算能耗。

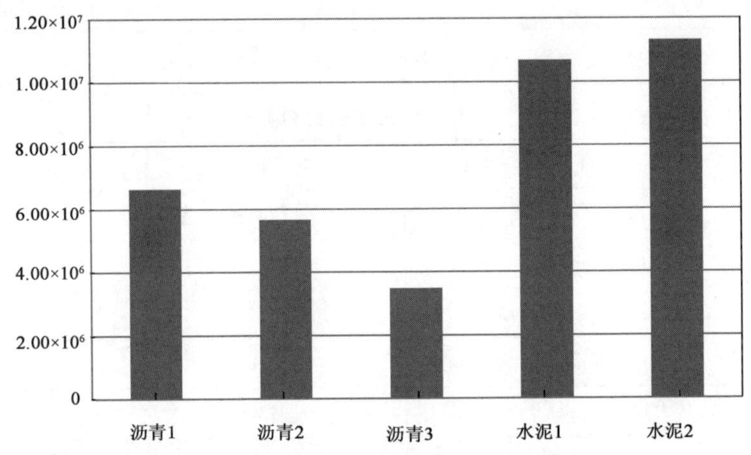

图 4-1 五种路面结构原材料物化能耗比较

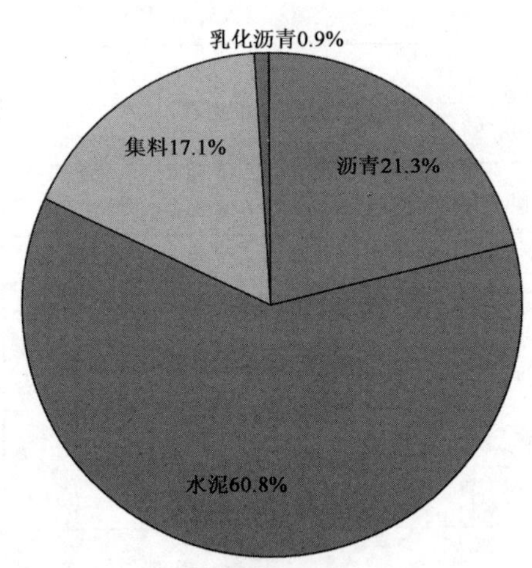

图 4-2 沥青路面结构 1 材料物化能耗不同原材料贡献比例

从图 4-1 可知,本研究中水泥路面结构的原材料物化能耗高于沥青路面,沥青路面结构 3 的原材料物化能耗最低。水泥路面结构 1 的原材料物化能耗超出沥青路面结构 1、结构 2、结构 3 的比例分别为 61%、89%和 200%。如果去掉钢筋的能耗,则相应超出比例下降至 45%、70%和 176%。

从图 4-2～图 4-6 可知,半刚性基层沥青路面的原材料物化能耗中水泥贡献比例最高,其次是沥青,再者是集料。全厚式沥青路面的原材料物化能耗中沥青贡献比例最高。水泥路面的原材料物化能耗中水泥贡献比例最高,约在 80%,

值得注意的是，钢材贡献比例占10%，如果采用钢纤维沥青混凝土或者连续配筋混凝土，这一比例仍会增高。

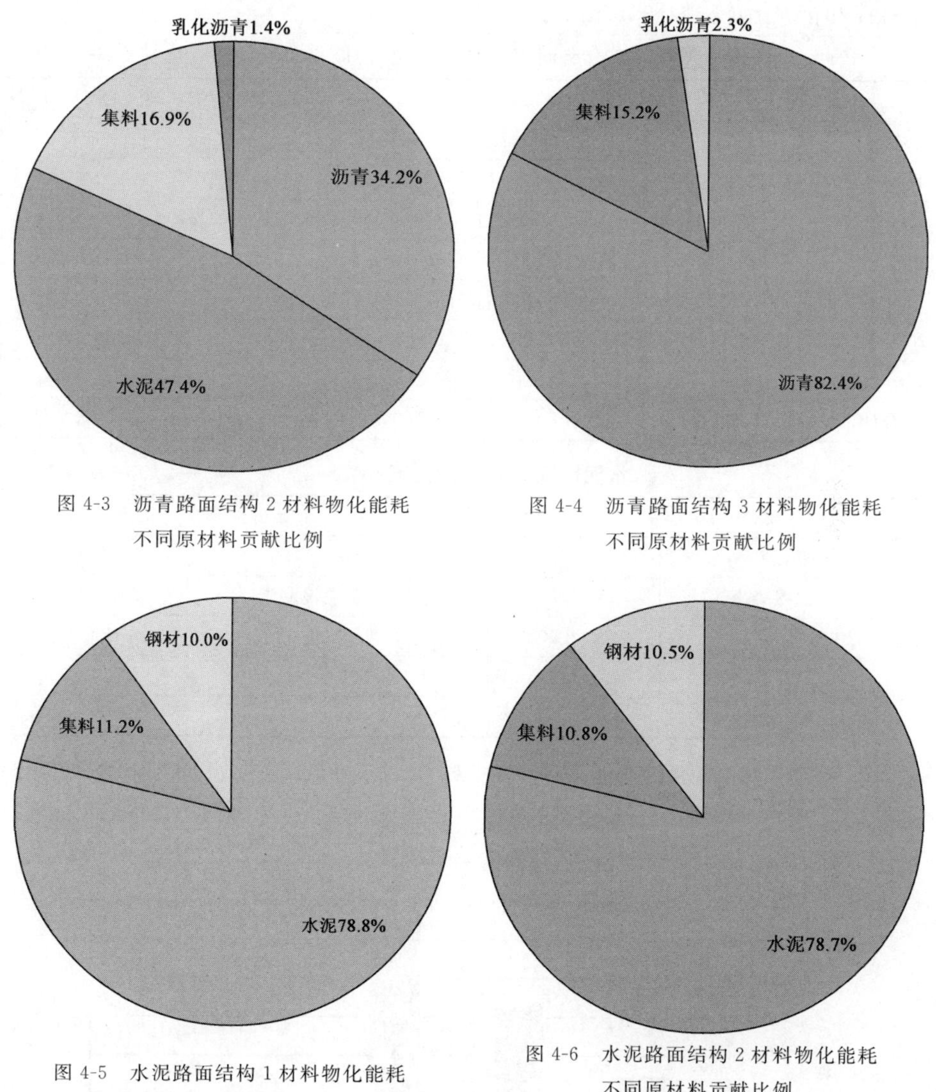

图4-3　沥青路面结构2材料物化能耗不同原材料贡献比例

图4-4　沥青路面结构3材料物化能耗不同原材料贡献比例

图4-5　水泥路面结构1材料物化能耗不同原材料贡献比例

图4-6　水泥路面结构2材料物化能耗不同原材料贡献比例

4.1.2　路面施工阶段

施工过程大部分建造活动是用工程机械实现的，使用机械必然消耗动力燃料和能源，故施工阶段的能耗分析主要针对施工机械耗能和材料运输过程的能耗。按生产过程分为拌和阶段、运输阶段、现场的摊铺压实阶段。

1)拌和阶段

根据第3章的能耗参数,拌和阶段的能耗见表4-6和表4-7。五种路面结构混合料拌和能耗比较,如图4-7所示。

沥青路面拌和阶段能耗(MJ) 表4-6

结构1		结构2		结构3	
层位	能耗	层位	能耗	层位	能耗
4cm SMA	562 170.1	4cm SMA	562 170.1	5cm SMA	562 419.6
6cm AC20	743 825.9	6cm AC20	743 825.9	7.5cm AC20	931 219.7
8cm AC25	904 138.2	8cm AC25	904 138.2	9cm AC25	1 019 835
20cm CTB	6 952.578	8cm LSM25	936 088.7	9cm LSM25	1 052 207
20cm CTB	6 952.578	20cm CTB	6 938.617	7.5cm AC13F	886 048.2
20cm CTB	6 952.578	20cm CTB	6 938.617		
合计	2 230 992		3 160 100		4 451 729

水泥路面拌和阶段能耗(MJ) 表4-7

结构1		结构2	
层位	能耗	层位	能耗
26cm 水泥混凝土	22 492.08	28cm 水泥混凝土	24 222.24
20cm CTB	6 729.202	20cm CTB	6 729.202
20cm CTB	7 161.993	20cm CTB	7 354.655
合计	36 383.275		38 306.097

从图4-7可知,水泥混凝土的拌和能耗相对于沥青混合料的拌和能耗可谓是微不足道。

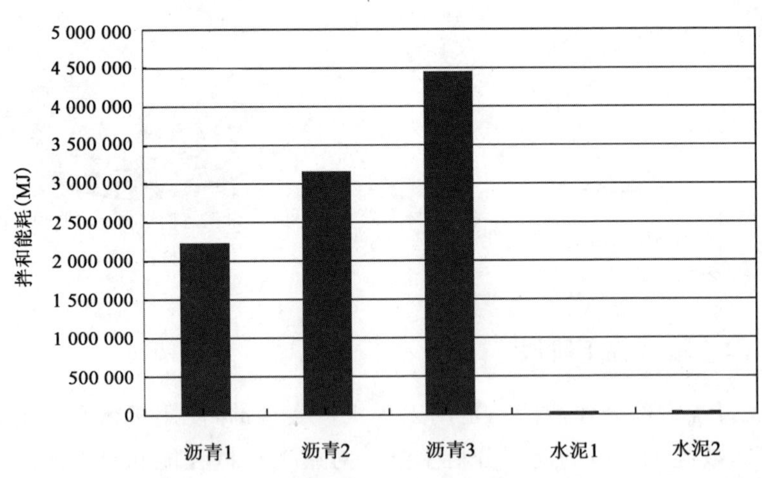

图4-7 五种路面结构混合料拌和能耗比较

2)运输阶段

从拌和站至路面现场的运输距离假设为 20km,运输车装载 48t,满载时车辆百公里柴油耗为 40L,空载为 10L。计算可得沥青路面三种结构的运输能耗分别为 177 772.6MJ、150 284.6MJ 和 84 207.4MJ,水泥路面两种结构的运输能耗分别为 195 542.74 和 201 284.53MJ。五种路面结构混合料运输能耗比较如图 4-8 所示。运输能耗主要与材料总重、运距和车辆单位油耗有关,本研究中由于假设相同的汽车和运距,故主要影响因素是材料总重,因此水泥路面材料运输能耗更高。

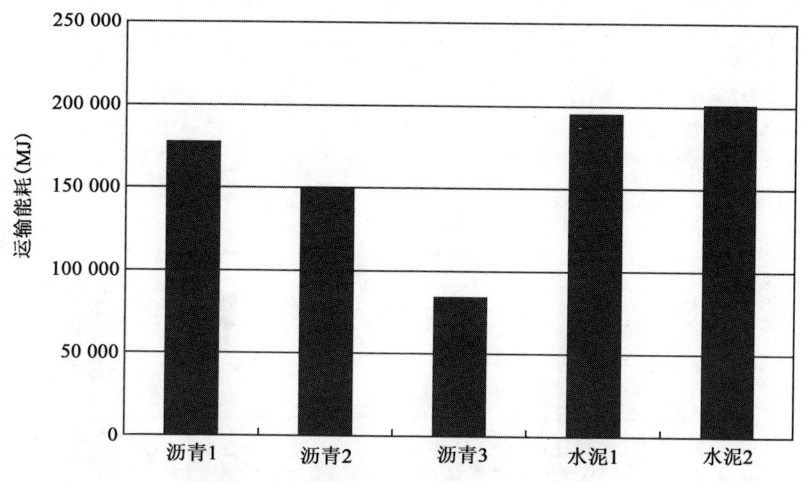

图 4-8 五种路面结构混合料运输能耗比较

3)摊铺、压实阶段

根据第 3 章的能耗参数,摊铺、压实阶段的能耗见表 4-8 和表 4-9。五种路面结构混合料摊铺、压实阶段能耗比较,如图 4-9 所示。除了全厚式沥青路面结构摊铺、压实能耗较低外,其余四种路面结构摊铺、压实阶段能耗基本相当。

沥青路面摊铺压实阶段能耗(MJ) 表 4-8

结构 1		结构 2		结构 3	
层位	能耗	层位	能耗	层位	能耗
4cm SMA	28 727.23	4cm SMA	28 727.23	5cm SMA	28 739.98
6cm AC20	25 017.2	6cm AC20	25 017.2	7.5cm AC20	25 055.88
8cm AC25	38 520.98	8cm AC25	38 520.98	9cm AC25	38 622.44
20cm CTB	75 030.74	8cm LSM25	39 882.24	9cm LSM25	39 848.42
20cm CTB	77 974.35	20cm CTB	77 817.78	7.5cm AC13F	26 312.81
20cm CTB	77 974.35	20cm CTB	77 817.78		
合计	323 244.9		287 783.2		158 579.5

水泥路面摊铺压实阶段能耗(MJ)　　表 4-9

结　构　1		结　构　2	
层位	能耗	层位	能耗
26cm 水泥混凝土	114 041.3	28cm 水泥混凝土	115 773.8
20cm CTB	75 469.15	20cm CTB	75 469.15
20cm CTB	80 322.98	20cm CTB	82 483.71
20cm GAB	45 950.58	20cm GAB	46 055.49
合计	315 784		319 782.1

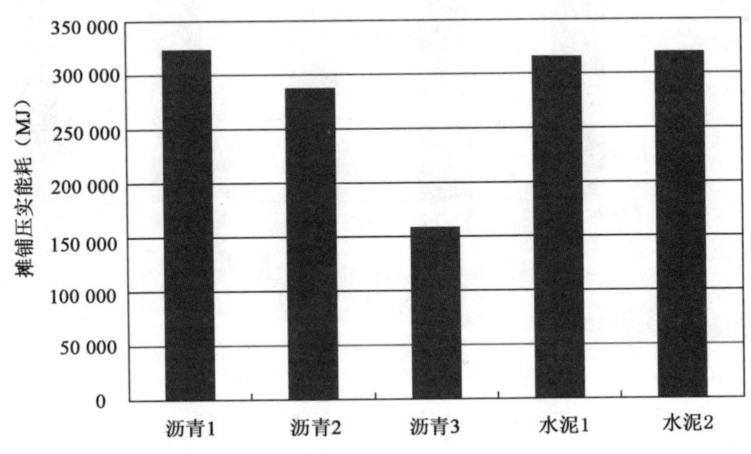

图 4-9　五种路面结构混合料摊铺、压实阶段能耗

4)施工阶段能耗分析

五种路面结构施工阶段能耗对比,如图 4-10 所示。施工阶段五种路面结构在拌和、运输和摊铺压实阶段的能耗比例,见图 4-11～图 4-15。从图 4-10 可知,沥青路面施工阶段能耗高于水泥路面,其中全厚式沥青路面施工阶段能耗最高,这与其所有路面结构层全部采用沥青拌和楼有关。从图 4-11～图 4-15 可知,本研究中沥青路面施工阶段中能耗主要发生在拌和阶段(尤其是全厚式沥青路面结构),节能的关键环节在于沥青拌和楼,其次是压路机和摊铺机。至于水泥路面的路面结构,施工阶段中主要能耗发生在现场施工阶段,这主要与水泥面板需要进行刻槽、切缝有关。

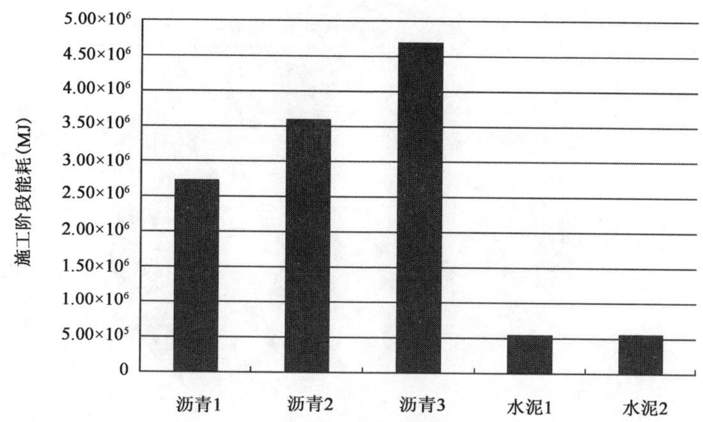

图 4-10　五种路面结构施工阶段能耗对比

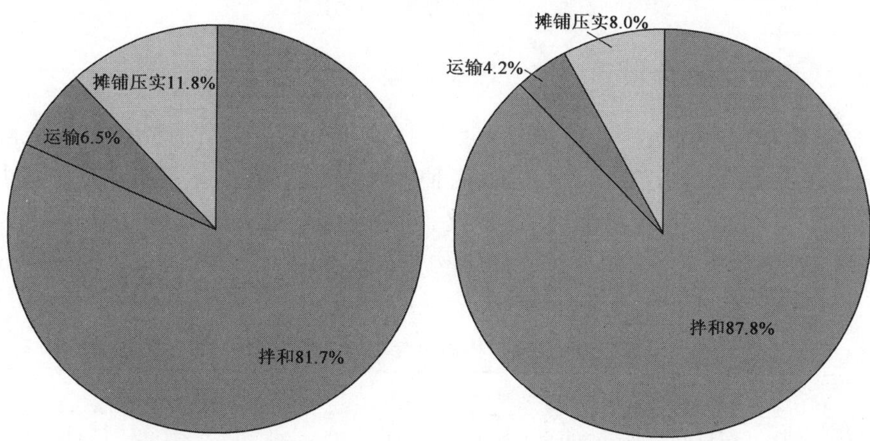

图 4-11　沥青路面结构 1 施工阶段能耗比例　　图 4-12　沥青路面结构 2 施工阶段能耗比例

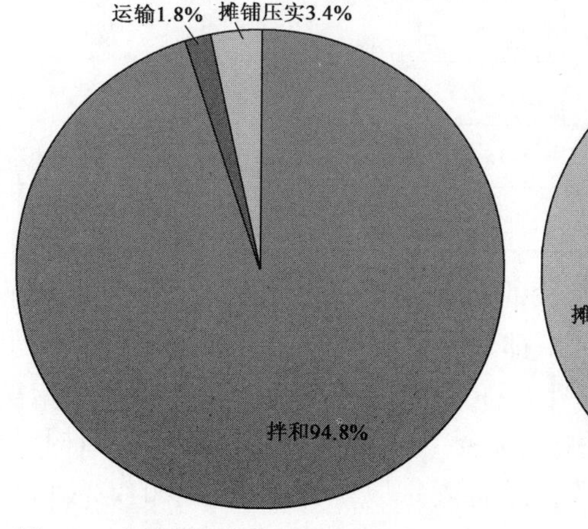

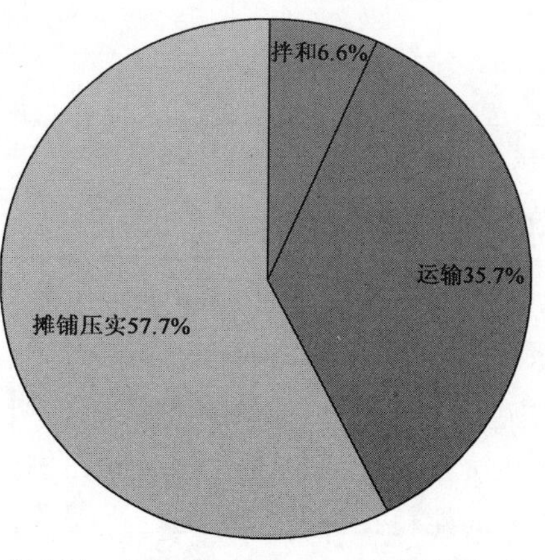

图 4-13　沥青路面结构 3 施工阶段能耗比例　　图 4-14　水泥路面结构 1 施工阶段能耗比例

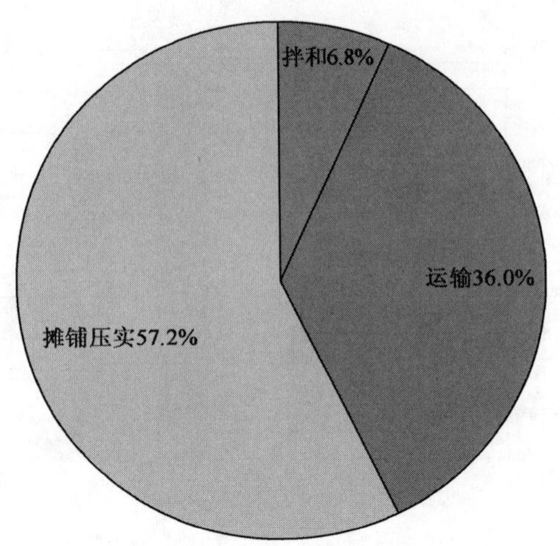

图 4-15　水泥路面结构 2 施工阶段能耗比例

4.1.3　材料物化阶段和施工阶段总能耗

材料物化阶段和施工阶段总能耗，见表 4-10。五种路面结构混合料总能耗比较，如图 4-16 所示。从图 4-16 可知，两种水泥路面结构的总能耗最多，其中水泥路面结构 1 的总能耗比三种沥青路面结构分别超出 20.0%、21.4%和 37.4%。扣除钢材影响因素，水泥路面结构 1 的总能耗比三种沥青路面结构分别超出 8.5%、9.8%和 24.3%，如图 4-17 所示。

五种路面结构总能耗(MJ)　　表 4-10

阶段	沥青路面			水泥路面	
	结构 1	结构 2	结构 3	结构 1	结构 2
材料物化	6 630 272	5 653 996	3 481 549	10 683 321	11 313 324
拌和	2 230 992	3 160 100	4 451 729	36 383.28	38 306.096 8
运输	177 772.6	150 284.6	84 207.4	195 542.7	201 284.5
摊铺压实	323 244.9	287 783.2	158 579.5	315 784	319 782.1
总计	9 362 282	9 252 164	8 176 065	11 231 031	11 872 696

五种路面结构在材料物化和施工阶段的能耗比例，见图 4-18～图 4-22。从图 4-18～图 4-22 可知，两种路面结构类型都是原材料物化阶段能耗占据非常显著的比例，但两种路面结构类型的能耗组成特点仍存在不同之处。沥青路面结构的拌和阶段的能耗也占有一定的比例，特别是当采用全厚式沥青路面结构时，拌和阶段的能耗比例是最高的。水泥路面结构则是原材料物化阶段的能耗占有相当大的比例，约为 95%。

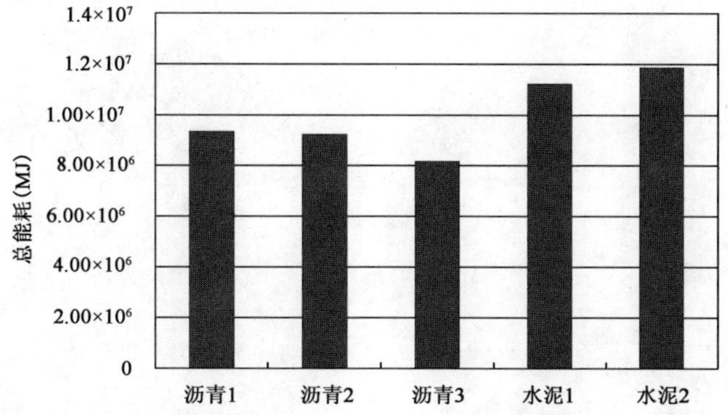

图 4-16　五种路面结构混合料总能耗比较

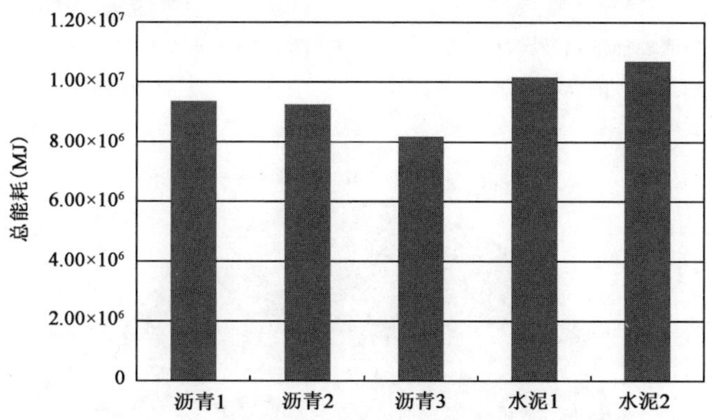

图 4-17　五种路面结构混合料总能耗比较(扣除钢材影响)

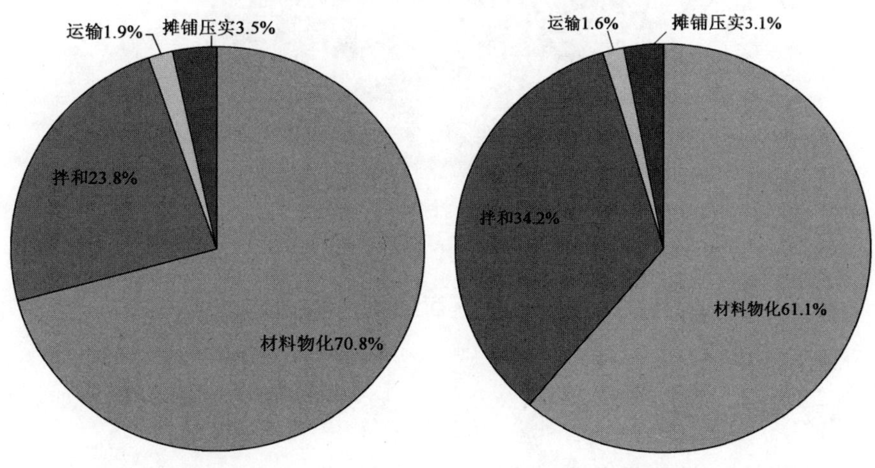

图 4-18　沥青路面结构 1 在材料物化和施工阶段的能耗比例

图 4-19　沥青路面结构 2 在材料物化和施工阶段的能耗比例

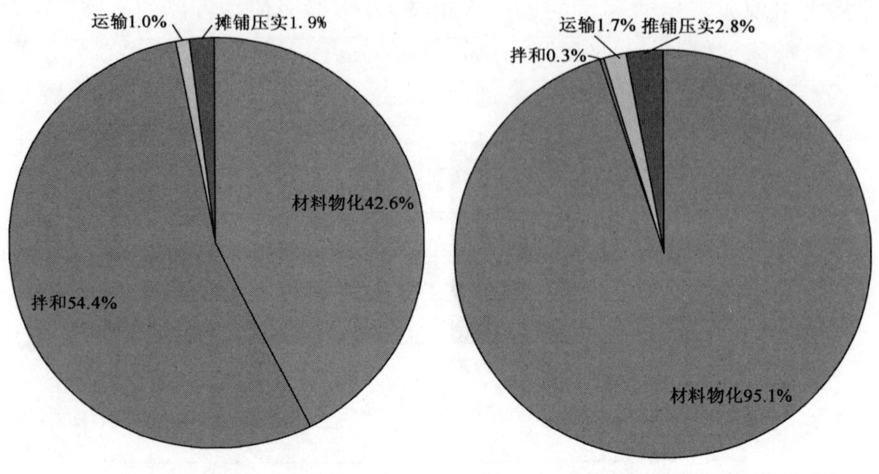

图 4-20　沥青路面结构 3 在材料物化和施工阶段的能耗比例

图 4-21　水泥路面结构 1 在材料物化和施工阶段的能耗比例

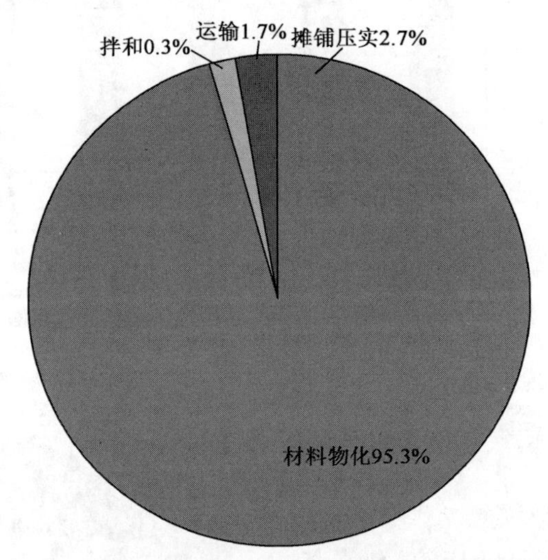

图 4-22　水泥路面结构 2 在材料物化和施工阶段的能耗比例

4.2　运营期沥青路面生命周期清单分析

4.2.1　预防性养护

路面预防性养护是交通运输主管部门或者公路管理机构为了降低路面全寿命周期费用，在没有发生损坏或者只有轻微病害与病害迹象的路面上，为了防止路面病害出现或者轻微病害的进一步扩展、减缓路面使用性能的衰减，而采取的基本不扰动路面结构、不改变路面结构强度的路面养护作业。我国《公路养护技术规范》要求公路养护工作必须贯彻“预防为主，防治结合”的方针，体现了预防性养护的要求。

根据路面预防性养护的定义，其采用的技术均是功能性技术，而不会显著提高路面结构承载能力。在国外又被称作“0-3 工程”，即它所采用的雾封层、碎石封层、微表处、稀浆封层、超薄罩面、薄层罩面、就地热再生等技术，其厚度一般不超过 3cm。预防性养护的主要技术措施，如图 4-23 所示。

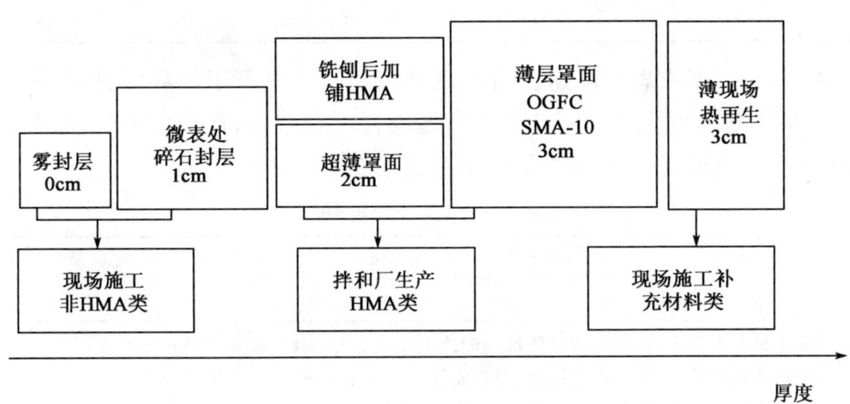

图 4-23　预防性养护的主要技术措施

本研究选取路面预防性养护中最具代表性的微表处、超薄罩面两种技术，实测其施工能耗。

1)微表处施工能耗

微表处是采用专用机械设备将聚合物改性乳化沥青、粗细集料、填料、水和添加剂等按照设计配比拌和成稀浆混合料摊铺到原路面上，并能很快开放交通的具有高抗滑和耐久性能的薄层。微表处开放交通时间的长短依工程所处环境的不同而变化，通常在气温为 24℃，湿度为 50%(或更小)的状况下可以在 1h 内开放交通。

我国从 2000 年开始引进和消化吸收发达国家最新的稀浆混合料研究成果，开始在高速公路养护工程中使用微表处技术，并迅速推广。目前，全国每年微表处用量保持在 3 000 万 m^2 以上，其使用效果得到我国公路界的普遍认可，是目前我国高速公路沥青路面最主流的预防性养护技术措施。

为得到微表处施工能耗，首先选择山西省 2013 年施工的微表处养护项目进行能耗统计，统计结果见表 4-11。

山西省微表处项目能耗统计 表 4-11

工程量（m^2）	施工时间	施工机械			养护维修类别	燃油(L)		能耗(MJ)		单位能耗（MJ/m^2）
		型号	其他机械	购置时间		柴油	汽油	柴油	汽油	
369 416.36	2013.8	VSS	工具车、装载机、压路机	2008	微表处	8 341.87	65.14	298 869.8	2 048.073	0.809 033
827 551.28	2013.6	斯加特	工具车、装载机、扫路机	2008	稀浆封层	18 619.9	654.57	667 107.8	20 580.4	0.806 123

2013 年在云南省思小高速公路微表处施工时又进行了能耗统计，见表 4-12。由于统计时考虑了微表处施工能耗与灌缝能耗混合统计，得出的能耗数据显著高于山西的统计数据，偏离了微表处正常的施工能耗水平。

思小高速公路微表处能耗统计 表 4-12

统计窗口	养护材料(t)	柴油(t)	能耗(MJ)	单位能耗(MJ/t)
2013.12.20—2014.1.10	307	2.05	87 436.6	284.8

注：1. 养护材料指微表处、灌缝等预防性养护技术在运用中消耗的总量或铺筑的平方。

2. 单位能耗栏针对柴油、重油统计，单位能耗＝合计柴油量/合计养护材料。

3. 施工设备为 2011 年购置的 VSS 微表处摊铺车。

此外，采用定额法，按照《公路工程预算定额》(JTG/T B06-02—2007）中 2-2-16-15和《公路工程机械台班费用定额》(JTG/T B06-03—2007)，对微表处（与稀浆封层的施工工艺基本一致，因此借用稀浆封层的定额）的施工能耗进行测算。考虑到山西项目实测的能耗只考虑了稀浆封层机的能耗，没有考虑沥青运输车等辅助施工设备的能耗，因此本研究采用定额法得到的 2.57MJ/m^2 作为微表处的施工能耗，见表 4-13。

定额法测算稀浆封层/微表处施工能耗（单位：1 000m^2） 表 4-13

设 备	台班	单位台班能耗(kg)	能耗(MJ)
4 000L 以内液态沥青运输车	0.34	34.28 汽油	502.0
2.5～3.5m 稀浆封层机	0.35	103.62 柴油	1 543.6
4 000L 以内洒水汽车	0.34	36.00 汽油	527.2
单位能耗	2.57MJ/m^2		

2)超薄罩面

2013 年在云南省思小高速公路超薄罩面施工时进行了为期一个月的能耗

统计,汇总统计结果见表4-14。本研究将其取值269MJ/t。

思小高速公路超薄罩面生产能耗统计 表4-14

统计周期	沥青混凝土(t)	柴油(L)	柴油(kg)	能耗(MJ)	单位能耗(MJ/t)	单位能耗(L/t)
2013.11.29—2013.12.30	4 695.2	35 225	29 589	1 262 030.028	268.792	7.5

注:1.统计周期为年度或某项目施工工期。

2.单位能耗栏针对用电量、柴油、重油统计,单位能耗=合计用电量(柴油、重油)/合计石料(沥青、水泥)。

超薄罩面的施工与普通热拌沥青混合料差异不大,采用热拌沥青混合料施工能耗参数。

4.2.2 路面大中修

路面在公路基础设施中直接承受交通荷载的作用,设计寿命短,维修养护需求大,占据了公路基础设施维修养护的绝大多数工作量。

1)路面铣刨

路面养护工程目前没有全国定额标准,本研究参照福建省《关于发布沥青混凝土路面铣刨及路基冲击碾压补充定额的通知》及《新增公路工程机械台班费用定额》的规定,对路面铣刨作业能耗进行测算。其中的工作内容包括施工准备,机械铣刨,自动回收,自卸汽车等待、装运第一公里,清理、清洗现场,见表4-15、表4-16。

福建省路面铣刨定额 表4-15

顺序号	工料机名称	工料机代号	单位	沥青混凝土铣刨	
				厚4cm	每增减1cm
				1 000m^2	1 000m^2
				1	2
1	人工	1	工日	14.55	2.17
2	水	866	m^3	9.16	1.94
3	W-2000mm以内路面铣刨机	1994	台班	0.28	0.06
4	6000L洒水车	1405	台班	0.58	0.07
5	HT滑移装载机	1995	台班	0.32	0.07
6	1.5m^3以内轮胎式装载机	1049	台班	0.90	—
7	15t以内自卸汽车	1388	台班	0.42	0.09
8	基价	1999	元	3 480	584

福建省路面铣刨机械台班费用定额　　表 4-16

机械名称			路面铣刨机	滑移装载机	冲击式压路机
型号			W-2000	HT-65	YCT25
定额代号			1994	1996	1996
不变费用	折旧费	元	2 489.7	141.5	521.4
	大修理费	元	256.7	41.7	53.8
	经常修理费	元	898.3	100.0	166.6
	小计	元	3 644.7	283.1	741.8
可变费用	人工	工日	2.0	1.0	2.0
	柴油	kg	320.0	65.4	128.0
定额基价		元	5 311.07	652.64	1 467.35

本研究只考虑铣刨机铣刨过程，则铣刨不同厚度时路面铣刨机能耗情况，见表 4-17。

不同路面铣刨厚度时的铣刨机能耗测算(单位:1 000m²)　　表 4-17

铣刨厚度(cm)	台班	能耗(kg 柴油)	能耗(MJ)	单位能耗	
				(MJ/m²)	(MJ/m³)
4	0.28	89.6	3 813.6	3.81	95.34
5	0.34	108.8	4 630.7	4.63	92.61
6	0.40	128.0	5 447.9	5.45	90.80
7	0.46	147.2	6 265.1	6.27	89.50
8	0.52	166.4	7 082.3	7.08	88.53
9	0.58	185.6	7 899.5	7.90	87.77
10	0.64	204.8	8 716.7	8.72	87.17
11	0.70	224.0	9 533.9	9.53	86.67
12	0.76	243.2	10 351.1	10.35	86.26
13	0.82	262.4	11 168.3	11.17	85.91
14	0.88	281.6	11 985.5	11.99	85.61
15	0.94	300.8	12 802.6	12.80	85.35
16	1.00	320.0	13 619.8	13.62	85.12
17	1.06	339.2	14 437.0	14.44	84.92
18	1.12	358.4	15 254.2	15.25	84.75

根据上表情况，得出以下的路面铣刨能耗计算公式：

单位面积铣刨能耗(MJ/m²)=[3.81+(铣刨厚度厘米数−4)×0.82]/1 000

2)路面加铺/罩面

路面加铺/罩面是养护工程中最常用的措施之一。由于路面加铺工程与新铺沥青面层工艺完全一致，因此其能耗可以参照新建工程中沥青面层的能耗分析，此处不再赘述。

3)运营阶段养护工程汇总分析

在路面15年的寿命周期范围内，一般要经历两次中修、两次大修。假设两次中修采用铣刨4cm沥青表面层然后做4cm热沥青罩面，而两次大修则采用铣刨18cm沥青层然后重做18cm沥青路面结构的方案。

对养护工程的能耗分析见表4-18、表4-19。可以看出，1km高速公路半幅路面中修工程能耗为435 983.2MJ，换算成单位面积单位厚度能耗为8.9MJ/(cm·m²)；1km高速公路半幅路面大修工程能耗为1 940 672.3MJ，是中修工程能耗的4.5倍，但是换算成单位面积单位厚度能耗为8.8MJ/(cm·m²)，与中修工程的单位能耗基本相当。

从各工艺工序能耗占比来看，中修工程中沥青混凝土生产能耗占比71.2%，旧路面铣刨环节的能耗占比14.2%，大修工程的情况与中修工程类似。

从分析中还可以看出，路面大中修维护的能耗是很高的，如果由于路面质量不佳等原因造成路面反复维修，将大幅度增加路面全寿命周期能耗水平。从这个意义上讲，路面耐久性是体现绿色公路的重要内容。

沥青路面中修工程(铣刨加铺4cm)**能耗分析** 表4-18

<table>
<tr><th>序号</th><th>工序</th><th>设备</th><th>工程量</th><th>总台班</th><th>单位台班能耗(kg柴油/台班)</th><th>能耗(MJ)</th><th>小计(MJ)</th><th>占比(%)</th></tr>
<tr><td rowspan="2">1</td><td rowspan="2">铣刨4cm</td><td>铣刨机</td><td>12 250m²</td><td>3.43</td><td>320.00</td><td>46 814.8</td><td rowspan="2">61 695.9</td><td rowspan="2">14.2</td></tr>
<tr><td>15t自卸汽车</td><td>12 250m²</td><td>5.15</td><td>349.63</td><td>14 881.1</td></tr>
<tr><td rowspan="4">2</td><td rowspan="4">沥青混凝土拌和</td><td>3m³轮胎式装载机</td><td>490m³</td><td>1.24</td><td>115.15</td><td>6 096.2</td><td rowspan="4">310 418.6</td><td rowspan="4">71.2</td></tr>
<tr><td rowspan="2">320t/h拌和设备</td><td>490m³</td><td>0.66</td><td>9 574.4(重油)</td><td>265 178.5</td></tr>
<tr><td>490m³</td><td>0.66</td><td>5 917.61(kW·h)</td><td>37 859.6</td></tr>
<tr><td>5t自卸汽车</td><td>490m³</td><td>0.72</td><td>41.63</td><td>1 284.3</td></tr>
<tr><td>3</td><td>沥青混凝土运输</td><td>20t自卸货车(运距10km)</td><td>490m³</td><td>3.01</td><td>77.11</td><td>9 907.2</td><td>52 085.4</td><td>11.9</td></tr>
</table>

续上表

序号	工序	设备	工程量	总台班	单位台班能耗（kg 柴油/台班）	能耗（MJ）	小计（MJ）	占比（%）
4	摊铺压实	6～8t 光轮压路机	490m³	5.20	19.33	17 135.9	11 783.3	2.7
		12～15t 光轮压路机	490m³	7.60	40.46	25 042.3		
		12.5m 摊铺机	490m³	1.41	136.41	1 160.9		
		16～20t 轮胎压路机	490m³	2.11	42.29	3 649.0		
		20～25t 轮胎压路机	490m³	0.72	50.29	4 167.5		
合计（MJ）							435 983.2	
单位面积能耗（MJ/m^2）							35.6，14.8	
单位面积单位厚度能耗［$MJ/(cm \cdot m^2)$］							8.9	

沥青路面大修工程（铣刨加铺 18cm）能耗分析 表 4-19

序号	工序	设备	工程量	总台班	单位台班能耗（kg 柴油/台班）	能耗（MJ）	小计（MJ）	占比（%）
1	铣刨 18cm	铣刨机	12 250m²	13.72	4 390.4	187 259.3	256 436.2	13.2
		15t 自卸货车	12 250m²	23.89	1 621.9	69 176.9		
2	沥青混凝土拌和	3m³ 轮胎式装载机	2 205	8.652 6	115.15	27 432.7	1 396 827.3	72.0
		320t/h 拌和设备	2 205	4.617	9 574.4 重油	1 193 303.1		
			2 205	4.617	5 917.61kW·h	170 368.3		
		5t 自卸货车	2 205	4.993 2	41.63 汽油	5 723.3		
3	沥青混凝土运输	20t 自卸货车（运距 10km）	2 205	53.078 4	77.11	44 582.4	234 384.2	12.1

续上表

序号	工序	设备	工程量	总台班	单位台班能耗(kg 柴油/台班)	能耗(MJ)	小计(MJ)	占比(%)
4	摊铺压实	6～8t 光轮压路机	2 205	9.815 4	19.33	77 111.5	53 024.6	2.7
		12～15t 光轮压路机	2 205	14.740 2	40.46	112 690.3		
		12.5m 摊铺机	2 205	4.993 2	136.41	5 223.9		
		16～20t 轮胎压路机	2 205	2.872 8	42.29	16 420.5		
		20～25t 轮胎压路机	2 205	6.703 2	50.29	18 753.5		
合计(MJ)							1 940 672.3	
单位面积能耗(MJ/m²)							158.4,366.7	
单位面积单位厚度能耗[MJ/(cm・m²)]							8.8	

4)就地热再生

参照《江苏省沥青混凝土路面就地热再生施工定额说明》,计算复拌型就地热再生能耗,施工环境温度以不低于20℃计,见表4-20。可见,就地热再生能耗为1 689.3MJ/m²,显著高于其他各种施工和养护工艺。其中,路面加热能耗占到施工能耗的64.8%。

沥青路面复拌式就地热再生能耗分析 表4-20

序号	设　　备	工程量	总台班	单位台班能耗(kg/台班)		能耗(MJ)	小计(MJ)	占比(%)
				柴油	液化气			
1	加热王 HM16	100m²	0.113	85.37	751.50	41 350.7	109 484.6	64.8
2	加热王 HM7	100m²	0.038	24.22	513.16	26 782.9		
3	公路王 RM6800	100m²	0.038	113.46	727.63	41 351.0		
4	复拌提升机 EM6500	100m²	0.038	128.72	882.16	49 756.1	49 756.1	29.5
5	摊铺机	100m²	0.038	136.41	—	5 818.2	9 688.8	5.7
6	钢轮振动压路机(12t 以内)	100m²	0.079	40.46	—	1 725.7		
7	轮胎压路机(20～25t)	100m²	0.048	50.29	—	2 145.0		
合计能耗			168 929.5MJ					
单位面积能耗			1 689.3MJ/m²					

4.2.3　路面寿命终结与路面再生

随着使用期的延长，路面性能在交通荷载、环境因素等的作用下不断衰减，最终将不能满足路用要求，达到寿命终结状态。此时，路面材料本身一般还有较高的利用价值，可以通过路面再生技术使材料重新满足路用性能要求。

沥青路面再生技术不是一项技术，而是一类技术的总称。交通运输部《公路沥青路面再生技术规范》(JTG F41—2008)根据我国的实际情况，将沥青路面再生技术分为厂拌热再生、就地热再生、厂拌冷再生、就地冷再生 4 类。其中，就地热再生又根据再生工艺的不同分为复拌再生、加铺再生两种类型，就地冷再生根据再生深度的不同分为沥青层就地冷再生和全深式就地冷再生两种，见图 4-24。

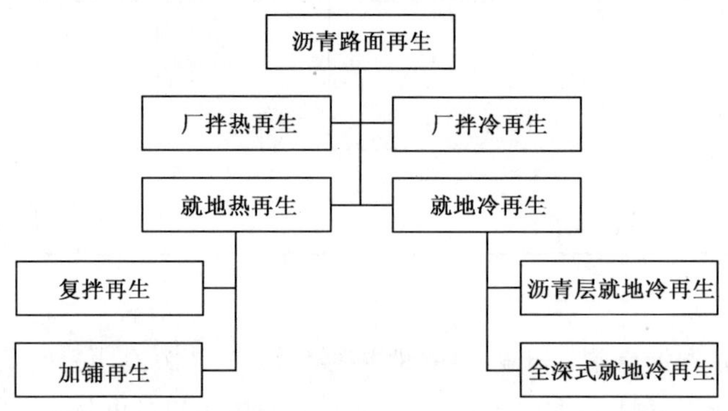

图 4-24　我国交通运输部对沥青路面再生技术的划分方法

1)泡沫沥青厂拌冷再生

对河北省衡水至德州路养护改造工程使用的泡沫沥青厂拌冷再生进行了能耗调研统计，得到拌和阶段能耗为 5.61MJ/t，摊铺压实阶段能耗为 12.8MJ/t。能耗调研具体统计结果，见表 4-21。

河北省衡水泡沫沥青厂拌冷再生能耗结果　　表 4-21

类　别		品牌	新旧程度	额定功率	能源类型	能耗(L)	合计(L)
冷再生机	1				柴油	130	130
摊铺机	1	ABG423	2005.3	138kW	柴油	98	98
压路机	1	单钢轮	2010.9		柴油	88	199
	2	单钢轮	2009.4		柴油	55	
	3	胶轮 301	2008.4	132kW	柴油	40	
	4	胶轮 301	2008.8	132kW	柴油	16	

续上表

<table>
<tr><th colspan="2">类　别</th><th>品牌</th><th>新旧程度</th><th>额定功率</th><th>能源类型</th><th>能耗(L)</th><th>合计(L)</th></tr>
<tr><td>铲车</td><td>1</td><td>徐工</td><td>2005.6</td><td></td><td>柴油</td><td>102</td><td rowspan="3">130</td></tr>
<tr><td>油车</td><td>1</td><td>一汽</td><td>2010.6</td><td></td><td>柴油</td><td>10</td></tr>
<tr><td>水车</td><td>1</td><td>东风</td><td>2005.1</td><td></td><td>柴油</td><td>18</td></tr>
<tr><td>班车</td><td>1</td><td>金杯</td><td>2004.6</td><td>70kW</td><td>汽油</td><td>8</td><td>8</td></tr>
<tr><td>合计</td><td colspan="7">柴油 565L,汽油 8L,890t</td></tr>
<tr><td>折算能耗</td><td colspan="7">拌和阶段:5.61MJ/t
摊铺压实阶段:12.8MJ/t</td></tr>
</table>

此外,又选择浙江 17 省道华白线路面大中修工程中的泡沫沥青厂拌冷再生工程,进行能耗统计。该项目起点位于开化县华埠镇朱家坞附近的 205 国道以西,路线长 10km(K3+800～K8+300、K11+200～K16+700),公路等级为二级,设计车速 60km/h,其中 K3+800～K8+300、K11+200～K12+800 段路基宽 15m,路面宽 12m,K12+800～K16+700 段路基宽 10.5m,路面宽 9m。老路面结构为 10cm 沥青面层+20cm 水泥稳定碎石基层,采用泡沫沥青厂拌冷再生技术进行维修。首先使用铣刨机铣刨老路面 15cm(其中 10cm 为老沥青路面面层、5cm 为老路的水泥稳定基层),铣刨料经厂拌再生后,再摊铺 18cm 泡沫沥青冷再生层和 6cm A16 沥青混凝土面层。泡沫沥青厂拌冷再生混合料配合比为:RAP 料 78.5%、石屑 20%、水泥 1.5%、泡沫沥青用量 2.3%。实地调查所记录的施工机械耗能情况,如表 4-22 所示。

浙江省湖州厂拌冷再生施工机械能耗　　表 4-22

设备名称	产地	工作时间(h)	油耗(L/h)	实际油耗(L)	备注
摊铺机	德国	10	20	100	
单钢轮	Dynapac	10	10	65	
胶轮	中国常林	10	6～7	30	最大工作质量 27t
双钢轮	德国宝马	10		70	
厂拌冷再生机	维特根	10		200	
沥青加温罐	福建铁通			80	
装载机	成工			120	
装载机	成工		16	110	
装载机	成工			110	

续上表

设备名称	产地	工作时间(h)	油耗(L/h)	实际油耗(L)	备注
运料货车				200	装载 26t 行程 5～6km
铣刨机(W2000)	维特根	10	50	450	
铣刨机(W1300F)	维特根	10	34	310	6～8m/min

(1)施工机械能耗。由采集数据当天的测量计算结果来看,按当天完成约 682.5m^3 来计算,泡沫沥青厂拌冷再生在施工时的总共耗油量为:

100＋65＋30＋70＋200＋80＋120＋110＋110＋450＋310＝1 645L,折合能耗为 63 231.42MJ。泡沫沥青再生层平均密度为 2.15t/m^3,故总质量为 682.5m^3 × 2.15t/m^3 ＝1 467.375t。泡沫沥青厂拌冷再生施工单位能耗为 43.1MJ/t,或者 0.93MJ/(cm·m^2)。

以上能耗测算考虑了铣刨路面获得原材料 RAP 的过程。如果不考虑 RAP 的获取,则总能耗为 34 018.12MJ,折合单位能耗为 23.2MJ/t,与此前河北衡水厂拌冷再生能耗统计结果比较接近。

(2)运输耗能。根据表 4-22,载货汽车装载 26t、运距为 5～6km,总共消耗的柴油为 200L,故运输耗能为 7 687.71MJ,单位耗能为 5.2MJ/t。

(3)原材料能耗。泡沫沥青厂拌冷再生混合料的原材料大部分来自原路面,只添加了 20％的石屑、1.5％的水泥、2.3％沥青。根据已有数据:碎石的生产耗能,53MJ/t;水泥的生产耗能,6 700MJ/t;沥青的生产耗能,6 000MJ/t;如果也考虑沥青保持温度的需要,则沥青加热维持温度耗能为,32.3MJ/t。

原材料的耗能如下:

碎石:1 467.38t×20％×53MJ/t＝15 554.228MJ。

水泥:1 467.38t×1.5％×6 700MJ/t＝147 471.69MJ。

沥青:1 467.38t×2.3％×(6 000MJ/t＋32.3MJ/t)＝203 588.557MJ。

故泡沫沥青厂拌冷再生原材料耗能为:15 554.228MJ＋147 471.69MJ＋203 588.557MJ ＝366 614.475MJ。

泡沫沥青厂拌冷再生原材料单位耗能为:366 614.475MJ/1 467.375t ＝ 249.844MJ/t。

2)就地冷再生

泡沫沥青就地冷再生能耗调研依托工程为浙江湖州 318 国道长兴段。老路面结构为 10cm 沥青面层＋20cm 水泥稳定碎石基层,采用就地冷再生铣刨 12cm,添加集料 10％,添加细料 10％,压实后厚度为 15cm。泡沫沥青就地冷再生混合料配合比为:RAP 料 78.5％、石屑 20％、水泥 1.5％、泡沫沥青用量为

2.3%。机械能耗清单，见表 4-23。

浙江省湖州就地冷再生施工机械能耗 表 4-23

序号	机械名称	工作时间(h)	燃油消耗(L)	备　注
1	再生机	9	681.6	满负荷状态
2	宝马双钢轮	3	45.5	满负荷状态
3	常林单钢轮	4.5	56.9	满负荷状态
4	天工平地机	4	45.5	满负荷状态
5	胶轮压路机	5	34.2	满负荷状态
6	油罐车	11	73.6	其中 8.5h 怠速状态，2.5h 满负荷工作状态
7	水车(固定于再生机器)	8.5	30.4	怠速状态
8	水车(养生及给水)	6	41.7	满负荷状态

注：以一个工作日完成的 4 000m^2工程量计算

(1)施工机械能耗。根据表中数据，施工机械消耗燃油总和为 1 009.4L，折合能耗为 38 800MJ。再生厚度 15cm，故再生混合料数量为 600m^3，泡沫沥青再生层平均密度为 2.15t/m^3，故总质量为 600m^3 ×2.15t/m^3 =1 290t，则单位能耗为 30.078MJ/t，或 9.7MJ/m^2，或 0.65MJ/(cm·m^2)。其中再生机能耗 20.3MJ/t，占比 67.5%。

(2)运输能耗。根据调查，施工单位载货汽车装载量为 27t，综合油耗为 45L/100km，运输距离为 20km，平均每吨载重耗油 0.45L/km，运输材料能耗为 12.813MJ/t。该项目增加碎石、石屑各 10%，而泡沫沥青冷再生层平均密度为 2.15kg/m^3，当天完成为 600m^3 ×2.15t/m^3 =1 290t。新增的集料为：1 290t×20%=258t，故新增集料的运输耗能为 258t×12.813MJ/t=3 305.8MJ，则单位耗能为 3 305.8MJ/1 290t=2.56MJ/t。

(3)原材料能耗。泡沫沥青就地冷再生混合料的原材料大部分来自原路面，添加了 10%的碎石、10%的细料、1.5%的水泥和 2.3%的沥青。根据已有数据：碎石的生产耗能为 53MJ/t；水泥的生产耗能为 6 700MJ/t；沥青的生产耗能为 6 000MJ/t；沥青加热维持温度耗能为 32.3MJ/t。

原材料的耗能如下：

碎石：1 290t×20%×53MJ/t=13 674MJ。

水泥：1 290t×1.5%×6 700MJ/t=129 645MJ。

沥青：1 290t×2.3%×(6 000MJ/t+32.3MJ/t)=178 978.341MJ。

故泡沫沥青就地冷再生原材料耗能为：13 674MJ+129 645MJ+178 978.34MJ = 322 297.341MJ。

泡沫沥青就地冷再生原材料单位耗能为：322 297.341MJ/1 290t=249.843MJ/t。

4.3 沥青路面全生命周期清单分析

以表 4-1 中第一种沥青路面结构为分析对象(这是目前我国高等级公路最常见的路面结构形式),服役期内进行两次中修(铣刨罩面 4cm),一次大修(铣刨罩面 18cm),寿命终结时进行一次就地冷再生,则沥青路面养护期的能耗清单分析如表 4-24 和图 4-25 所示。可以看出,运营期及寿命终结的能耗中,混合料生产能耗占到了 75%,是节能的关键所在。

运营期路面能耗分析 表 4-24

<table>
<tr><th colspan="3">养护类别</th><th>实施面积
(1 000m²)</th><th>原材料能耗
(MJ)</th><th>混合料生产能耗
(MJ)</th><th>施工能耗
(MJ/m²)</th></tr>
<tr><td rowspan="2">第一次中修</td><td colspan="2">铣刨 4cm</td><td>11.27</td><td>—</td><td>—</td><td>42 826.0</td></tr>
<tr><td colspan="2">加铺 4cm</td><td>11.27</td><td>304 776.9</td><td>550 697.3</td><td>17 094.3</td></tr>
<tr><td rowspan="4">大修</td><td colspan="2">铣刨 8cm</td><td>11.39</td><td>—</td><td>—</td><td>49 204.8</td></tr>
<tr><td rowspan="3">加铺 18cm</td><td>4</td><td>11.27</td><td>1 371 495.9</td><td>2 478 137.8</td><td>76 924.5</td></tr>
<tr><td>6</td><td>11.32</td><td>—</td><td>2 185 937.3</td><td>48 902.4</td></tr>
<tr><td>8</td><td>11.39</td><td>—</td><td>2 199 454.6</td><td>49 204.8</td></tr>
<tr><td rowspan="2">第二次中修</td><td colspan="2">铣刨 4cm</td><td>11.27</td><td>—</td><td>—</td><td>42 826.0</td></tr>
<tr><td colspan="2">加铺 4cm</td><td>11.27</td><td>304 776.9</td><td>550 697.3</td><td>—</td></tr>
<tr><td>寿命终结</td><td colspan="2">就地冷再生
18cm</td><td>11.27</td><td>855 724.3</td><td>88 538.2</td><td>110 446.0</td></tr>
<tr><td colspan="3">合计</td><td>—</td><td>2 836 774.0</td><td>8 053 462.4</td><td>454 523.2</td></tr>
</table>

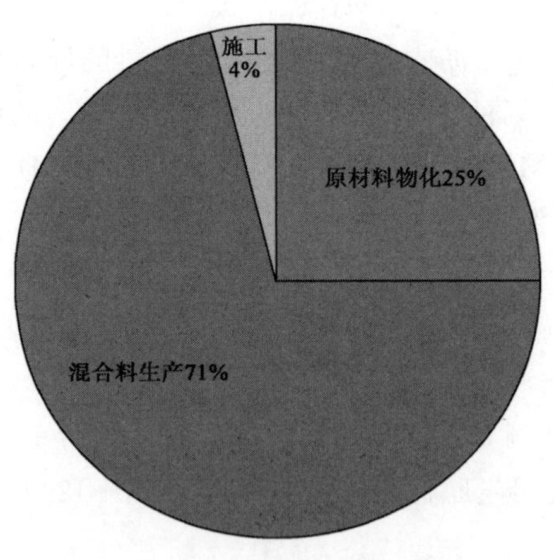

图 4-25 运营期路面能耗占比分析

同时，将施工期能耗也考虑进来，分析沥青路面全寿命周期的能耗组成，见表 4-25 和图 4-26。从中可以看出：

(1)生产工艺阶段看，混合料生产能耗占 50%，材料物化能耗比较接近，占总能耗的 46%，而施工阶段能耗仅占约 4%。因此从节能角度讲，材料物化和混合料生产阶段的节能是最为关键的。

(2)从寿命周期阶段看，沥青路面养护期能耗最高，占 50%；建设期能耗次之，约占 45%，与建设期能耗比较接近；生命终结能耗最低，只占 5%。因此从节能角度讲，沥青路面建设期和运营维护期节能同等重要。

沥青路面全寿命周期能耗组成 表 4-25

项　目	材料物化(MJ)	混合料生产(MJ)	施工(MJ)	合计(MJ)	占比(%)
建设期	6 630 272	2 230 992	323 245	9 184 509	44.7
养护期	1 981 050	7 964 924	344 077	10 290 051	50.1
寿命终结	855 724	88 538	110 446	1 054 708	5.1
合计	9 467 046	10 284 454	777 768	20 529 268	100
占比(%)	46.1	50.1	3.8	100	—

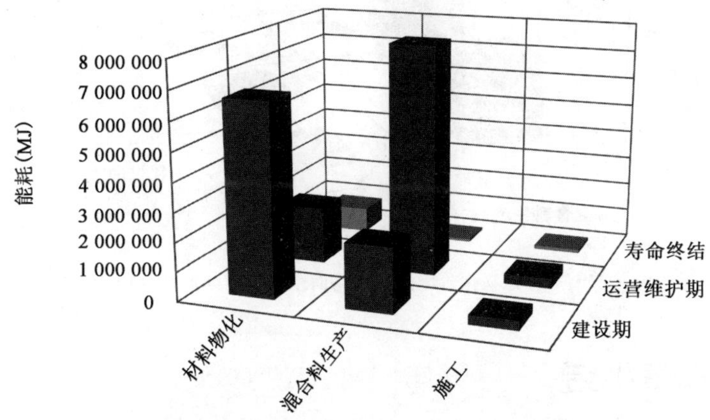

图 4-26　路面全寿命周期能耗分析

由于材料物化阶段不属于公路行业的范畴，如果只是从公路行业的节能来看，即不考虑材料物化阶段能耗，而是从材料运抵路面生产施工现场后开始进行能耗分析的话，结果见表 4-26 和图 4-27。从中可以看出：

(1)生产工艺阶段看，混合料生产能耗占 93%，而施工阶段能耗仅占约 4%。因此，从节能角度讲，混合料生产阶段的节能是最为关键的。

(2)从寿命周期阶段看，沥青路面养护期能耗最高，占75.1%；建设期能耗次之，约占23.1%；生命终结能耗最低，只占1.8%。因此，从节能角度讲，沥青路面运营维护期节能最为重要。

不考虑材料物化的沥青路面全寿命周期能耗　　表4-26

项　目	混合料生产(MJ)	施工(MJ)	合计(MJ)	占比(%)
建设期	2 230 992	323 245	2 554 237	23.1
养护期	7 964 924	344 077	8 309 001	75.1
寿命终结	88 538	110 446	198 984	1.8
合计	10 284 454	777 768	11 062 222	—
占比(%)	93.0	7.0	—	—

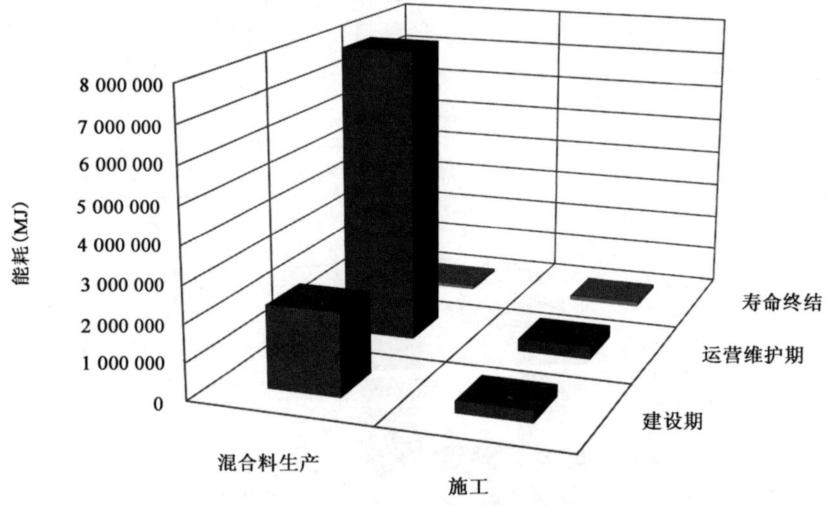

图4-27　不考虑物化阶段的沥青路面全寿命周期能耗分析

4.4　本章小结

(1)对五种路面结构的材料物化阶段能耗进行对比分析，得出以下几点结论：

①水泥路面结构的原材料物化显著能耗高于沥青路面，前者至少高出后者60%以上。如果只是从该角度节能看，沥青路面优于水泥路面。

②对于我国普遍采用半刚性基层沥青路面结构，原材料物化能耗中水泥贡献比例最高，占45%～65%；其次是沥青，占20%～30%；再次是集料，占15%左右。如果只是从该角度节能来看，沥青路面在总厚度不变的情况下应加厚沥

青面层、薄半刚性基层。

③无论采用何种路面结构形式，从材料物化阶段节能的角度看，应尽可能减少水泥用量。

(2)对五种路面结构生产施工阶段能耗进行对比分析，得出以下几点结论：

①沥青路面的施工能耗显著能耗高于水泥路面结构，前者是后者的 5～9 倍。其中，两者运输、摊铺、压实工艺环节的能耗比较接近，差异主要出现在混合料拌和生产阶段。这是由于沥青混合料需要加热，需要消耗大量能源，而水泥混凝土拌和无须加热，拌和能耗很低。如果只是从该角度节能看，水泥路面优于沥青路面。

②三种沥青路面结构的施工能耗随着沥青层厚度的增加呈降低趋势。其中，运输能耗、摊铺压实能耗都是降低的，但是拌和能耗是增加的。

(3)同时考虑材料物化能耗和路面生产施工能耗，得出以下几点结论：

①水泥路面能耗高于沥青路面。如果只是从该角度节能看，沥青路面优于水泥路面。

②对于我国普遍采用的半刚性基层沥青路面结构，材料物化能耗占比在 60%～70%；对于水泥路面结构，材料物化能耗占比超过 95%；只有我国很少使用的全厚式沥青路面，材料物化能耗才没有超过 50%。

(4)对公路运营阶段路面养护能耗进行了研究，得出了路面预防性养护、路面大中修、路面再生各养护工艺的能耗参数，见表 4-27。

(5)同时考虑材料物化、路面生产施工、运营维护和生命终结各阶段能耗，得出以下几点结论：

①生产工艺阶段看，混合料生产能耗占 50%，材料物化能耗比较接近，占总能耗的 46%，而施工阶段能耗仅占约 4%。因此，从节能的角度讲，材料物化和混合料生产阶段的节能是最为关键的。

②从寿命周期阶段看，沥青路面养护期能耗最高，占 50%；建设期能耗次之，约占 45%，与建设期能耗比较接近；生命终结能耗最低，只占 5%。因此从节能角度讲，沥青路面建设期和运营维护期节能同等重要。

(6)由于材料物化阶段不属于公路行业的范畴，如果只是从公路行业的节能来看，即不考虑材料物化阶段能耗，而是从材料运抵路面生产施工现场后开始进行能耗分析的话，得出以下结论：

①从生产工艺阶段看，混合料生产能耗占 93%，而施工阶段能耗仅占约 4%。因此从节能角度讲，混合料生产阶段的节能是最为关键的。

②从寿命周期阶段看，沥青路面养护期能耗最高，占 75.1%；建设期能耗次之，约占 23.1%；生命终结能耗最低，只占 1.8%。因此从节能角度讲，沥青路面运营维护期节能最为重要。

路面养护工程施工能耗 表 4-27

<table>
<tr><th rowspan="2" colspan="2">养护类别</th><th colspan="3">能耗</th></tr>
<tr><th>混合料生产(MJ/t)</th><th>运输(MJ/t·km)</th><th>施工</th></tr>
<tr><td colspan="2">微表处/稀浆封层</td><td>—</td><td rowspan="11">5.4+1.2×(公里数−1)</td><td>2.6MJ/m²</td></tr>
<tr><td rowspan="4">路面铣刨[①]</td><td>4cm</td><td>—</td><td>3.8MJ/m²</td></tr>
<tr><td>8cm</td><td>—</td><td>7.1MJ/m²</td></tr>
<tr><td>12cm</td><td>—</td><td>10.4MJ/m²</td></tr>
<tr><td>16cm</td><td>—</td><td>13.6MJ/m²</td></tr>
<tr><td colspan="2">超薄罩面</td><td>269</td><td>10.0MJ/t</td></tr>
<tr><td colspan="2">加铺/罩面[②]</td><td>509/447/405</td><td>15.8/10.0/10.0MJ/t</td></tr>
<tr><td colspan="2">就地热再生[②]</td><td>509/447/405</td><td>1 689.3MJ/m²</td></tr>
<tr><td colspan="2">厂拌热再生[②]</td><td>509/447/405</td><td>15.8/10.0/10.0MJ/t</td></tr>
<tr><td colspan="2">就地冷再生</td><td>20.3</td><td>9.8MJ/m²</td></tr>
<tr><td colspan="2">厂拌冷再生</td><td>12.2</td><td>2.7MJ/m²</td></tr>
</table>

注:①铣刨深度不是表中所列数值时,采用内插法计算能耗,也可按照以下公式计算能耗:单位面积铣刨能耗(MJ/m²)=[3.81+(铣刨厚度厘米数−4)×0.82]/1 000。

②混合料生产能耗根据材料类型的不同(改性沥青 SMA、改性沥青 AC、普通沥青 AC)分别取 509MJ/t、447MJ/t、405MJ/t。

5 温拌沥青技术

5.1 技术概述

5.1.1 温拌沥青技术分类

沥青混合料是一种复合材料,它是由沥青、粗集料、细集料和矿粉以及外加剂所组成。这些组成材料在混合料中,由于组成材料质量的差异和数量的多少,可形成不同的混合料结构,并表现出不同的力学性能。沥青混合料按拌制和摊铺温度的不同可分为:

(1)热拌沥青混合料——沥青与矿料在热态(高温)拌和、热态(高温)铺筑的混合料,称为热拌沥青混合料。

(2)常温沥青混合料——以乳化沥青或稀释沥青与矿料在常温状态下拌制、铺筑的混合料,称为常温沥青混合料或冷拌沥青混合料。

目前,大家所熟悉的用于沥青路面建设、养护的沥青混合料主要有热拌沥青混合料和冷拌(常温)沥青混合料。从使用数量比例看,热拌沥青混合料占绝对多数。随着人们认识水平的不断提高,热拌沥青混合料在拌和、运输以及摊铺过程中出现的有害气体排放、过多能耗以及热老化等问题,逐步被各界所关注。而冷拌沥青混合料,尽管在环保、能耗等方面有很大优势,但由于总体上其路用性能与热拌沥青混合料相比还有较大差距或其价格昂贵等因素,因此主要用于沥青路面的修补、罩面、低交通量路面、中重交通量路面的下面层和基层。鉴于此,如何保留热拌沥青混合料性能良好的特点并克服其存在的问题,或从另外一个角度说,如何保留冷拌沥青混合料在环保、节能等方面优势的同时克服其性能尚有差距的不足,以成为近年来科研人员研究的重要课题。

2000 年的国际沥青路面大会上,Harrison 和 Christodulaki 等专家首次介绍温拌沥青技术,同年 Koenders 等人在《欧洲沥青》上作了更为详细的报道。温拌沥青混合料是一类拌和温度介于热拌沥青混合料(150～180℃)和冷拌(常温)(10～40℃)沥青混合料之间,性能达到(或接近)热拌沥青混合料的新型沥青混合料。

目前,温拌沥青技术或产品有几十种之多,但是归结起来主要是以下四种类型：

1)沥青—矿物法(Aspha-Min)

该方法采用一种合成沸石在沥青混合料拌和过程中将这种粉末状材料加入进去，从而使结合料产生泡沫作用。从化学角度讲，沸石其实就是一种含有18%左右结合水的硅酸铝矿物。当加入沥青混合料中大约0.3%(重量比)的该种沸石时，水分会随着时间的延长而慢慢释放出来(图5-1)，从而产生连续的发泡反应。液相结合料中的发泡反应起到润滑剂的作用从而使混合料在低温下具有可工作性，拌和温度可低至130～145℃。

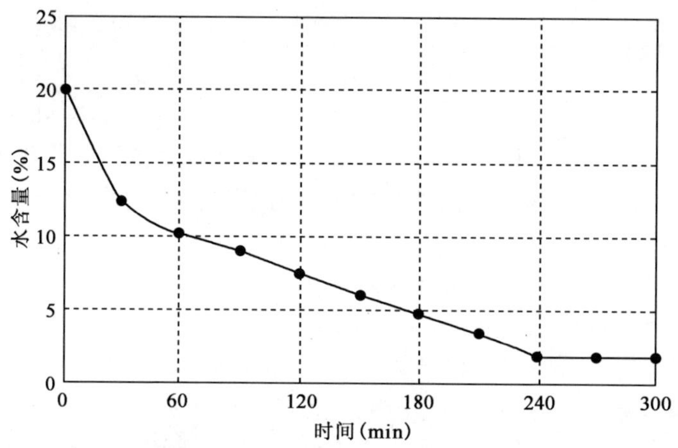

图5-1　在140℃时沸石中水含量随时间的变化趋势

Aspha-Min是德国Eurovia Services GmbH公司的产品，为白色粉末(图5-2)，会在85～182℃的温度范围内分解。在混合料拌和过程中，将Aspha-Min与沥青结合料一起加入，此时会产生非常细微的水雾，这会引起沥青结合料产生体积膨胀，从而产生沥青泡沫并提高沥青在低温时的工作性能和集料裹覆性能。

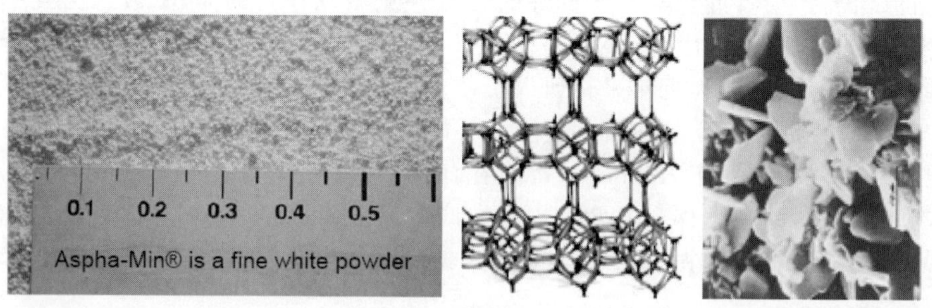

图5-2　Aspha-Min成品外观图及分子结构图、显微结构图

Eurovia 公司推荐 Aspha-Min 以混合料质量的 0.3%添加，可以使热拌沥青混合料的生产温度降低 12℃。其研究指出，这样可以节约 30%的能源消耗。另外，Eurovia 认为所有的沥青、聚合物改性沥青或者回收沥青都可以采用该项技术。

沸石的结构中具有大量的孔隙可以容纳大的阳离子如钠离子、钾离子、钡离子或者钙离子，甚至可以容纳一些大分子或者阳离子群，其分子结构如图 5-2 所示。在大多数使用的沸石中，其内部孔隙结构相互连接，形成长宽型的通道，其具体尺寸会随着矿物产地而不同。这些通道使得其内部离子可以随意移动。

Aspha-Min 可以通过很多种方式添加入沥青混合料中：对于间歇式拌和站，可以通过手动的方式直接添加入搅拌机或者通过自动方式添加入称料斗。对于连续式拌和站，Aspha-Min 通过一个专用进料器进行添加。采用空气泵送进料可以控制进料量，然后材料被送入搅拌鼓。在 Orlando Paving 公司的试验段施工过程中，采用以前的纤维送料管在添加沥青的同时添加 Aspha-Min，如图 5-3 所示。

图 5-3　Aspha-Min 添加装置

2)泡沫沥青温拌混合料

第一种泡沫沥青温拌方法是由位于英国伦敦的壳牌国际石油公司和位于挪威奥斯陆的 Kolo-Veidekke 公司共同开发的两阶段泡沫温拌产品，称为 WAM-Foam。它是将软质结合料和硬质泡沫结合料在拌和的不同阶段加入到混合料中，第一阶段是将温度为 100～120℃的软质结合料加入集料中进行拌和以达到良好裹覆，第二阶段将极硬的结合料泡沫化后加入预裹覆的集料中。这样，软质结合料和泡沫化的硬质结合料都起到降低结合料黏度的作用，从而实现良好的工作性，得到最终满足需要的沥青混合料。其具体生产过程，如图 5-4 所示。

壳牌公司认为，WAM-Foam 的成功在很大程度上要依靠对软沥青结合料和硬沥青结合料的精心选择。在一些情况下，壳牌推荐在拌和的第一阶段应使用黏结增强剂，同时它还认为在第一阶段的拌和过程中，集料的沥青裹覆情况十分关键，如果裹覆不好，会使得第二阶段中注入的适量水分通过沥青和集料的结合面进入集料内部，从而影响到最终的沥青混合料质量和性能。壳牌公司的研究报告称，WAM-Foam 对于拌和温度的降低可节约大约 30％的燃料，同时会减少 30％的 CO_2 排放量。

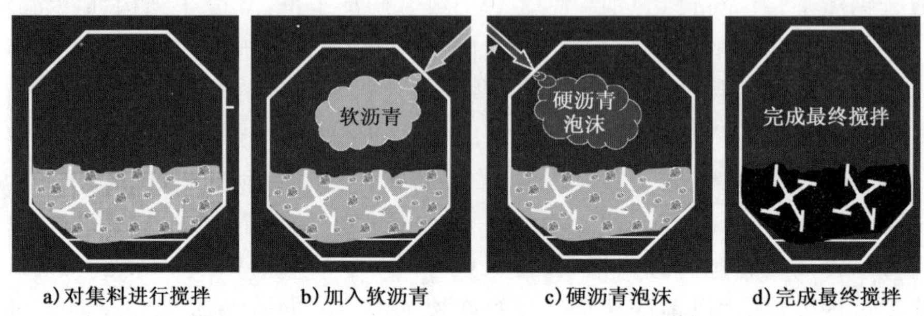

a) 对集料进行搅拌　b) 加入软沥青　c) 硬沥青泡沫　d) 完成最终搅拌

图 5-4　WAM-Foam 生产过程

WAM-Foam 最少需要两个不同的容器来分别储存两种不同级别的沥青结合料，并且要使用两个沥青加热管线将其输送至搅拌仓中。在输送硬沥青的加热管中还需要安装一个特殊的喷嘴，使得一定量的水分可以进入硬沥青形成硬沥青泡沫。使用 WAM-Foam 需要对沥青拌和设备进行改进，增建专用的发泡装置，如图 5-5 所示。

图 5-5　WAM-Foam 改建后的拌和楼

第二种泡沫温拌方法是单纯的机械发泡方法，它是采用机械装置直接将水注入沥青结合料，使沥青产生泡沫，大部分注水系统添加的水量为沥青结合料质量的 1％～2％。目前，典型的注水系统有：Accu-Shear（Stansteel）、AquaBlack（Maxam）、AquaFoam、Double Barrel Green（Astec）、Eco-Foam II（AESCO/MADSEN）、Meeker Warm Mix、Terex WMA System、Ultrafoam GX2（Gencor）等。其中，以 Double Barrel Green（Astec）最具有代表性。

Double Barrel® Green 温拌系统利用多喷嘴发泡系统来精细发泡沥青。这个装置包括阀门、混合室和喷嘴。图 5-6 为典型的喷嘴系统，喷嘴将水喷入混合室。第一代 Double Barrel® Green(G1)，每个喷嘴可用计算机控制，根据生产率调整喷嘴的数目。第二代 Double Barrel® Green(G2)，所有的喷嘴能够同时开启，仍能取得同样的发泡效果。通过把液体沥青分成若干组，单独对每组进行发泡。供应到系统中的水由容积式泵和仪表来调节，仪表的速度取决于沥青泵的速度。1t 混合料添加 1lb❶ 水，这些少量的水以气体的形式存在于沥青中，增加沥青的体积。生产温度通常在 121～135℃，压实温度大约 104℃。

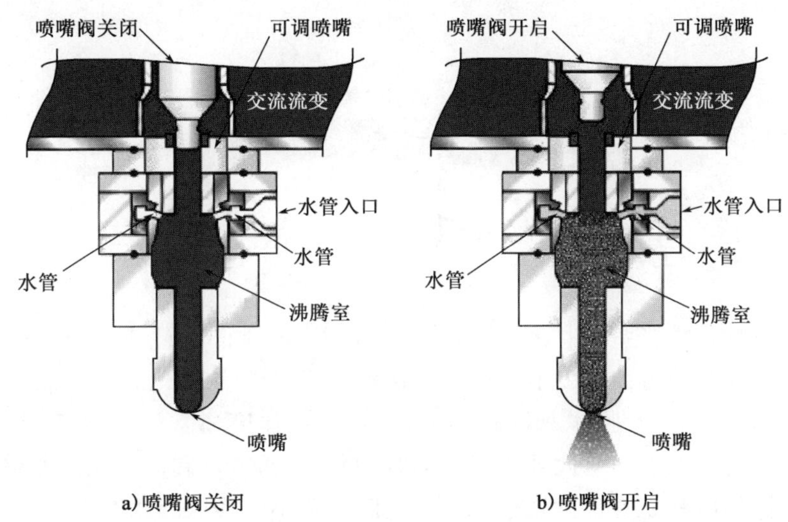

图 5-6 Double Barrel® Green 的发泡喷嘴装置

目前，Double Barrel® Green 工艺仍采用标准的混合料设计方法。为了重现现场条件，对实验室材料进行性能测试，有必要采用实验室发泡装置发泡沥青。Double Barrel® Green 工艺不能像 WAM(壳牌)发泡工艺那样使用两阶段添加工艺。建议拌和温度为 121～135℃。拌和楼唯一改进的地方是发泡装置和供应管线的安装。

总的来说，注水系统的注水方式包括以下几种：

第一种机械拌和(图 5-7)。水从注水口进入和热沥青遭遇转化为气体并产生泡沫，叶轮搅拌使二者充分接触，改善发泡效果，泡沫不断细化。

第二种是文丘里拌和(图 5-8)。文丘里拌和系统是将水引入截面不断缩小的沥青管，截面面积不断减小使得管道压力不断增大。当液体释放时，产生的涡流使得沥青和气泡充分混合。

---

❶ 1lb=0.454kg。

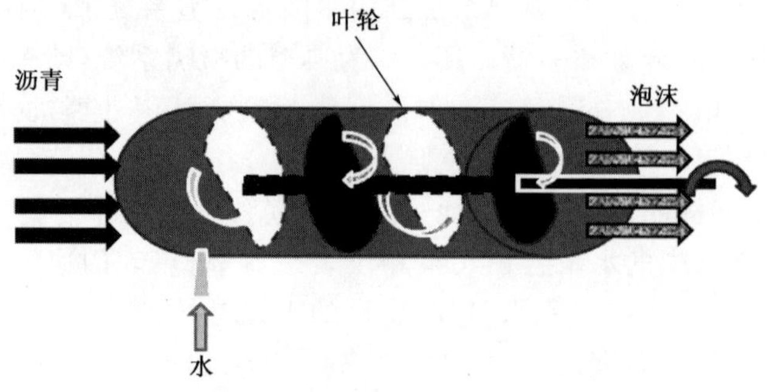

图 5-7　机械拌和

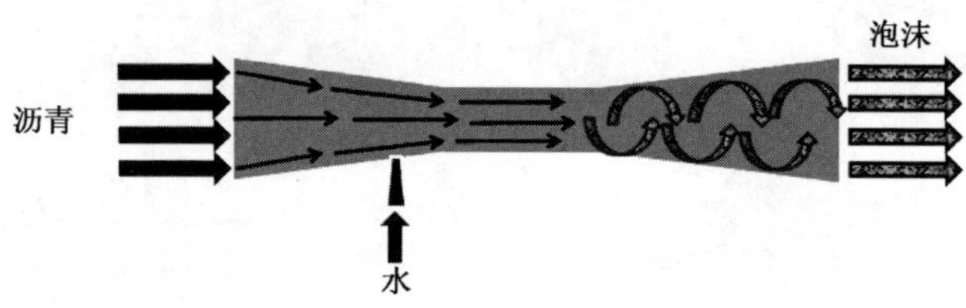

图 5-8　文丘里拌和

第三种是膨胀室(图 5-9)。膨胀室中,沥青和水同时注入,冷水遭遇热沥青转化为气体并使得沥青发泡膨胀。泡沫沥青通过喷嘴喷入混合料中。

第四种是剪切/胶体磨(图 5-10)。剪切/胶体磨通常用于将沥青悬浮于乳化沥青中的水溶液中。此处用于将沥青和水混合,冷水和沥青注入腔室内,水转化为气体然后和沥青通过转子和定子之间的狭小间隙以泡沫沥青的形式排出。

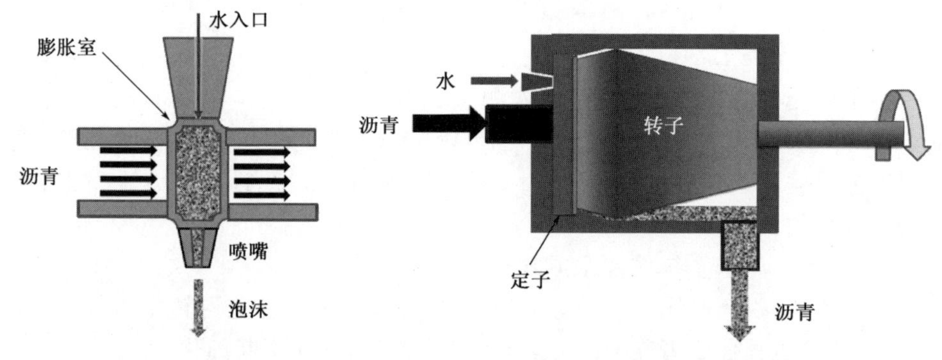

图 5-9　膨胀室　　图 5-10　剪切/胶体磨

第五种是空气雾化水(图 5-11)。上文所述的膨胀室使用的空气雾化水是个变量,使用气流促使水流转化为更细小的水滴,然后将水滴分散于沥青流中,使沥青膨胀,然后泡沫沥青通过喷嘴排出。

第六种是高压雾化水(图 5-12)。在这个系统中,水流在高压下通过狭小的孔注入沥青管中，使得此处的沥青迅速膨胀。

除了上述注水工艺不同之外，国外工厂机械发泡设备的其他工艺参数（如水压大小、沥青流速快慢以及使用的水量计类型等）也不尽相同。

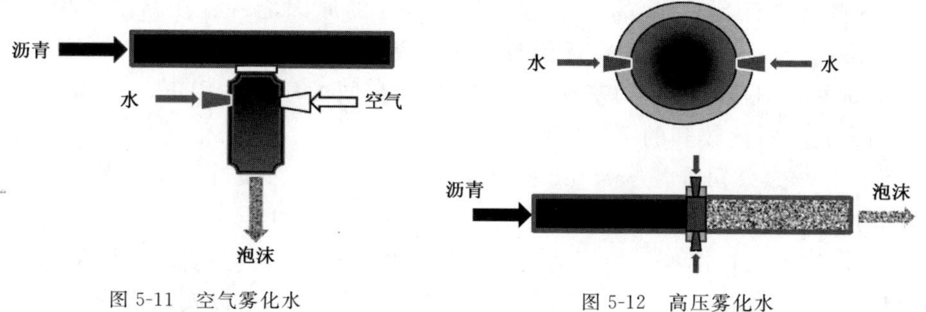

图 5-11　空气雾化水　　　　图 5-12　高压雾化水

3）有机添加剂法

该方法是将低熔点的有机添加剂添加到混合料中，从化学角度来改变黏温曲线。目前，成功应用的化学添加剂有两类：合成蜡和低分子量酯类化合物，其中以 Sasobit 合成蜡为主。

Sasobit 是 Sasol Wax 公司的产品。Sasobit 为细粒结晶，长链脂肪族碳氢化合物，是采用“费-托工艺”生产出的，因此也被称为费-托固体石蜡。

在费-托工艺过程中，一氧化碳被转化为碳氢化合物的混合料，其分子链具有从 1～100 个或者更多碳原子组成。Sasobit 的制造商强调，在天然沥青石蜡和费-托固体石蜡的结构和物理特性上还是存在很大差异的。例如费-托固体石蜡具有更长的分子链结构以及细微晶体结构。Sasobit 中主要的碳氢化合物分子长度为 40～115 个碳原子，而天然石蜡则仅仅为 22～45 个碳原子，这就导致天然石蜡的熔点要比费-托固体石蜡低得多（图 5-13）。

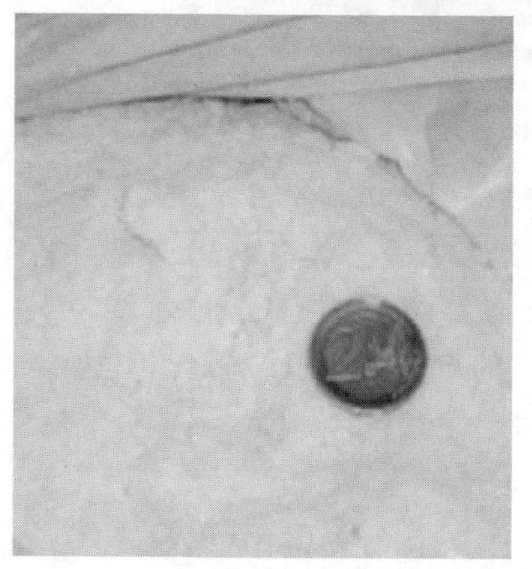

图 5-13　Sasobit 成品外观图

Sasol Wax 公司称 Sasobit 的熔点接近 100℃，并且会在 116℃的时候完全溶于沥青结合料，同时会降低沥青混合料的黏度，这样就会使得沥青混合料的生产温度降低 10～30℃。Sasobit 在熔点以下时会在沥青结合料中形成一种格状结构，这些是含有 Sasobit 的沥青结合料稳定性的原因之一。在路面所经受的温度范围内，Sasobit 改性剂会逐渐提高沥青混合料的抗车辙性能。Sasol Wax 公司的研究表明与未改性的基质沥青相比，在相同的压实作用下，Sasobit 改性沥青结合料具有比较高的可压实性能。

Sasol Wax 公司推荐 Sasobit 的用量应为沥青混合料质量的 3%以降低其黏度，同时不能高于 4%以防止其影响沥青结合料的低温性能。

Sasobit 可以在拌和厂使用简单的搅拌器拌入沥青混合料，同时并不需要高速剪切搅拌器，如图 5-14 所示。预计在将来的生产线上，可以实现将溶化的 Sasobit 直接加入沥青结合料中。同时并不推荐直接将固体 Sasobit 进行直接拌和，因为这样会造成沥青中的 Sasobit 的分布并不均匀。

图 5-14　Sasobit 添加装置

Sasobit 添加剂的添加，会提高沥青结合料的软化点并降低其 25℃的针入度指标。在拌和及压实温度时，沥青黏度的降低会提高沥青混合料的可压实性能，但 Sasobit 添加剂有可能会降低沥青结合料的低温性能，例如对于 PG 58-28的沥青结合料，在添加了 2.5%的 Sasobit 添加剂之后其性能接近于 PG64-22。

4)基于表面活性剂的温拌沥青混合料

这是美国近几年研发出来并投入使用的方式，在美国称为 Evotherm® 温拌混合料。在本项目立项之初，该温拌方式采用乳化沥青作为胶结料，称为乳化沥青

温拌沥青混合料,具体方式如下:

用特殊乳化剂制作乳化沥青,用该乳化沥青作为胶结料与热集料拌和来生产温拌沥青混合料。以出料温度为120℃的温拌沥青混合料为例,其拌和工艺为:将高浓度(例如固含量为68%)的特殊乳化沥青喷入温度为140℃左右的集料中,经充分搅拌后生产出的混合料温度即约为120℃。其工艺流程见图5-15,将该方式称为乳化沥青温拌工艺。

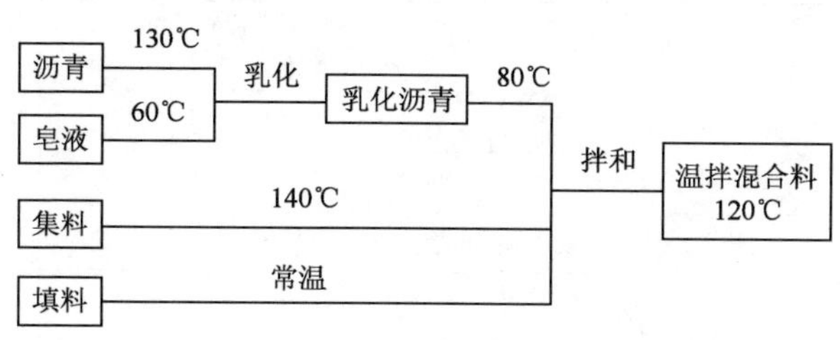

图5-15　乳化沥青温拌混合料生产工艺简图

5.1.2　温拌沥青混合料在我国的研究和应用

2005年4月起,交通部公路科学研究所等单位合作开始对温拌沥青混合料技术进行研究。2005年9月,在北京国道110辅线成功实施了我国第一条温拌沥青混合料试验路的铺筑。以此为发端,温拌技术应用步伐逐步加快。图5-16为温拌沥青混合料技术在全球和中国的历年项目数统计,以基于表面活性剂的温拌沥青混合料为代表的温拌技术在我国的应用发展最为迅速。

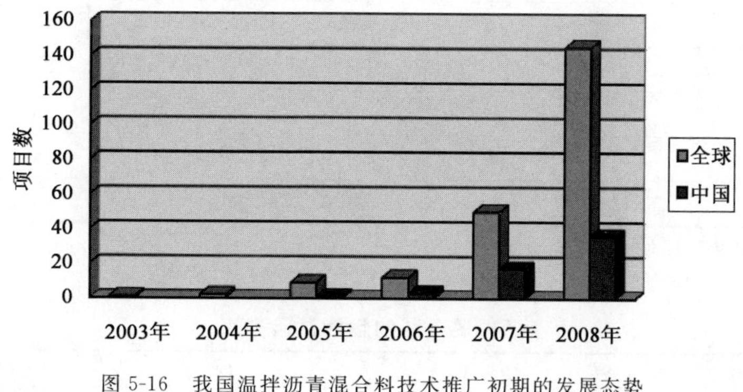

图5-16　我国温拌沥青混合料技术推广初期的发展态势

5.2　温拌沥青混合料性能指标试验评价

采用温拌工艺,首要前提是要保证温拌沥青混合料具有良好的路用性能。

本节通过室内试验，将温拌沥青混合料与相应的热拌沥青混合料进行性能对比分析。选择的材料包括美国产 Evotherm 3G 表面活性剂类温拌添加剂、国产某有机添加剂，以及三个系列的沥青混合料。Evotherm 3G 的添加量为沥青质量的 0.6%，有机添加剂与沥青质量比为 3∶97。采用的实验方案如表 5-1 所示，三个系列沥青混合料的性能试验见表 5-2。

实验设计方案　　表 5-1

<table>
<tr><th>系列</th><th>级配类型</th><th>沥青类型</th><th>沥青混合料代号</th><th>油石比（%）</th><th>压实温度（℃）</th><th>空隙率（%）</th></tr>
<tr><td rowspan="6">A</td><td rowspan="6">AC-13C</td><td>滨州 90 号</td><td>A-B</td><td>4.7</td><td>140(M)①</td><td>3.9</td></tr>
<tr><td>SBS 改性沥青</td><td>A-S</td><td>4.8</td><td>170(S)②</td><td>3.9</td></tr>
<tr><td>滨州 90 号高浓度乳化沥青</td><td>A-BET</td><td>4.7</td><td>120(M)</td><td>3.7</td></tr>
<tr><td>滨州 90 号高浓度乳化沥青＋2.5% SBR 胶乳</td><td>A-SET</td><td>4.8</td><td>135(S)</td><td>4.0</td></tr>
<tr><td>滨州 90 号＋浓缩液</td><td>A-BDAT</td><td>4.7</td><td>120(S)</td><td>3.8</td></tr>
<tr><td>SBS 改性沥青＋浓缩液</td><td>A-SDAT</td><td>4.8</td><td>130(S)</td><td>3.9</td></tr>
<tr><td rowspan="6">B</td><td rowspan="6">SMA-13</td><td>秦皇岛 90 号</td><td>B-Q</td><td>5.8</td><td>143(M)</td><td>3.9</td></tr>
<tr><td>SBS 改性沥青</td><td>B-S</td><td>6.0</td><td>170(M)</td><td>3.9</td></tr>
<tr><td>秦皇岛 90 号乳化沥青</td><td>B-QET</td><td>6.2</td><td>115(M)</td><td>3.8</td></tr>
<tr><td>秦皇岛 90 号高浓度乳化沥青＋4.0%SBR 胶乳</td><td>B-SET</td><td>6.2</td><td>138(M)</td><td>4.0</td></tr>
<tr><td>秦皇岛 90 号＋浓缩液</td><td>B-QDAT</td><td>5.8</td><td>115(S)</td><td>3.9</td></tr>
<tr><td>SBS 改性沥青＋浓缩液</td><td>B-SDAT</td><td>6.0</td><td>130(S)</td><td>3.9</td></tr>
<tr><td rowspan="5">C</td><td rowspan="5">AC-16C</td><td>中海 70 号</td><td>C-Z</td><td rowspan="5">4.8</td><td>145(S)</td><td>4.4</td></tr>
<tr><td>中海 70 号＋浓缩液</td><td>C-ZDAT</td><td>125(S)</td><td>5.1</td></tr>
<tr><td>中海 70 号＋3G</td><td>C-Z3G</td><td>125(S)</td><td>5.3</td></tr>
<tr><td>中海 70 号＋有机添加剂</td><td>C-ZRH</td><td>125(S)</td><td>2.7</td></tr>
<tr><td>中海 70 号＋LF3G</td><td>C-ZLF</td><td>125(S)</td><td></td></tr>
</table>

注：①M 代表马歇尔击实仪成型。

②S 代表旋转压实机成型。

沥青混合料的性能试验列表　　表 5-2

<table>
<tr><th>系　　列</th><th>试　　验</th></tr>
<tr><td>A</td><td rowspan="2">1. 浸水马歇尔试验
2. 冻融劈裂试验
3. 车辙动稳定度试验
4. 低温弯曲试验
5. 四点弯曲疲劳试验</td></tr>
<tr><td>B</td></tr>
</table>

续上表

系　　列	试　　验
C	1. 浸水马歇尔试验 2. 冻融劈裂试验 3. AASHTO-T283 试验 4. 车辙动稳定度试验 5. 低温弯曲试验 6. CPN 浸水车辙试验 7. 动态模量试验 8. 四点弯曲疲劳试验 9. 小型加速加载试验

5.2.1　动稳定度

高温稳定性对沥青混合料至关重要，高温稳定性不足造成沥青路面车辙病害，车辙已经成为我国各等级公路沥青路面最主要的病害形式之一。沥青混合料的高温稳定性，我国一般采用动稳定度指标进行评价。系列 A、系列 B 和系列 C 的温拌及热拌沥青混合料的动稳定度试验结果汇总于表 5-3。

温拌混合料与热拌混合料的动稳定度　　表 5-3

系列	级配类型	沥青类型	沥青混合料代号	动稳定度(次/mm)
A	AC-13C	滨州 90 号	A-B	1 294
		SBS 改性沥青	A-S	3 348
		滨州 90 号高浓度乳化沥青	A-BET	2 057
		滨州 90 号高浓度乳化沥青＋2.5% SBR 胶乳	A-SET	3 669
		滨州 90 号＋浓缩液	A-BDAT	2 012
		SBS 改性沥青＋浓缩液	A-SDAT	3 588
B	SMA-13	秦皇岛 90 号	B-Q	986
		SBS 改性沥青	B-S	5 131
		秦皇岛 90 号乳化沥青	B-QET	1 668
		秦皇岛 90 号高浓度乳化沥青＋4.0%SBR 胶乳	B-SET	6 000
		秦皇岛 90 号＋浓缩液	B-QDAT	1 988
		SBS 改性沥青＋浓缩液	B-SDAT	5 384
C	AC-16C	中海 70 号	C-Z	1 539
		中海 70 号＋浓缩液	C-ZDAT	1 635
		中海 70 号＋3G	C-Z3G	881
		中海 70 号＋有机添加剂	C-ZRH	1 017
		中海 70 号＋LF3G	C-ZLF	1 780

温拌及热拌沥青混合料动稳定度的对比试验结果，如图 5-17～图 5-19 所示。

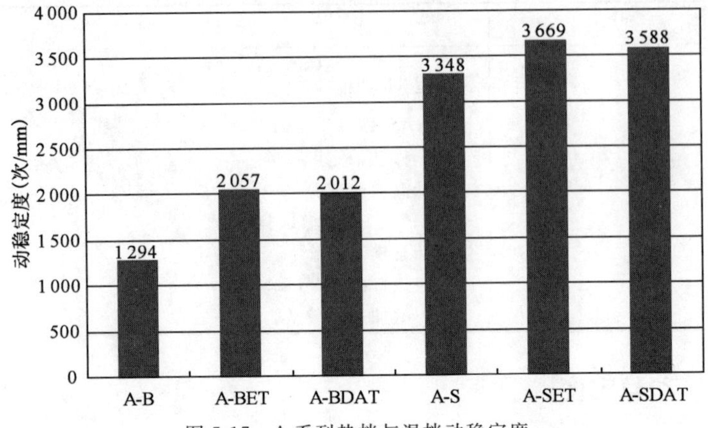

图 5-17　A 系列热拌与温拌动稳定度

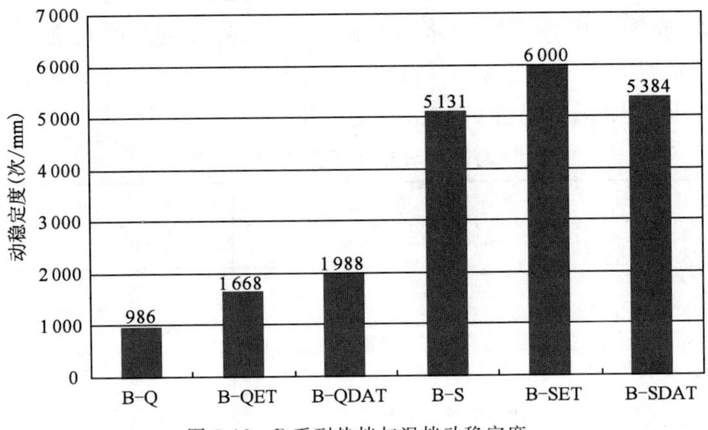

图 5-18　B 系列热拌与温拌动稳定度

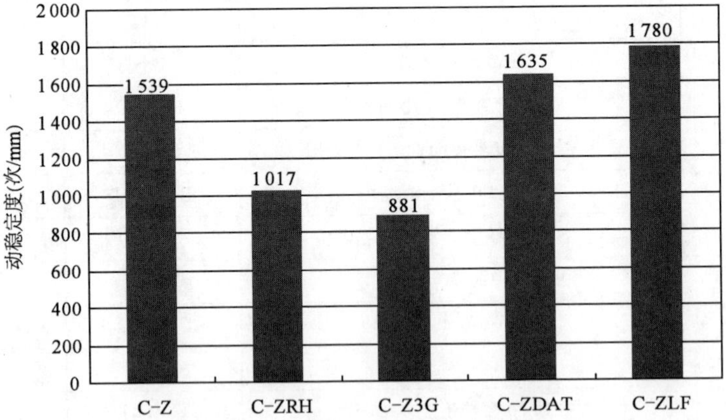

图 5-19　C 系列热拌与温拌动稳定度

从图 5-17～图 5-19 可以看出，除了 C-ZRH、C-Z3G 的动稳定度值低于相应的热拌沥青混合料 C-Z 外，其余的温拌沥青混合料的动稳定度值都大于相应的热拌沥青混合料。

为了有效区分沥青混合料类型对动稳定度大小的影响，对动稳定度结果进行 t 检验。

采用 t 检验（双样本异方差假设）：此 t 检验先假设两个数据集取自具有不同方差的分布，可确定两个样本是否来自具有相同总体平均值的分布。

无效假设：$\mu_1-\mu_2=0$，即假设两组数据的总体平均数相等，试验的处理效应（数据组差异）为 0。

备择假设：$\mu_1\neq\mu_2$，即假设两组数据的总体平均数 μ_1 和 μ_2 不相等，亦即存在处理效应，其意义是指两组数据的总体平均数存在本质上的差异。

显著性水平 α：0.05。

统计参数：$t=\dfrac{\bar{d}}{\left(\dfrac{s_d}{\sqrt{n}}\right)}$。

分别对普通热拌沥青混合料和相应的温拌沥青混合料以及热拌改性沥青混合料和相应的温拌沥青混合料的动稳定度进行 t 检验，统计结果见表 5-4。

动稳定度 t 检验结果 表 5-4

t 检验：双样本异方差假设			t 检验：双样本异方差假设		
未改性			改性		
项目	HMA	WMA	项目	HMA	WMA
平均	1 273	1 629.75	平均	4 239.5	4 660.25
方差	76 783	202 450.8	方差	1 589 545	1 483 680
观测值	3	8	观测值	2	4
假设平均差	0		假设平均差	0	
df	6		df	2	
t Stat	−1.581 26		t Stat	−0.389 7	
$P(T\leqslant t)$单尾	0.082 452		$P(T\leqslant t)$单尾	0.367 171	
t 单尾临界	1.943 18		t 单尾临界	2.919 986	
$P(T\leqslant t)$双尾	0.164 904		$P(T\leqslant t)$双尾	0.734 341	
t 双尾临界	2.446 912		t 双尾临界	4.302 653	

从表 3-7 可知，无论是普通沥青混合料还是改性沥青混合料，温拌和热拌的动稳定度没有显著差别。

5.2.2 浸水马歇尔残留稳定度

水损害与车辙、裂缝并列为我国各等级公路沥青路面三大最主要病害形式。沥青混合料抗水损害性能不足，路面易产生坑槽，严重影响行车安全。沥青混合料的抗水损害性能，主要采用浸水马歇尔残留稳定度、冻融劈裂残留稳定度等指标进行评价。系列 A、系列 B 和系列 C 的温拌及热拌沥青混合料的浸水马歇尔残留稳定度试验结果汇总于表 5-5。

温拌混合料与热拌混合料浸水马歇尔残留稳定度　　表 5-5

系列	级配类型	沥 青 类 型	沥青混合料代号	浸水马歇尔残留稳定度(%)
A	AC-13C	滨州 90 号	A-B	83.3
		SBS 改性沥青	A-S	85.9
		滨州 90 号高浓度乳化沥青	A-BET	85.9
		滨州 90 号高浓度乳化沥青＋2.5% SBR 胶乳	A-SET	86.2
		滨州 90 号＋浓缩液	A-BDAT	83.6
		SBS 改性沥青＋浓缩液	A-SDAT	86.4
B	SMA-13	秦皇岛 90 号	B-Q	95.2
		SBS 改性沥青	B-S	96.7
		秦皇岛 90 号乳化沥青	B-QET	91.6
		秦皇岛 90 号高浓度乳化沥青＋4.0%SBR 胶乳	B-SET	92.8
		秦皇岛 90 号＋浓缩液	B-QDAT	92.5
		SBS 改性沥青＋浓缩液	B-SDAT	97.0
C	AC-16C	中海 70 号	C-Z	80.0
		中海 70 号＋浓缩液	C-ZDAT	93.8
		中海 70 号＋3G	C-Z3G	83.0
		中海 70 号＋有机添加剂	C-ZRH	85.6
		中海 70 号＋LF3G	C-ZLF	91.4

温拌及热拌沥青混合料浸水马歇尔残留稳定度的对比试验结果，如图 5-20～图 5-22 所示。

从图 5-20～图 5-22 可知，温拌沥青混合料和相应的热拌沥青混合料的浸水马歇尔残留稳定度互有高低。为了有效区分沥青混合料类型对浸水马歇尔残留稳定度大小的影响，对浸水马歇尔残留稳定度结果进行 t 检验。普通热拌沥青混合料和相应的温拌沥青混合料以及热拌改性沥青混合料和相应的温拌沥青混

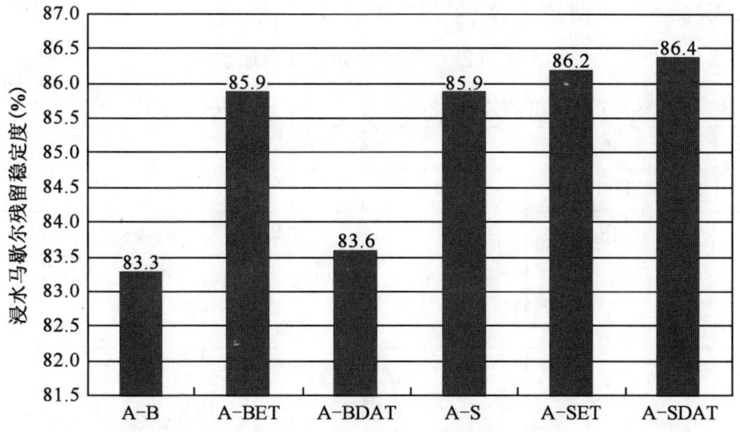

图 5-20　A 系列热拌与温拌浸水马歇尔残留稳定度

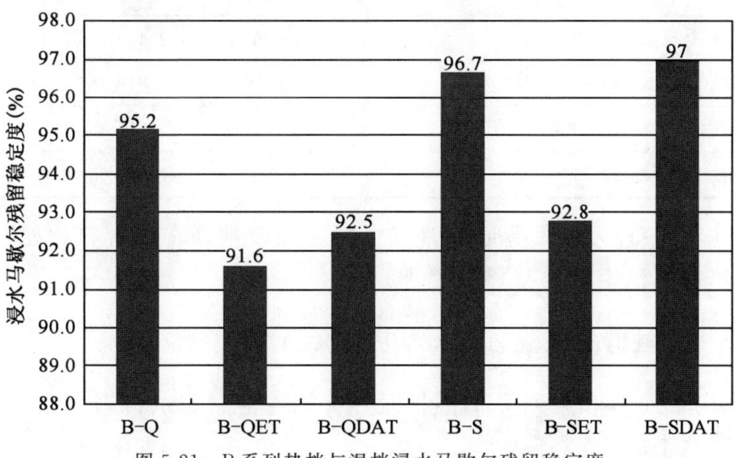

图 5-21　B 系列热拌与温拌浸水马歇尔残留稳定度

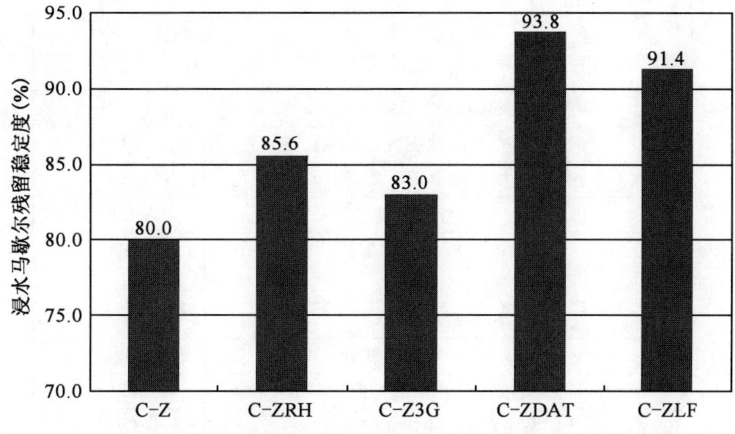

图 5-22　C 系列热拌与温拌浸水马歇尔残留稳定度

合料的浸水马歇尔残留稳定度的 t 检验结果见表 5-6。

浸水马歇尔残留稳定度 t 检验结果 表 5-6

t 检验：双样本异方差假设			t 检验：双样本异方差假设		
未改性			改性		
	HMA	WMA		HMA	WMA
平均	86.166 67	88.425	平均	91.3	90.6
方差	63.923 33	18.785	方差	58.32	27.6
观测值	3	8	观测值	2	4
假设平均差	0		假设平均差	0	
df	2		df	2	
t Stat	−0.464 32		t Stat	0.116 57	
$P(T \leqslant t)$单尾	0.344 029		$P(T \leqslant t)$单尾	0.458 926	
t 单尾临界	2.919 986		t 单尾临界	2.919 986	
$P(T \leqslant t)$双尾	0.688 058		$P(T \leqslant t)$双尾	0.917 851	
t 双尾临界	4.302 653		t 双尾临界	4.302 653	

从表 5-6 可知，无论是普通沥青混合料还是改性沥青混合料，温拌和热拌的浸水马歇尔残留稳定度没有显著差别。

5.2.3 冻融劈裂试验(JTJ 0729—2000)

系列 A、系列 B 和系列 C 的温拌及热拌沥青混合料的冻融劈裂残留强度比试验结果汇总于表 5-7。

温拌混合料与热拌混合料 TSR 表 5-7

系列	级配类型	沥青类型	沥青混合料代号	TSR(%)
A	AC-13C	滨州 90 号	A-B	81.5
		SBS 改性沥青	A-S	85.1
		滨州 90 号高浓度乳化沥青	A-BET	86.3
		滨州 90 号高浓度乳化沥青+2.5% SBR 胶乳	A-SET	85.2
		滨州 90 号+浓缩液	A-BDAT	86.4
		SBS 改性沥青+浓缩液	A-SDAT	89.3
B	SMA-13	秦皇岛 90 号	B-Q	78.5
		SBS 改性沥青	B-S	88.1
		秦皇岛 90 号乳化沥青	B-QET	75.4
		秦皇岛 90 号高浓度乳化沥青+4.0%SBR 胶乳	B-SET	81.3
		秦皇岛 90 号+浓缩液	B-QDAT	80.2
		SBS 改性沥青+浓缩液	B-SDAT	92.4

续上表

系列	级配类型	沥 青 类 型	沥青混合料代号	TSR(%)
C	AC-16C	中海 70 号	C-Z	75.6
		中海 70 号+浓缩液	C-ZDAT	94.6
		中海 70 号+3G	C-Z3G	96.3
		中海 70 号+有机添加剂	C-ZRH	68.6
		中海 70 号+LF3G	C-ZLF	94.8

温拌及热拌沥青混合料冻融劈裂残留强度比的对比试验结果如图 5-23～图 5-25所示。

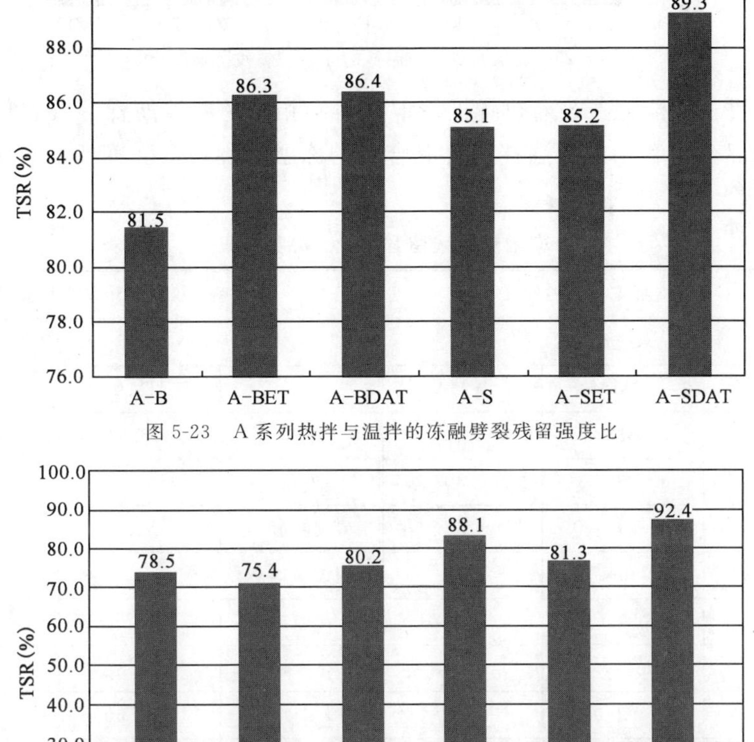

图 5-23　A 系列热拌与温拌的冻融劈裂残留强度比

图 5-24　B 系列热拌与温拌的冻融劈裂残留强度比

从图 5-23～图 5-25 可知，除个别沥青混合料(B-QET、B-SET、C-ZRH)外，温拌沥青混合料的冻融劈裂残留强度比略大于相应的热拌沥青混合料。为了有效区分沥青混合料类型对冻融劈裂残留强度比大小的影响，对冻融劈裂残留强

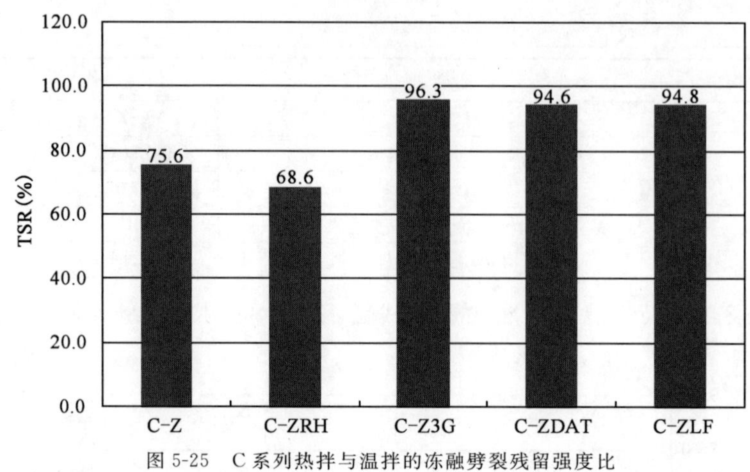

图 5-25　C 系列热拌与温拌的冻融劈裂残留强度比

度比结果进行 t 检验。普通热拌沥青混合料和相应的温拌沥青混合料以及热拌改性沥青混合料和相应的温拌沥青混合料的冻融劈裂残留强度比的 t 检验结果见表 5-8。

冻融劈裂残留强度比 t 检验结果　　表 5-8

t 检验：双样本异方差假设			t 检验：双样本异方差假设		
未改性			改性		
	HMA	WMA		HMA	WMA
平均	78.533 33	85.325	平均	86.6	87.05
方差	8.703 333	100.407 9	方差	4.5	23.39
观测值	3	8	观测值	2	4
假设平均差	0		假设平均差	0	
df	9		df	4	
t Stat	−1.727 76		t Stat	−0.158 14	
$P(T\leqslant t)$单尾	0.059 05		$P(T\leqslant t)$单尾	0.441 005	
t 单尾临界	1.833 113		t 单尾临界	2.131 847	
$P(T\leqslant t)$双尾	0.118 1		$P(T\leqslant t)$双尾	0.882 01	
t 双尾临界	2.262 157		t 双尾临界	2.776 445	

从表 5-8 可知，无论是普通沥青混合料还是改性沥青混合料，温拌和热拌的冻融劈裂残留强度比没有显著差别。

C-ZRH 的冻融劈裂残留强度比显著偏低对统计结果可能影响较大，扣除该值后的 t 检验结果如表 5-9 所示。

冻融劈裂残留强度比 t 检验结果(未改性)　　表 5-9

t 检验：双样本异方差假设		
未改性		
	HMA	WMA
平均	78.533 33	87.714 29
方差	8.703 333	63.861 43
观测值	3	7
假设平均差	0	
df	8	
t Stat	−2.647 65	
P($T \leqslant t$)单尾	0.014 681	
t 单尾临界	1.859 548	
P($T \leqslant t$)双尾	0.029 363	
t 双尾临界	2.306 004	

从表 5-10 可知，扣除 C-ZRH 后，温拌沥青混合料的冻融劈裂残留强度比与普通热拌沥青混合料存在显著差异，可以认为温拌沥青混合料的冻融劈裂残留强度比高于普通热拌沥青混合料。

系列 C 沥青混合料的冻融前后的间接拉伸强度，如图 5-26 所示。

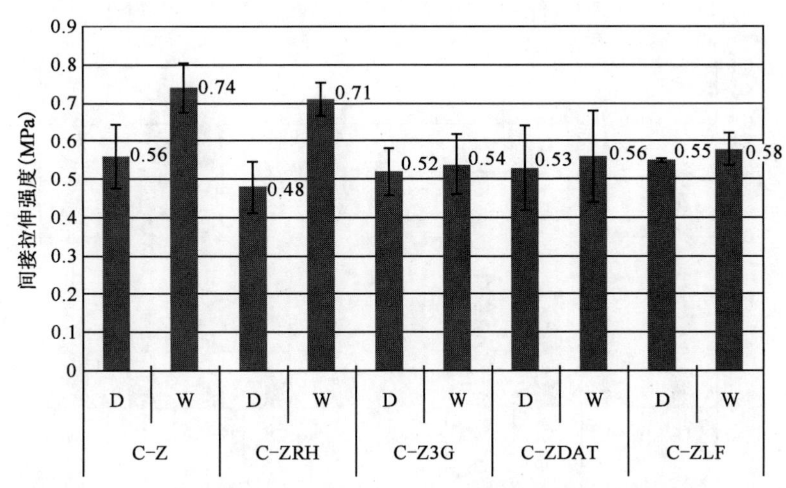

图 5-26　系列 C 沥青混合料的冻融前后的间接拉伸强度

从图 5-26 可知，尽管温拌与热拌的冻融劈裂强度比相当，但冻融前后的热拌沥青混合料的间接拉伸强度值略高于温拌沥青混合料。

5.2.4 冻融劈裂试验(AASHTO T283-03)

AASHTO T283-03 也是一种评价沥青混合料水敏感性的试验方法,与我国冻融劈裂试验方法的主要区别是试件尺寸和空隙率要求。该试验方法要求试件尺寸是直径 150mm,高度 95mm,空隙率要求为 6.5%～7.5%。试件制作时首先采用 4 000g 的混合料按照固定高度模式成型 95mm 高的试件 2 个,根据测得的空隙率调整试件总重。系列 C 沥青混合料的 AASHTO T283-03 试验结果如图 5-27 和图 5-28 所示。

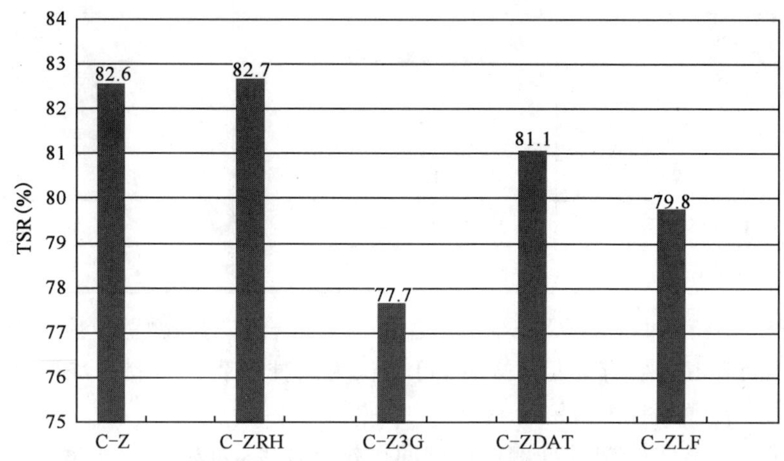

图 5-27 系列 C 沥青混合料的间接拉伸强度比(AASHTO T283-03)

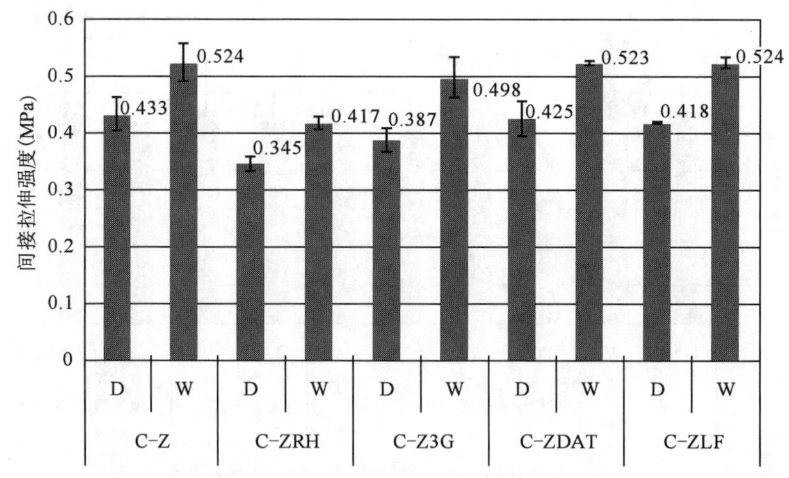

图 5-28 系列 C 沥青混合料的冻融前后间接拉伸强度(AASHTO T283-03)

从图 5-28 可知,温拌沥青混合料的间接拉伸强度比(TSR)与相应的热拌沥青混合料相比互有高低，这或许与级配类型和温拌剂类型有一定的关系，尚需更多的样本数据进行验证。从图 5-28 可知，冻融前后的热拌沥青混合料的间接拉伸强度值略高于温拌沥青混合料。

5.2.5 动态模量

该试验方法要求试件尺寸是直径 100mm，高度 150mm，空隙率要求为 6.5%～7.5%。可先采用 7000g 的混合料按照固定高度模式成型直径 150mm、170mm 高的试件 2 个，根据测得的空隙率调整试件总重。对于最终确定好重量、成型后的试件，以从中钻芯然后两端切割的方式得到直径 100mm、高度 150mm 的试样。

试样采取两种老化方式：

(1)拌和后在确定的最佳成型温度下老化 2h 再成型。

(2)拌和后经过 2h@最佳压实温度＋16h@60℃＋2.5h@最佳压实温度的老化再成型。试验温度为 4℃、20℃、40℃，4℃和 10℃的加载频率为 0.1Hz、1Hz 和 10Hz，40℃的加载频率为 0.01Hz、0.1Hz、1Hz 和 10Hz。

主曲线可以反映黏弹性材料的基本流变性质，也可以预估实际宽温度和频率域内的力学性质，这些力学性质通常在实验室内难以直接模拟测试。许多研究者建立沥青胶结料和沥青混合料的流变行为模型。美国国家公路合作研究项目 NCHRP 1-37A 研发的力学经验法设计指南中使用的是 Sigmoidal Model，本研究中根据试验结果，选择 20℃为参考温度，首先采用这个模型绘制动态模量主曲线。该模型的方程如式 5-1 所示。

$$\lg E^{*}=\delta+\frac{\mathrm{Max}-\delta}{1+\mathrm{e}^{\beta+\gamma\{\lg t-c[10^{A+\mathrm{VTS}\lg T_R}-10^{A+\mathrm{VTS}\lg(529.67)}]\}}} \tag{5-1}$$

式中：E^{*} —— 动态模量；

t ——加载时间；

T_R—— 温度，兰氏；

A、VTS —— 短期老化沥青胶结料黏温关系参数；

Max —— 极限最大模量；

δ、β、γ、c——拟合参数。

根据沥青混合料的体积特性采用 Hirsch 模型估算混合料的极限最大模量，沥青胶结料的极限模量假设为 1GPa。极限最大模量的估算公式如式(5-2)和式(5-3)所示。

$$|E^{*}|_{\max}=P_c\left[4\ 200\ 000\left(1-\frac{\mathrm{VMA}}{100}\right)+435\ 000\left(\frac{\mathrm{VFA}\times\mathrm{VMA}}{10\ 000}\right)\right]+$$

$$\frac{1-P_{c}}{\left[\frac{1-\frac{VMA}{100}}{4\ 200\ 000}+\frac{VMA}{435\ 000(VFA)}\right]} \tag{5-2}$$

$$P_{c}=\frac{\left(20+\frac{435\ 000(VFA)}{VMA}\right)^{0.58}}{650+\left(\frac{435\ 000(VFA)}{VMA}\right)^{0.58}} \tag{5-3}$$

式中：$|E^{*}|_{max}$——混合料极限最大动态模量；

VMA——矿料间隙率，%，

VFA——沥青饱和率，%。

C-Z、C-ZDAT、C-ZRH 动态模量主曲线如图 5-29～图 5-33 所示，从图中可知，老化有助于提高沥青混合料动态模量。就混合料类型对动态模量的影响来说，第一种老化方式情况下，热拌和温拌动态模量的差别不甚明显；但第二种老化方式的情况下，热拌的动态模量明显高于温拌，这可能因为热拌的压实温度较高，使得沥青混合料的老化更为严重。

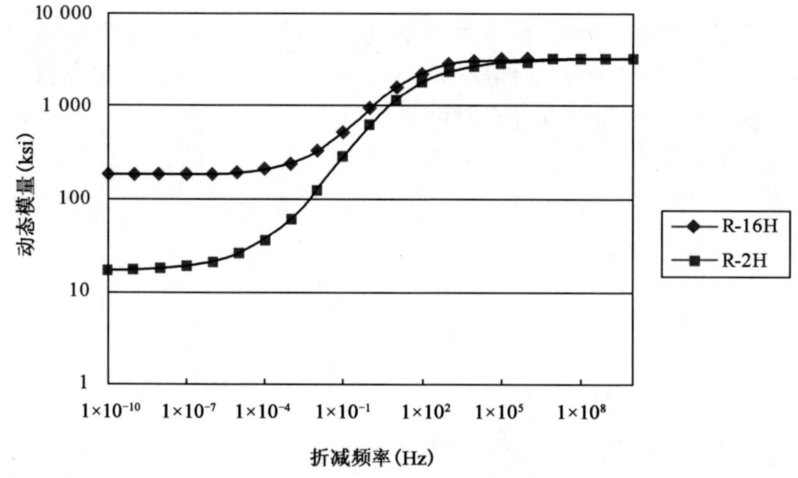

图 5-29　C-Z 动态模量主曲线（参考温度 20℃）

通常认为 10Hz 的加载频率可较好地模拟现有行车荷载对路面的作用，将加载频率为 10Hz 时 C-Z、C-ZDAT、C-ZRH 三种沥青混合料两种老化方式下的动态模量汇总于图 3-34 和图 3-35。

从图 5-34 可知，第二种老化方式下的动态模量高于第一种老化方式，热拌沥青混合料的动态模量大于温拌沥青混合料的动态模量。从图 5-35 可知，温度对动态模量的影响非常显著。以 C-Z(2h)为例，20℃的动态模量是 40℃的 4.5 倍，4℃的动态模量是 40℃的 10.6 倍。

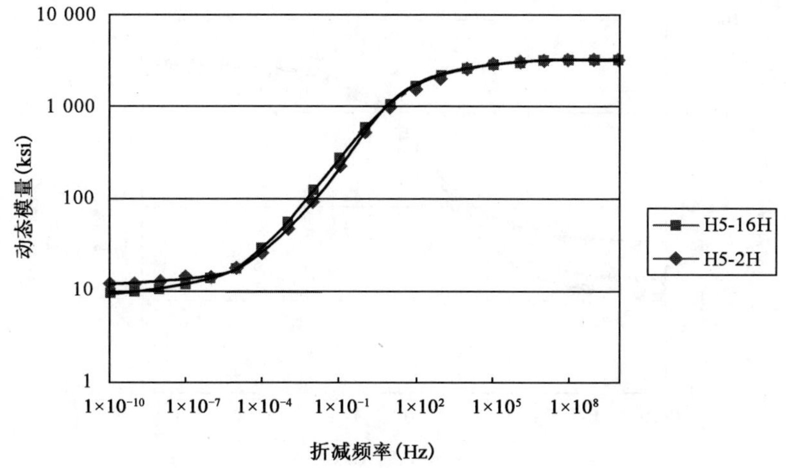

图 5-30　C-ZDAT 动态模量主曲线(参考温度 20℃)

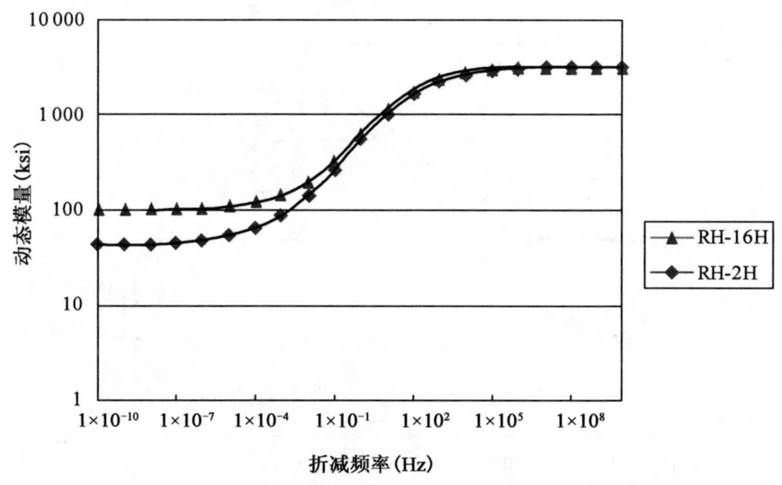

图 5-31　C-ZRH 动态模量主曲线(参考温度 20℃)

Sigmoidal Model 中除了极限最大动态模量外,其余参数无明显物理意义。为此,本研究采用改进 Christensen、Anderson and Marasteanu (CAM) 模型重新拟合主曲线,得到相应的物理参数,探讨沥青胶结料类型与改进 CAM 模型物理参数之间的相关性。

改进 Christensen、Anderson and Marasteanu (CAM) 模型是曾梦澜等人提出的一组经验方程,用以表征改性沥青胶结料和沥青混合料在宽频率、温度和应变域动态剪切加载下的黏弹特性。该模型包括动态模量和相位角主曲线、温度和应变依赖性四个方程式。该模型中的动态模量方程是在 CAM 通用模型的基础上进行修正的,方程式如下:

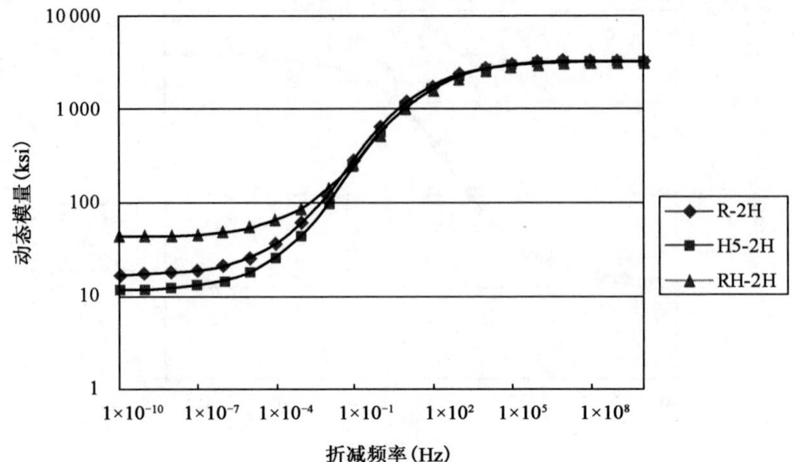

图 5-32　C-Z、C-ZDAT、C-ZRH 动态模量主曲线对比(参考温度 20℃)

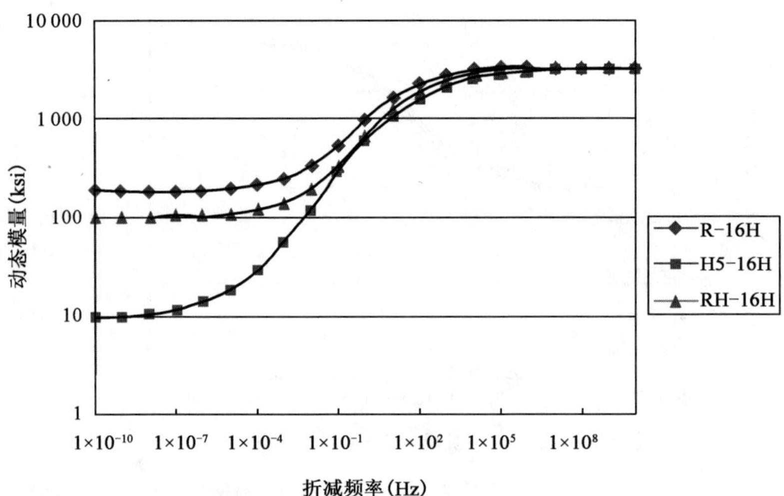

图 5-33　C-Z、C-ZDAT、C-ZRH 动态模量主曲线对比(参考温度 20℃)

$$G^* = G_e{}^* + \frac{G_g{}^* - G_e{}^*}{\left[1 + \left(\frac{f_c}{f'}\right)k\right]^{m_e/k}} \tag{5-4}$$

式中：$G_e{}^* = G^*(f \to 0)$，平衡复数模量，沥青胶结料的$G^*=0$，沥青混合料的$G^*>0$；

$G_g{}^* = G^*(f \to \infty)$，玻璃态动态模量；

f_c——与频率有关的位置参数；

k、m_e——形状参数，无量纲。

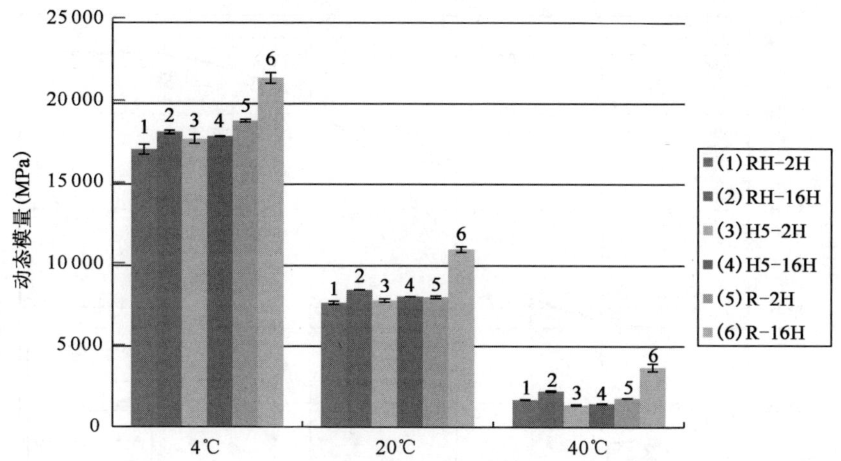

图 5-34　老化对 C-Z、C-ZDAT、C-ZRH 动态模量的影响(10Hz)

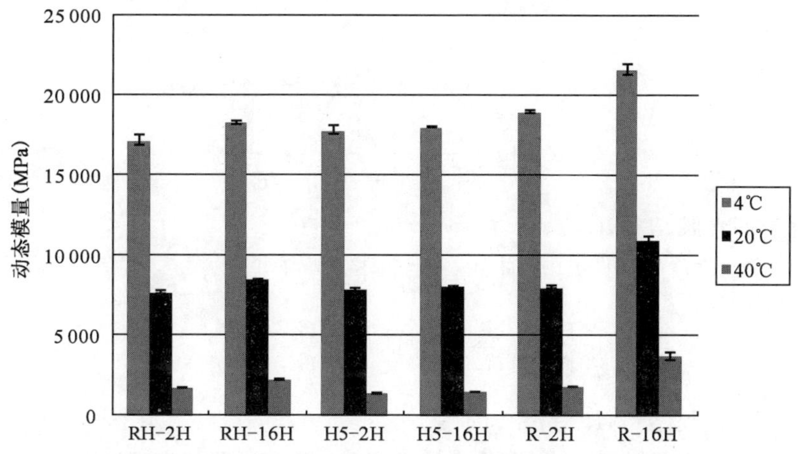

图 5-35　温度对 C-Z、C-ZDAT、C-ZRH 动态模量的影响(10Hz)

图 5-36 为动态模量主曲线方程示意，从图中可知，$G_g{}^*$ 是 $f\to\infty$ 时的水平渐近线，$G_e{}^*$ 是 $f\to 0$ 时的水平渐近线，对于沥青胶结料 $G_e{}^*$ 为 0。第三个渐进线是斜率为 m_e 的斜线。

$G_g{}^*$ 和 m_e 斜线的交点的横向坐标对应值为 f_c、$G_e{}^*$ 和 m_e 斜线的交点的横向坐标对应值为 $f_{c'}$。

$$f_{c'}=f_c\left(\frac{G_e{}^*}{G_g{}^*}\right)^{1/m_e} \tag{5-5}$$

对于沥青胶结料，$f_{c'}=0$。

$G^*(f_c)$ 和 G_g^* 的距离 R 计算公式如下：

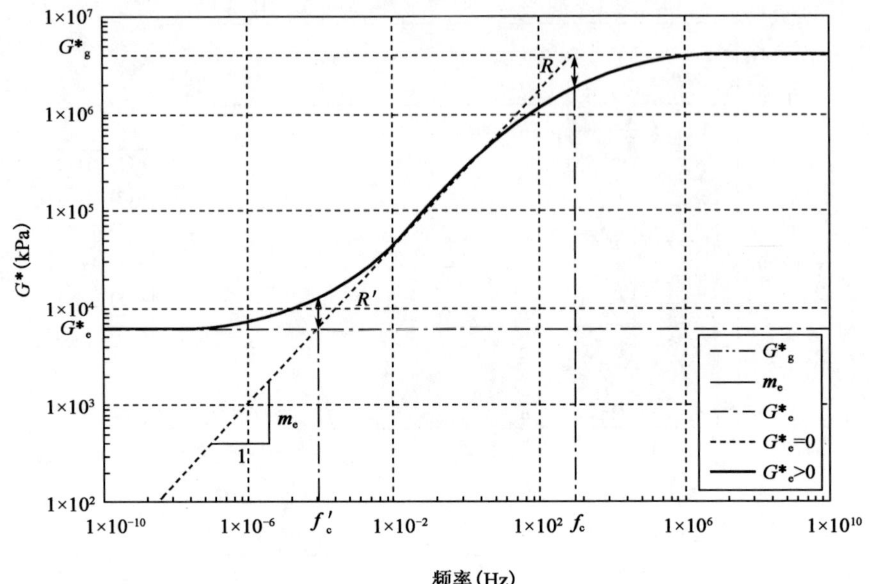

图 5-36　改进 CAM 模型动态模量主曲线方程示意

$$R=\lg \frac{2^{m_e/k}}{1+(2^{\frac{m_e}{k}}-1)G_e{}^*/G_g{}^*} \tag{5-6}$$

对于沥青胶结料，$G_e{}^*=0$，$R=m_e/k\lg 2$。

$G^*(f_{c'})$和$G_e{}^*$的距离 R'计算公式如下：

$$R'=\lg\left\{1+\left(\frac{G_g{}^*}{G_e{}^*}-1\right)\left[1+\left(\frac{G_g{}^*}{G_e{}^*}\right)^{k/m_e}\right]^{-m_e/k}\right\} \tag{5-7}$$

对于沥青胶结料，$R'=\lg 2$。

尽管该模型是基于大量数据统计而得的，但其参数却有重要的物理意义：

(1)$G_e{}^*$ 为沥青混合料能提供的最小模量，代表了沥青的作用忽略不计时，集料能提供的嵌锁能力。也表示在极低频或高温作用下的模量。

(2)$G_g{}^*$ 代表了极高频或低温作用下的最大模量，此时沥青胶结料对于沥青混合料的动态模量来说发挥了最大作用。

(3)k 和 m_e是形状参数。图 5-36 中的 R 这个指标由 k 和 m_e计算而得，代表了松弛谱的宽度，该值越大，则表示从弹性行为到黏性行为的过渡越平缓，对频率改变也就更不敏感，中等频率范围内的 G^* 值较低，而相位角较高。

(4)对于沥青胶结料来说，位置参数f_c表明该频率下沥青胶结料的储存模量 G'与损失模量 G''相等。f_c越大，表明相位角越大，整体上更容易产生黏性行为。

本研究的一个重要目的是对比温拌沥青混合料和热拌沥青混合料的性能，

评估不同沥青胶结料对沥青混合料性能的影响。采用这种方法，分析了前述6种沥青混合料的数据，得到的模型参数如表5-10所示。图5-37和图5-38比较了6种沥青混合料的流变指数 R 和临界频率 f_c。

6种沥青混合料的改进CAM模型参数 表5-10

沥青混合料	G_g^* (MPa)	G_e^* (MPa)	f_c(Hz)	k	m_e	R
C-Z(2h)	3.21×10^3	1.73×10	3.06×10	0.362	0.410	0.338
C-Z(16h)	3.26×10^3	1.83×10^2	1.37×10	0.409	0.416	0.282
C-ZDAT(2h)	3.20×10^3	1.20×10	4.14×10	0.369	0.425	0.345
C-ZDAT(16h)	3.18×10^3	9.81	3.67×10	0.334	0.398	0.357
C-ZRH(2h)	3.22×10^3	4.39×10	7.92×10	0.359	0.382	0.314
C-ZRH(16h)	3.25×10^3	1.02×10^2	4.54×10	0.408	0.419	0.295

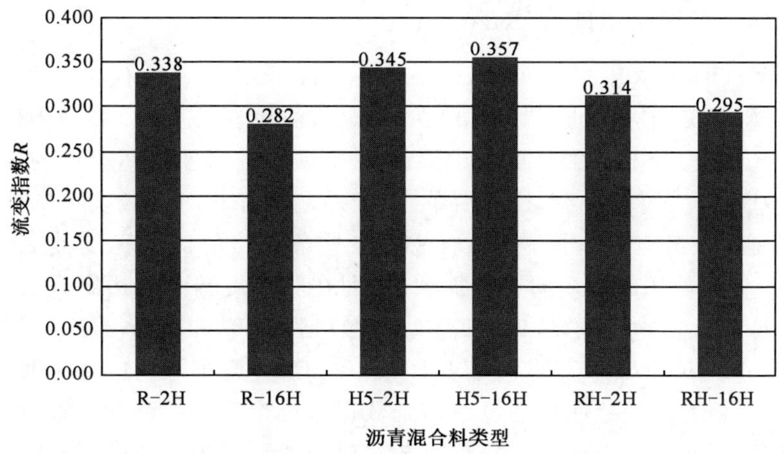

图5-37 胶结料类型对流变指数 R 的影响

从表5-10以及图5-37、图5-38可知：

(1)相同集料类型和集料级配下，胶结料类型和老化状态对流变指数 R 的影响区分度不高。

(2)热拌沥青混合料相对于其他两种温拌沥青混合料有更低的临界频率 f_c；老化程度越严重，临界频率 f_c 值也就越低，符合该指标的物理意义。结合沥青胶结料的蠕变试验和下文的CPN车辙试验结果，可以认为临界频率 f_c 对胶结料类型和老化程度有较好的区分度。

(3)玻璃态动态模量 G_g^* 对胶结料类型不敏感，这与6种沥青混合料有相同的集料类型和集料级配有关。平衡模量 G_e^* 的变异性较大，难以区分胶结料类型的影响。

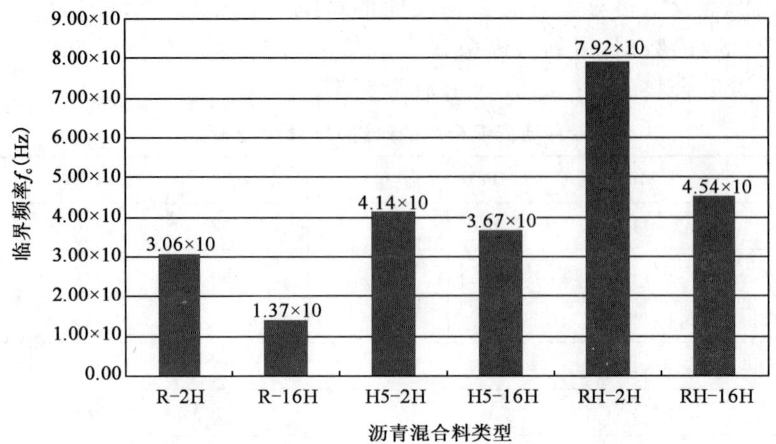

图 5-38　胶结料类型对临界频率f_c的影响

5.2.6　车辙模拟试验(RLWT 试验)

RLWT(Rotary Loaded Wheel Tester or Rutmeter)车辙仪是在 20 世纪 90 年代末开始在美国应用的,测试可以在干、湿两种状态下进行。该车辙仪可以对直径 100mm 及 150mm 的马歇尔试件、旋转压实试样以及钻芯取样的试件进行车辙试验评价。试件的成型比较简单,由于钻芯取样相对于板块状试件成型容易得多,而且数量也没有限制,从而使跟踪整条道路的高温稳定性成为现实。RLWT 车辙仪使用的是单向旋转加载轮,即在驱动旋转大轮边缘设置 10 个小橡胶轮,每个从动小轮的轴载为 125N,接触压强为 0.69MPa,最大车辙测试深度为 6.35mm,RLWT 车辙仪外表见图 5-39。RLWT 车辙仪应用的时间较短,还没有制定相关的规范性指标。由测试数据可绘出荷载—变形曲线,检验沥青混合料抗车辙能力的指标可以是在指定加载次数下产生的累计变形深度,抑或是达到指定的累计变形深度所需加载次数。

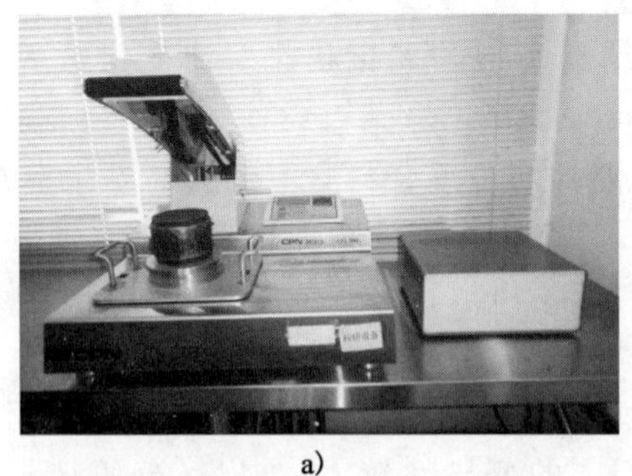

a)

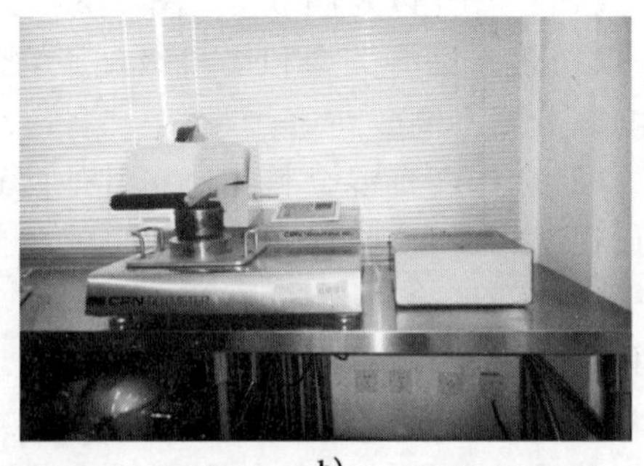

b)

图 5-39　RLWT 车辙仪

本次试验试样采取两种老化方式：

(1)拌和后在确定的最佳成型温度下老化 2h 再成型。

(2)拌和后经过 2h@最佳压实温度＋16h@60℃＋2.5h@最佳压实温度的老化再成型。试件空隙率控制在 6.5%～7.5%，试验温度为 60℃，水浴。

试验结果如图 5-40～图 5-42 所示。从图中可知：

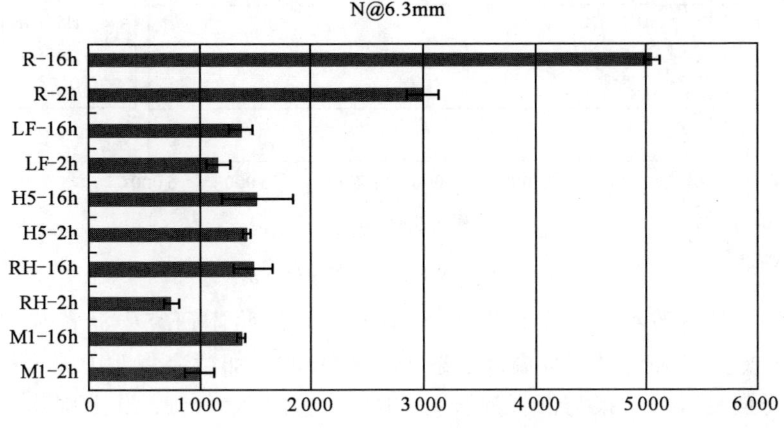

图 5-40　达到固定车辙深度(6.3mm)时的加载次数

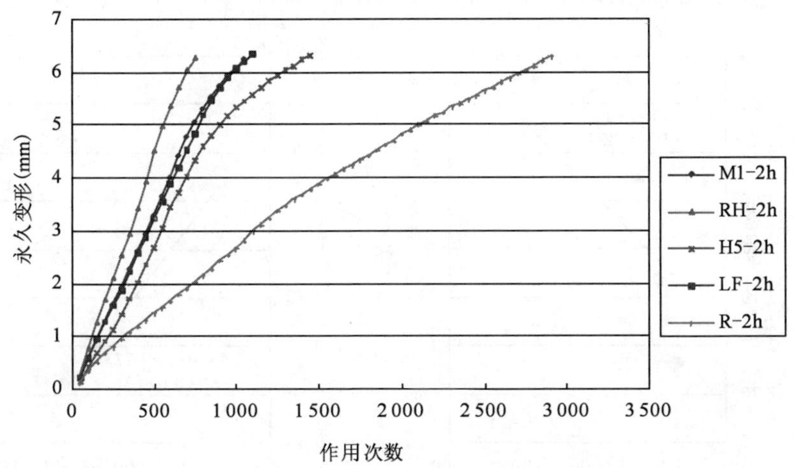

图 5-41　第一种老化方式下车辙变形发展

(1)第二种老化方式相对于第一种老化方式有更好的永久变形抵抗力。

(2)两种老化方式都是热拌沥青混合料的抗永久变形能力更为突出。

(3)经过更长期的老化，温拌沥青混合料抗永久变形能力的差别相对缩小了，而与热拌沥青混合料抗永久变形能力的差距增大，这可能与热拌沥青混合料的压实温度较高，所遭受的老化程度更为严重有关。

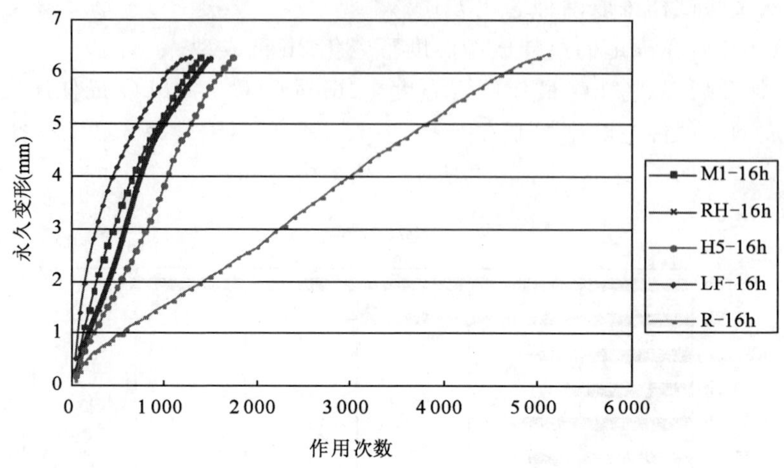

图 5-42　第二种老化方式下车辙变形发展

为评价沥青胶结料高温稳定性指标的有效性，将本研究中沥青胶结料的车辙因子 $G^*/\sin\delta$@高温等级温度、蠕变柔量@300s(加载应力 10Pa,60℃)、多级重复蠕变恢复试验结果与沥青混合料 CPN 试验的 N@6.3mm 分别建立相关关系，考虑到沥青和沥青混合料的老化程度对应性，CPN 试验的 N@6.3mm 采用的压实温度老化 2h 的结果，相关性分析如图 5-43 和图 5-44 所示。

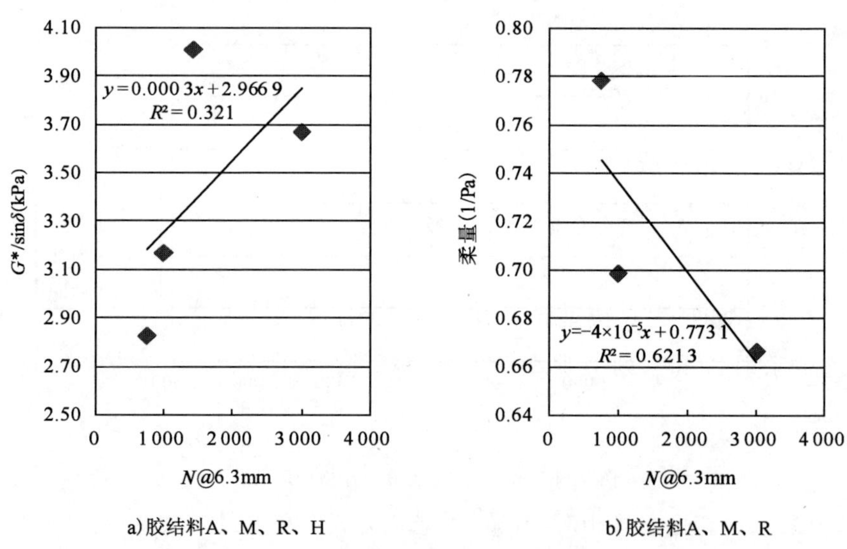

图 5-43　车辙因子 $G^*/\sin\delta$ 和蠕变柔量与 N@6.3mm 的相关性

从图 5-43 可知，与车辙因子 $G^*/\sin\delta$ 相比，加载应力 10Pa 的蠕变柔量@300s 与 N@6.3mm 的相关性更高，相关系数为 0.621 3。

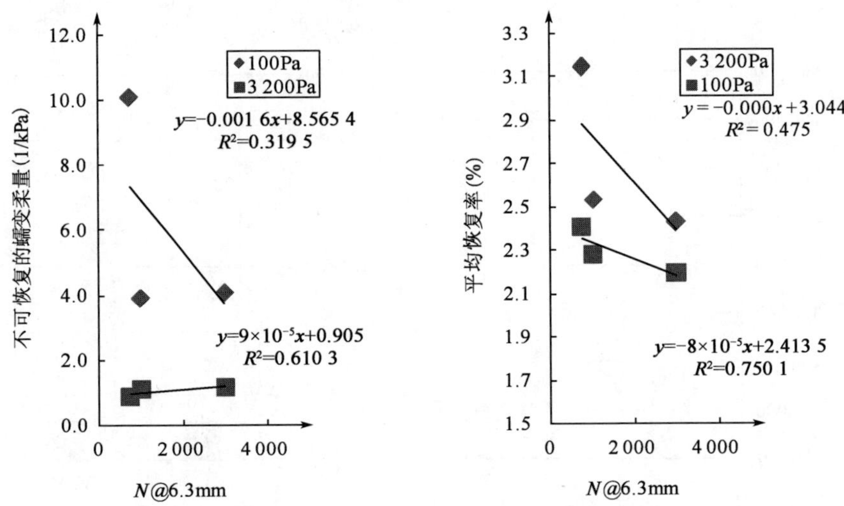

图 5-44　不可恢复柔量和平均恢复率与 N@6.3mm 的相关性胶结料 A、M、R

从图 5-44 可知，多级重复蠕变恢复试验结果与 N@6.3mm 的相关性具有明显的应力依赖性，100Pa 比 3 200Pa 的相关性更高。考虑到基质沥青和温拌沥青胶结料的平均恢复率较低，多级重复蠕变恢复试验的加载应力较大，可能更适用于恢复率较高的 SBS 改性沥青胶结料或类似的沥青胶结料。低应力(10Pa)条件下的沥青胶结料的蠕变试验更适用于区分普通沥青胶结料的高温性能。

5.2.7　四点弯曲疲劳试验

本研究采用 Cooper 疲劳试验机进行四点加载的应变控制模式弯曲疲劳试验来评价温拌沥青混合料的疲劳性能。以混合料劲度下降到初始劲度的 50% 时的荷载作用次数作为其疲劳寿命。选用无间歇时间的正弦波作为标准加载波形，加载频率为 10Hz，试验温度为 15℃。试件尺寸为(381±6.35)mm、(63.5±6.35)mm、(50.8±6.35)mm。

1)系列 A 和系列 B 典型沥青混合料疲劳性能

选取系列 A 和系列 B 典型沥青混合料进行疲劳试验，试验方案见表 5-11。混合料成型前在压实温度下老化 4h。试验结果如图 5-45 和图 5-46 所示。

系列 A 和系列 B 典型沥青混合料疲劳试验方案　　表 5-11

系列	级配类型	沥青类型	沥青混合料代号	油石比(%)	空隙率(%)	应变水平(με)
A	AC-13C	滨州 90 号	A-B	4.7	3.0～4.0	150、300、450
		滨州 90 号+浓缩液	A-BDAT	4.7	3.0～4.0	
B	SMA-13	SBS 改性沥青	B-S	6.0	3.0～4.0	200、400、600
		SBS 改性沥青+浓缩液	B-SDAT	6.0	3.0～4.0	

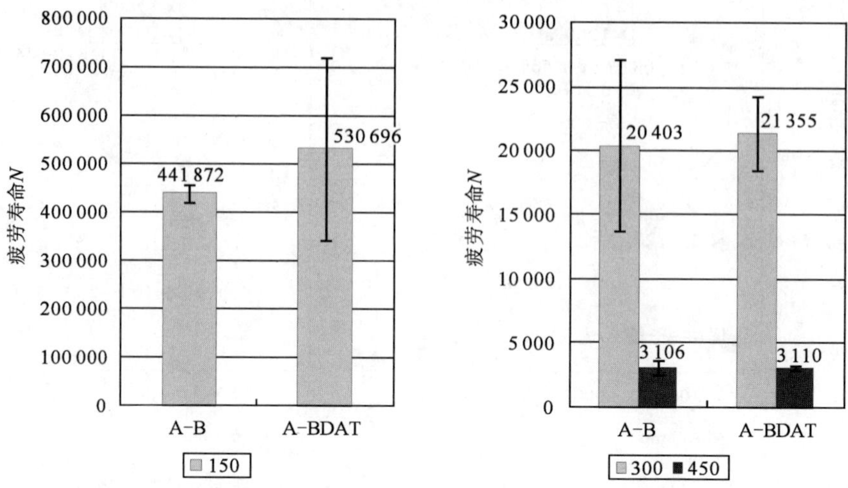

图 5-45　沥青混合料 A-B 和 A-BDAT 疲劳寿命

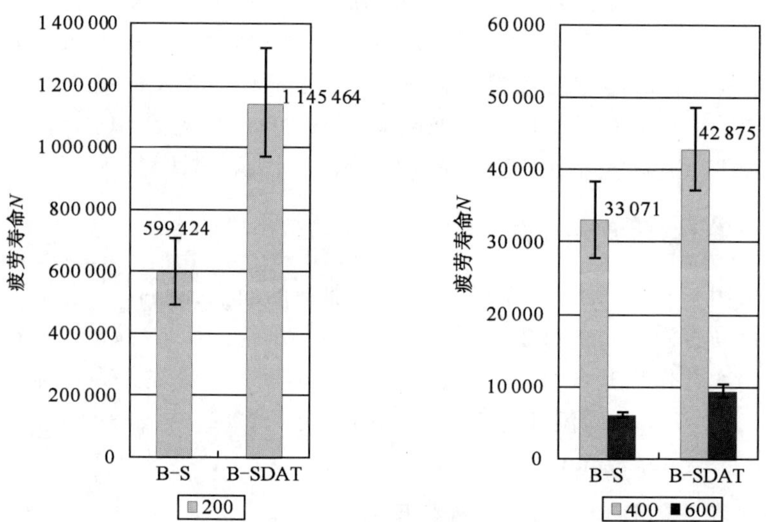

图 5-46　沥青混合料 B-S 和 B-SDAT 疲劳寿命

沥青混合料疲劳规律的基本表达形式可以表示为公式(5-8)：

$$N_f = k \cdot \left(\frac{1}{\varepsilon}\right)^n \tag{5-8}$$

式中：N_f——沥青混合料的疲劳寿命；

ε——应变；

k、n——系数。

将以上热拌和温拌沥青混合料的疲劳寿命试验结果分别绘制到图 5-47 和

图 5-48 中，其中纵坐标疲劳寿命采用对数坐标。按照公式(5-8)中疲劳寿命和应变水平呈幂的相关关系，分别拟合热拌和温拌沥青混合料的疲劳曲线。

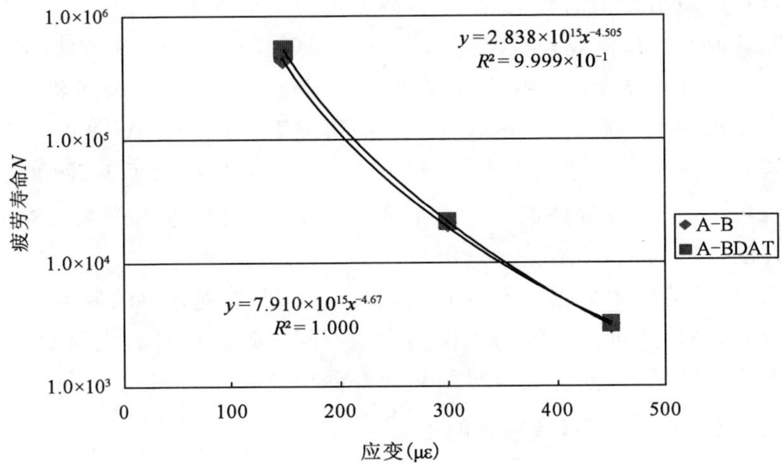

图 5-47　沥青混合料 A-B 和 A-BDAT 的疲劳规律

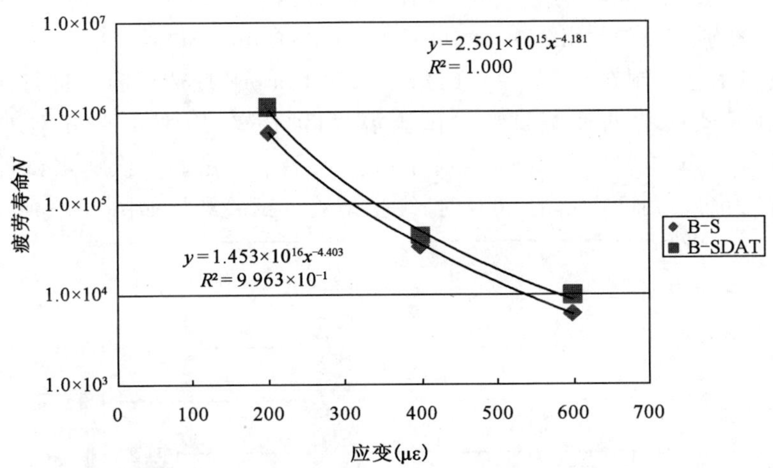

图 5-48　沥青混合料 B-S 和 B-SDAT 的疲劳规律

根据公式(5-8)拟合出沥青混合料的疲劳规律，如表 5-12 所示。

四种沥青混合料的疲劳方程参数　　表 5-12

沥青混合料代号	k	n	R^2
A-B	2.839×10^{15}	4.505	0.999 9
A-BDAT	7.910×10^{15}	4.674	1.000 0
B-S	2.501×10^{15}	4.181	1.000 0
B-SDAT	1.453×10^{16}	4.403	0.996 3

从图 5-47 可知，在较高应变水平下（300με 和 450με），温拌和热拌 AC-13 沥青混合料的疲劳寿命非常接近；在低应变水平下（150με）的情况下，温拌 AC-13 沥青混合料的疲劳寿命有较大提高，是热拌沥青混合料的 1.20 倍。

从图 5-48 可知，在混合料级配和沥青用量等条件完全一样的情况下，温拌 SMA-13 改性沥青混合料的疲劳性能明显好于热拌 SMA-13 改性沥青混合料。在较高应变水平下，例如 400με 和 600με 的情况下，温拌 SMA-13 改性沥青混合料的疲劳寿命分别是热拌的 1.57 倍和 1.30 倍；在低应变水平下，例如 200με 的情况下，温拌 SMA-13 改性沥青混合料的疲劳寿命更是大大提高，达到了热拌改性沥青混合料的 1.91 倍。

总之，从疲劳试验数据和疲劳曲线来看，温拌沥青混合料的疲劳性能略优于热拌沥青混合料，这可能是因为老化温度的不同导致混合料老化程度的差异，温度越低老化程度越轻，沥青混合料的疲劳寿命也较好。

2）系列 C 沥青混合料疲劳性能

将系列 C 沥青混合料拌和后在压实温度下老化 2h 再成型长宽高分别为 430mm、300mm、80mm 的车辙板，继而将车辙板老化 5d@85℃，然后切割成多块长宽高分别为（381±6.35）mm、（63.5±6.35）mm、（50.8±6.35）mm 的试件（试件空隙率也控制在 6.0%～8.0%）。采用 Cooper 疲劳试验机进行四点加载应变控制模式的弯曲疲劳试验。试验温度为 15℃，应变水平分别为 240με、180με、120με，试验频率为 10Hz。每个应变水平平行试验 3 次。当试件的弯曲进度模量为初始劲度模量的 50%时，终止试验。试验结果如图 5-49 所示。

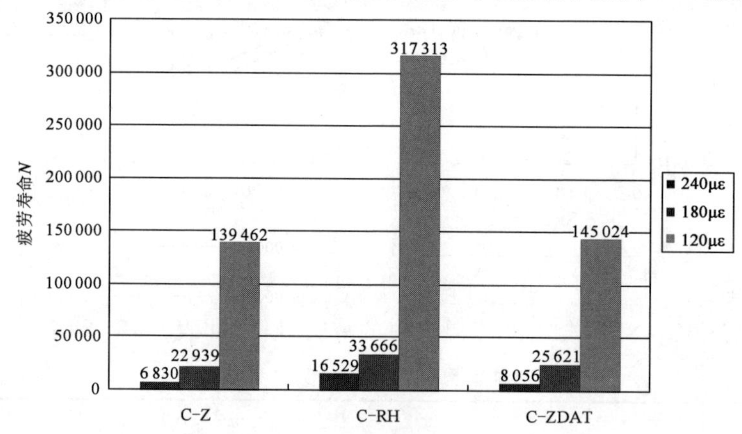

图 5-49　系列 C 沥青混合料疲劳性能

疲劳试验结果包括不同加载次数下的弯曲劲度模量，弯曲劲度模量采用式（5-9）拟合：

$$S = S_0 - S_1 N^n \tag{5-9}$$

式中：S——弯曲劲度模量，MPa；

S_0——初始劲度模量，MPa；

N——加载次数；

S_1、n——拟合常数。

弯曲劲度模量的数据示例见图 5-50，拟合参数见表 5-13。

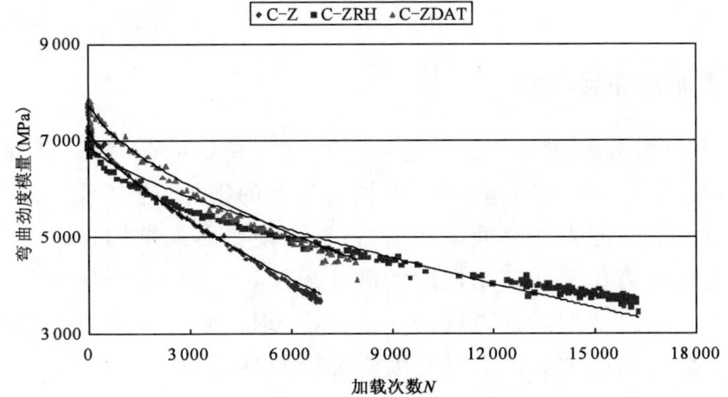

图 5-50 疲劳试验的弯曲劲度模量

弯曲劲度模量拟合参数 表 5-13

沥青混合料代号	应变水平(με)	S_0	S_1	n	R^2
C-Z	240	7 295	7.262 8	0.696 9	0.955 7
C-RH		6 931	3.829 3	0.705 7	0.957 4
C-ZDAT		7 848	10.162	0.644 7	0.924 6

为了评价沥青胶结料疲劳指标的有效性，将三种沥青胶结料（A、M、R，见第 2 章）的疲劳因子 $G^{**}\sin\delta$ 和疲劳寿命 $N50$，分别与沥青混合料 C-Z、C-RH 和 C-ZDAT 的疲劳寿命 $N50$ 建立相关关系，如图 5-51 所示。

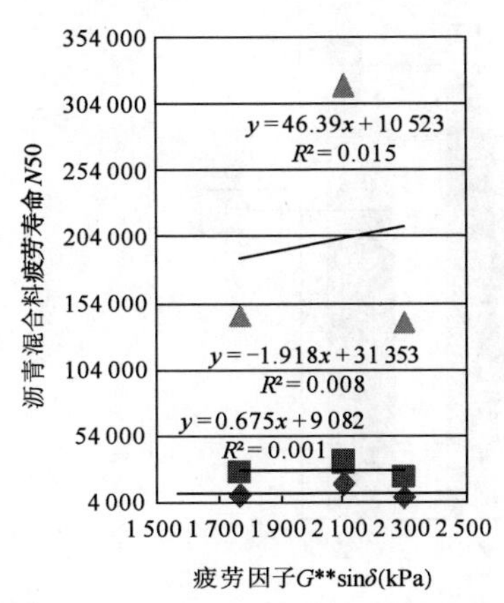

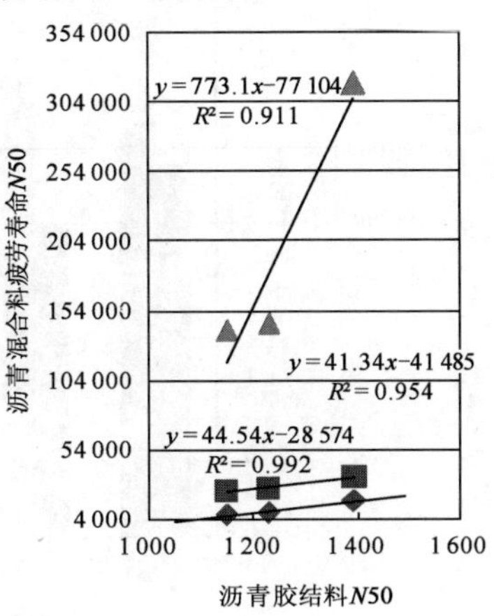

图 5-51 胶结料疲劳因子 $G^{**}\sin\delta$ 和疲劳寿命 $N50$ 与混合料疲劳寿命 $N50$ 的相关性

从图 5-51 可知，沥青胶结料 $G^{**}\sin\delta$ 与沥青混合料疲劳寿命 $N50$ 的相关系数最大仅为 0.015 1，这表明对于三种沥青胶结料和相应的沥青混合料而言，这两个参数缺乏相关性。而沥青胶结料 $N50$ 与沥青混合料疲劳寿命 $N50$ 的相关系数最低为 0.911，这表明对于三种沥青胶结料和相应的沥青混合料而言，这两个参数有非常高的相关性，沥青胶结料疲劳试验结果可以很好地表征沥青混合料的疲劳损伤。

5.2.8 加速加载试验

加速加载试验是通过可控制的轮载选用某一特定的荷载对实际的路面结构进行加速加载，在一个压缩的时间段内累积路面的损坏，通过重复荷载的连续作用，以及采用低承载能力的路面结构进行试验，使得路面结构在短时间内加速损坏，以模拟路面结构在设计使用期内的破坏规律，从而建立荷载和路面结构性能变化的关系，为路面结构设计方法的不断完善、理论研究和施工工艺的改进提供依据。同时，加速加载试验可以进行沥青混合料性能评价(特别是高温稳定性)，显著不同于单纯的室内的车辙试验。

本研究采用加速加载系统分别在 40℃、60℃评价了普通温拌沥青混合料和热拌沥青混合料的抗车辙性能，在 60℃评价了 SBS 改性温拌沥青混合料和热拌沥青混合料的抗车辙性能。加载总次数为 200 000 次，分别在 0 次、2 500 次、5 000 次、7 500 次、10 000 次、20 000 次、35 000 次、50 000 次、75 000 次、100 000 次、125 000 次、150 000 次、200 000 次停机进行车辙深度断面检测，断面每 5mm 测一个数据。200 000次时的车辙深度如图 5-52～图 5-53 所示，车辙断面数据如图 5-54～图 5-56所示。

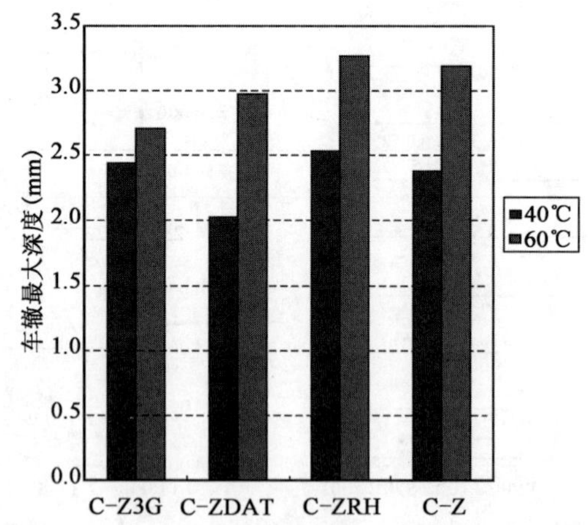

图 5-52 普通温拌和热拌沥青混合料的车辙深度(200 000 次)

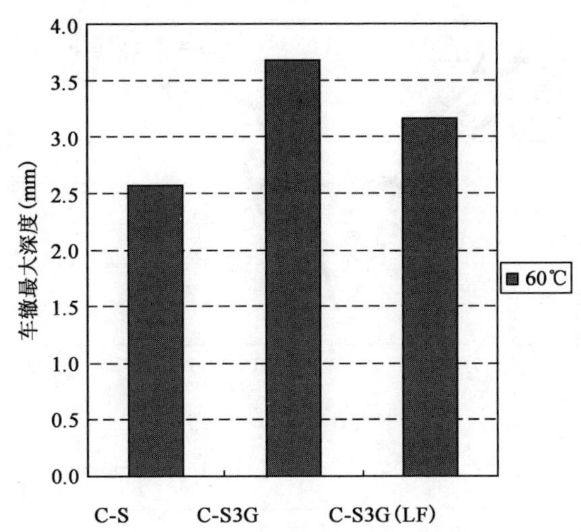

图 5-53　SBS 改性温拌和热拌沥青混合料的车辙深度(200 000 次)

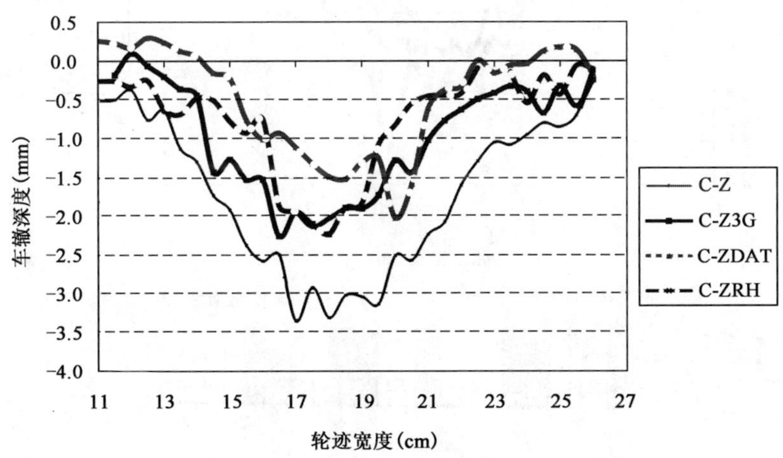

图 5-54　40℃普通温拌和热拌沥青混合料的典型车辙断面(200 000 次)

从图 5-54～图 5-56 可以看出,加载 200 000 次后,温拌沥青混合料和热拌沥青混合料的车辙深度都非常浅,彼此之间没有明显的差别,采用此方法评价温拌沥青混合料和热拌沥青混合料的抗车辙性能有待深入研究。

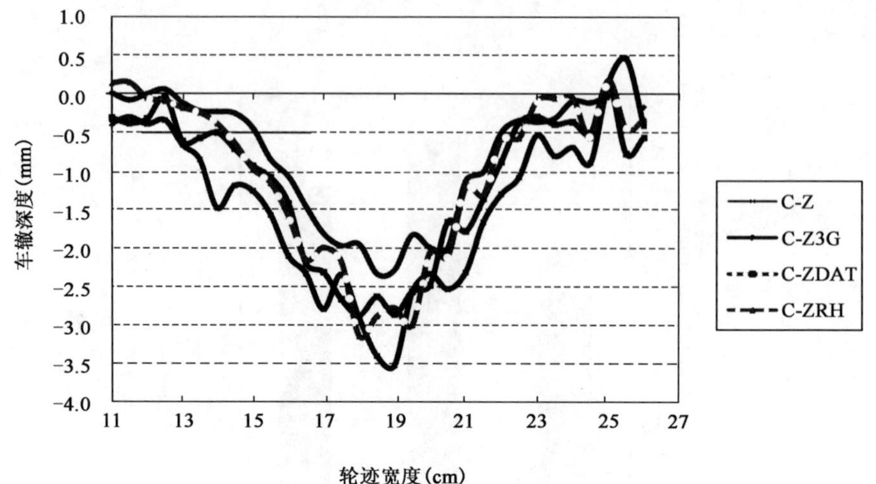

图 5-55　60℃普通温拌和热拌沥青混合料的典型车辙断面(200 000 次)

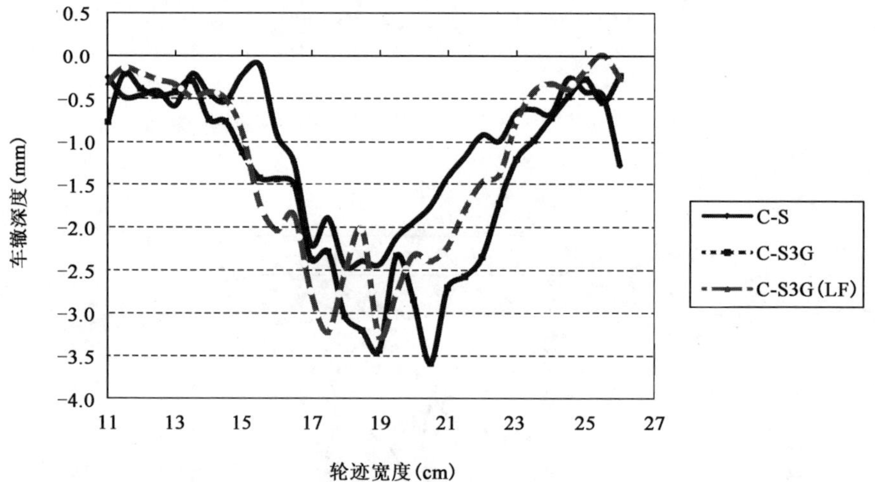

图 5-56　60℃SBS 改性温拌和热拌沥青混合料的典型车辙断面(200 000 次)

5.3　温拌沥青混合料工程应用案例

5.3.1　北京 G110 国道辅线乳化沥青温拌 AC 混合料试验路

1)试验路概况

试验路位于昌平区的 110 国道辅线，与北京—昌平高速公路相连接，双向 4 车道。双向日均当量轴次为 8 161 次/日(N1)，属于重交通道路。由于小型车辆主要行驶高速路，本路段大型车辆(运煤车/大客)比例较高。试验路总长 200m，将原有路面铣刨后进行 4cm 的温拌 AC-13 罩面。

2)乳化沥青温拌 AC-13 混合料设计

(1)材料。采用工程实际使用的沥青和集料,如表 5-14 所示。盘锦 AH-90 号沥青的主要技术指标如表 5-15 所示。

温拌沥青混合料的原材料 表 5-14

项　目	温拌沥青混合料	热拌沥青混合料
集料种类	石灰岩	同左
集料级配	密级配 AC-13 型	同左
基质沥青	盘锦 90 号	同左
乳化沥青固含量(%)	68	—
油石比(%)	4.7	同左

盘锦 AH-90 号沥青技术指标 表 5-15

项　目		单　位	试验结果
针入度(25℃,5s,100g)		0.1mm	86
15℃延度		cm	>150
软化点		℃	45
溶解度(三氯乙烯)		%	99.9
闪点(COC)		℃	292
密度(15℃)		g/cm^3	1.009
含蜡量(蒸馏法)		%	1.7
薄膜烘箱试验(163℃,5h)	质量损失	%	0.02
	针入度比	%	59.3
	延度(10℃)	cm	>100
	延度(15℃)	cm	>100

(2)温拌沥青混合料设计。采用马歇尔设计方法进行温拌沥青混合料设计。以盘锦 AH-90 号为基质沥青,制作温拌专用高浓度乳化沥青,以此作为胶结料拌制温拌沥青混合料。温拌沥青混合料试验温度,如表 5-16 所示。

温拌沥青混合料试验温度 表 5-16

项　目	试验温度	项　目	试验温度
集料温度(℃)	140	拌和温度(℃)	120
胶结料温度(℃)	80	击实温度(℃)	115~120

(3)目标配合比。矿料合成级配设计结果如表 5-17、表 5-18、图 5-57 所示。

AC-13 混合料的各档集料筛分和配比 表 5-17

方孔筛(mm)	通过率(%)				
	10~15mm	5~10mm	机制砂	天然砂	矿粉
16	100.00	100.00	100.00	100.00	100.00
13.2	92.05	100.00	100.00	100.00	100.00
9.5	32.48	94.81	100.00	100.00	100.00
4.75	2.99	25.84	100.00	96.16	100.00

续上表

方孔筛(mm)	通过率(%)				
	10～15mm	5～10mm	机制砂	天然砂	矿粉
2.36	1.10	3.91	75.63	77.58	100.00
1.18	0.66	2.41	39.72	57.91	99.60
0.6	0.55	2.18	25.55	44.56	98.39
0.3	0.49	1.97	14.95	24.94	95.46
0.15	0.45	1.72	10.50	11.17	92.79
0.075	0.42	1.59	7.84	4.10	85.12
各档料比例(%)	30	30	24	12	4

合成矿料级配 表 5-18

方孔筛(mm)	通过率(%)			
	设计级配	规范 AC-13 型		
		中值	下限	上限
16	100.00	100	100	100
13.2	97.61	95	90	100
9.5	78.19	76.5	68	85
4.75	48.19	53	38	68
2.36	32.96	37	24	50
1.18	21.39	26.5	15	38
0.6	16.24	19	10	28
0.3	11.14	13.5	7	20
0.15	8.23	10	5	15
0.075	6.38	6	4	8

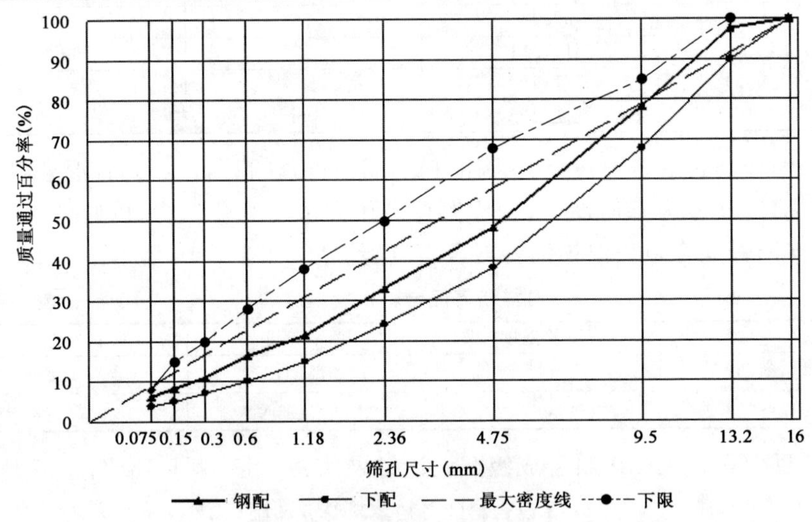

图 5-57 矿料合成级配曲线

以预估的油石比 4.7%为中值,取 4.2%、4.7%和 5.2%这 3 个不同的油石比分别成型马歇尔试件。采用表干法测试试件的毛体积相对密度,真空法实测最大理论相对密度,并采用标准试件测试马歇尔稳定度和流值,试验结果见表 5-19。最佳油石比取值见图 5-58。

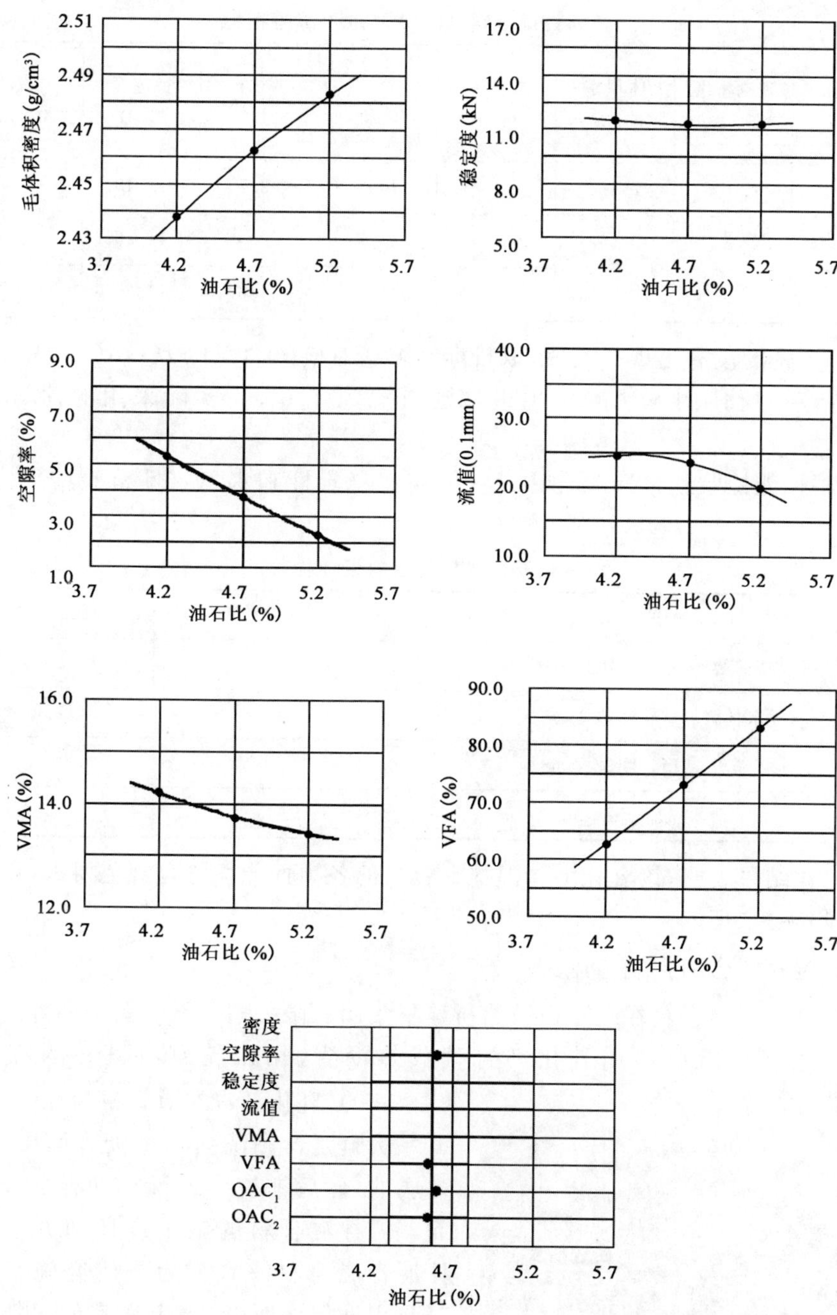

图 5-58 乳化沥青温拌沥青混合料 AC-13 油石比与马歇尔试验曲线

注：图中 a_1 = 无，a_2 = 4.96%，a_3 = 4.61%，a_4 = 4.56%；OAC_1 = 4.61%（取目标空隙率所对应的沥青）；OAC_{min} = 4.31%；OAC_{max} = 4.8%；OAC_2 = 4.56%；OAC = 4.6%；施工控制密度：2.457g/cm³；VV = 4.1%；VMA = 13.8%

温拌沥青混合料 AC-13 马歇尔试验指标 表 5-19

油石比（%）	理论密度（g/cm³）	毛体积密度（g/cm³）	空隙率（%）	VMA（%）	VFA（%）	稳定度（kN）	流值（0.1mm）
4.2	2.574	2.438	5.3	14.2	62.7	11.48	25
4.7	2.557	2.462	3.7	13.7	73.0	11.26	24
5.2	2.540	2.483	2.2	13.4	83.6	11.26	20

由于密度没有出现最大值，取目标空隙率对应的油石比为 $OAC_1=4.61\%$，按照规范中所述的方法确定出最佳油石比为 4.6%。实际采用的油石比为 4.7%。

（4）性能检验。目标配合比设计的高温稳定性和水稳定性检验结果，见表 5-20。

乳化沥青温拌混合料设计检验 表 5-20

测 试 项 目	试验结果	规范要求
冻融劈裂试验的残留强度比（%）	86.7	≥75
浸水马歇尔试验残留稳定度（%）	85.4	≥80
车辙动稳定度（次/mm）	2 005	≥1 000
渗水试验（mL/min）	<40	≤120

上述结果表明，该乳化沥青温拌混合料的各项性能均符合规范要求，目标配合比设计是合理的。

3）温拌混合料拌制与施工

温拌沥青混合料在北京市政路桥建材集团有限公司下属的昌平沥青厂完成生产。生产时以温拌用乳化沥青替代热沥青，用齿轮泵将其送入拌和楼（图 5-59）。乳化沥青有效含量为 69.5%。

图 5-59 将乳化沥青泵送到拌和锅

试验路首先铣刨 4cm 沥青面层，喷洒黏层油，然后铺筑 4cm 温拌沥青混合料罩面。温拌混合料的施工设备和方法与热拌沥青混合料一致。为了研究施工工艺对路用性能的影响，确定适宜的温拌沥青混合料施工工艺，尝试了不同的碾压温度和不同的碾压工艺，如表 5-21、表 5-22 所示。

乳化沥青温拌沥青混合料试验段的温度控制(℃)　　表 5-21

幅数	气温	出料温度	摊铺温度	初压温度	典型碾压温度(路表)
第一幅(中幅)	22	120	114～127 平均 120	98～107	初压第一遍:102 复压第一遍:77 终压第一遍:47
第二幅(左幅)	21	120	117～125 平均 120	100～105	初压、复压第一遍:103 终压第一遍:52
第三幅(右幅)	19	110	100～110 平均 105	97～107	初压、复压第一遍:100 终压第一遍:45

乳化沥青温拌混合料试验路段的碾压工艺对比　　表 5-22

项　目	第一幅	第二幅	第三幅
压实厚度	4cm	4cm	4cm
压实工艺	初压:13t 钢轮振动 2 遍 复压:26t 胶轮 4 遍 终压:11t 钢轮振动 1 遍,静压 1 遍	初压、复压:13t 钢轮振动 4 遍 终压:11t 钢轮振动 2 遍,静压 1 遍	初压、复压:13t 钢轮振动 4 遍 终压:11t 钢轮振动 2 遍,静压 1 遍

由于施工温度的降低,拌和厂和摊铺现场的烟尘明显减轻,工作人员普遍认识气味及热辐射非常微弱,工作条件显著改善。即便是温拌沥青混合料刚刚从拌和楼中放出来,也看不到明显冒烟现象,混合料外观、和易性与普通热拌沥青混合料接近。施工情况,见图 5-60。

a)铣刨后喷洒黏层油

b)温拌混合料施工

图 5-60　乳化沥青温拌混合料施工

碾压完成后,试验路段在外观上与热拌沥青混合料并无两样,由于混合料的摊铺及碾压温度比较低,所以温拌沥青混合料基本上碾压完毕就可立即通车。

4)施工后检测

施工完毕后对温拌沥青混合料路面进行了检测,测试结果如表 5-23 所示。

乳化沥青温拌沥青混合料试验段现场测试结果 表 5-23

测试项目	温拌沥青混合料 AC-13			规范要求
	第1幅	第2幅	第3幅	
渗水系数(mL/min)	70	580	695	≤300
构造深度(mm)	0.55	0.65	0.58	≥0.50
摆值(BPN)	53	53	53	≥45
压实度(%)	93.2	90.9	88.5	92

从现场检测的数据来看，参照现行的公路沥青路面设计和施工规范对路面抗滑及渗水的要求，该路段第一幅路面完全满足要求。虽说该施工方案完工后路面的构造深度相对偏低，但保证了良好的压实度，渗水系数仅为 70mL/min，有些测点甚至基本不透水。

从表 5-23 中还可以看出，第 2、3 幅的压实度不够理想。分析认为，不同的碾压组合产生了不同的压实效果：第 2、3 幅没有采用胶轮压路机可能是非常重要的原因。后续的试验路工程也证明，机械组合中揉搓作用和振动碾压应适当前置，将是非常有利于发挥温拌技术的优势。此外，由于是首次使用温拌沥青混合料，缺乏经验，生产运行不太顺畅，生产过程衔接不好，再加上夜间施工、时值仲秋，北京夜间温度偏低，混合料温度偏低，可能也是造成第 2、3 幅的压实度不够的原因。

通过本试验路，得出了如表 5-24 所示的较理想的施工工艺：混合料拌制温度为 120℃，初压温度 105℃以上，初压时采用 13t 钢轮振动 2 遍；复压采用 26t 胶轮 4 遍；终压使用 11t 钢轮振动 1 遍，静压 1 遍。

乳化沥青温拌混合料施工工艺总结 表 5-24

测试项目	典型施工方案
混合料拌和温度(℃)	120
碾压温度(℃)	105
压实工艺	钢轮初压：2 遍；胶轮复压：4 遍；钢轮终压：2 遍

图 5-61 是该温拌试验段通车两年以后路面状况。表面构造保持正常，使用性能保持良好，没有坑洞、剥落、泛油和明显车辙等病害，试验路的铺筑效果理想。

5)本试验路小结

通过本试验路得出以下研究结论：

(1)温拌 AC 沥青混合料，显著降低了混合料的拌和温度和施工温度，显著降低了污染物排放，改善了施工条件。

a)

b)

图 5-61　乳化沥青温拌混合料试验路通车两年后的情况

(2)采用现行规范的混合料设计方法，可以设计出合格的温拌普通沥青 AC 混合料，其各项技术指标可以满足规范要求。

(3)科学的施工工艺是温拌路面优良性能的保证。使用轮胎压路机进行碾压，有利于保证温拌混合料路面的压实度，改善渗水性能。采用以下施工工艺能够达到较好的路用性能：混合料拌制温度为 120℃，初压温度 105℃，初压时采用 13t 钢轮振动 2 遍；复压采用 26t 胶轮 4 遍；终压使用 11t 钢轮振动 1 遍，静压 1 遍。

(4)在科学的施工工艺条件下，温拌试验段路面各项技术指标满足规范要求，通车两年以后路面状况依然良好，无坑洞、剥落、泛油和明显车辙等病害，说明温拌沥青混合料性能满足使用要求。

5.3.2　北京百葛路改性乳化沥青温拌 SMA 混合料试验路

1)试验路概况

试验路位于北京昌平区百(善)葛(村)路，是百葛桥东侧与北六环平行的下坡路段，长度 200m，路面宽 10m。该路段双方向都有较多重车通过，尤其在坡底是一个由信号灯控制交通的交叉路口(图 5-62)，无论是上坡还是下坡的车辆荷载对路面都是极大的考验，使得路面出现了平整度差、开裂等病害。

本次罩面工程，首先是铣刨 4cm 的原路面，喷洒黏层油，然后加铺 4cm 温拌沥青混合料罩面。考虑到改性沥青 SMA 已经成为北京市广泛应用的道路表面层材料类型，本次试验路尝试采用了温拌改性沥青 SMA。

2)改性乳化沥青温拌 SMA-13 混合料目标配合比设计

(1)材料。

①沥青。以秦皇岛 90 号为基质沥青制作成高浓度乳化沥青，并添加 4.0% 的 SBR 胶乳，以此形成的改性乳化沥青作为胶结料。其主要性能指标，见表 5-25。

图 5-62　百葛路施工前照片

温拌用改性乳化沥青的主要指标　　表 5-25

试样试验项目	秦皇岛 90 号		温拌用乳化沥青残留物	温拌用改性乳化沥青残留物
	基质沥青	薄膜烘箱老化后		
针入度 d(mm)	84.9	52.1	66.2	58.5
5℃延度(cm)	6.9	—	7.2	42.6
10℃延度(cm)	97.2	88	>100	>100
15℃延度(cm)	>100	82	>100	>100
软化点(℃)	49.6	54.2	50.9	60.3

②粗集料。粗集料为张家口玄武岩,各项指标测试结果见表 5-26。

粗集料力学指标　　表 5-26

指　　标		试　验　值	规范要求
石料压碎值(%)		10.8	≤26
洛杉矶磨耗值(%)		11.3	≤28
毛体积密度(g/cm³)		2.845	≥2.600
吸水率(%)		1.32	≤2.0
水洗法<0.075mm 颗粒含量(%)		0.2	≤1
针片状颗粒含量(%)	>9.5mm	4.8	≤12
	<9.5mm	6.1	≤18
坚固性(%)		4	≤12

③细集料。细集料为华创公司生产的机制砂,性能指标见表 5-27,都满足规范要求。

细集料性能　　表 5-27

指　　标	试　验　值	技术要求
毛体积密度(g/cm^3)	2.804	≥2.500
坚固性(%)	2	≤12
砂当量(%)	77	≥60

④矿粉。矿粉在沥青混合料中的作用至关重要，SMA 的填料必须使用磨细的石灰石粉，其各项指标检测结果见表 5-28，均满足规范要求。

矿粉的技术指标　　表 5-28

项　　目		试验结果	技术要求
视密度(g/cm^3)		2.753	≥2.5
含水率(%)		0.42	≤1
粒度范围(%)	<0.6mm	100	100
	<0.15mm	96.5	90～100
	<0.075mm	82.0	75～100
外观		符合要求	无团粒结块
亲水系数		0.6	<1
塑性指数(%)		2.2	<4

⑤纤维稳定剂。试验采用的纤维为国产的松散木质素纤维，剂量为沥青混合料的 0.3%。其性能检测指标，见表 5-29。为了提高纤维投放效率及分散效果，在沥青混合料生产中，纤维由专用的纤维投放设备直接投入拌和机。

木质素纤维的质量检测结果　　表 5-29

指　　标	试验结果	技术要求
灰分含量(%)	20.4	≤18±5
pH 值	7.2	7.5±1.0
吸油率(%)	5.83	≥纤维质量的 5 倍
含水率(%)	2.6	≤5

(2)矿料级配设计。选择 SMA-13 级配。调整各矿料配合比例，设计出 3 组不同粗细的初试级配，分别称为甲级配、乙级配、丙级配，见表 5-30。矿料级配曲线，见图 5-63。

矿料级配 表 5-30

方孔筛(mm)		各档掺配的通过率(%)				合成通过率(甲、乙、丙)(%)
		甲级配	乙级配	丙级配	矿粉	
16		100.00	100.01	100.01	100.00	100.00
13.2		94.38	94.38	94.38	100.00	95.00
9.5		57.87	57.87	57.87	100.00	62.50
4.75		14.61	17.98	21.35	100.00	24(27、30)
2.36		10.67	10.67	10.67	100.00	20.50
1.18		8.99	8.99	8.99	100.00	19.00
0.6		5.62	5.62	5.62	100.00	16.00
0.3		2.25	2.25	2.25	99.96	13.00
0.15		0	0	0	99.30	10.92
0.075		0	0	0	82.97	9.13
掺配比例(%)	甲级配	89			11	
	乙级配		89		11	
	丙级配			89	11	

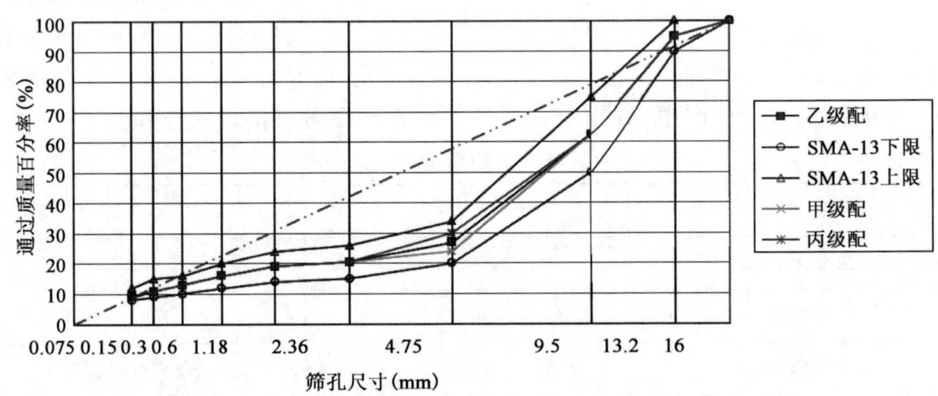

图 5-63 矿料级配曲线

(3)设计级配的选择。根据经验,以 6.0%为初试油石比,按三个级配马歇尔击实成型试件,并分别测定其最大理论密度(真空法),各体积参数汇总于表 5-31。

不同级配试打试件的矿料间隙率等指标的确定　　表 5-31

级　配	甲级配	乙级配	丙级配
粗集料骨架的松装间隙率 VCA_{DRC}(%)	41.2	40.9	40.7
试件的松装间隙率 VCA_{mix}(%)	38.1	40.4	42.5
试件的矿料间隙率 VMA(%)	18.0	17.7	17.2
试件的空隙率 VV(%)	5.0	4.5	4.4
试件的有效沥青饱和度 VFA(%)	72.2	74.6	74.6

从表 5-31 可知，3 种级配中除丙级配外，甲、乙级配的 VCA_{mix} 都小于相应的 VCA_{DRC}，说明这些级配都能实现粗集料的嵌挤，而且这两种级配的 VMA 都达到了大于 16.5% 的要求，有足够的间隙可供玛蹄脂填充。与甲级配相比较，乙级配 4.75mm 的通过率较大而同时两者的 VMA 差距不大，故选择乙级配为设计级配。

(4)确定改性乳化沥青温拌 SMA-13 混合料的油石比。乙级配油石比为 6.0% 时试件的空隙率 VV=4.5%，而试件的有效沥青饱和度 VFA=74.6%。偏大的空隙率以及偏小的沥青饱和度说明此时的混合料油石比偏小，需要适当增加沥青用量。分别在油石比为 6.3% 和 6.5% 时试打试件，综合比较油石比为 6.0%、6.3% 和 6.5% 时各试件的体积指标(表 5-32)。

不同油石比时改性乳化沥青温拌 SMA-13 试件的体积参数　　表 5-32

油石比(%)	6.0	6.3	6.5
粗集料骨架的松装间隙率 VCA_{DRC}(%)	40.9	40.9	40.9
试件的松装间隙率 VCA_{mix}(%)	40.36	40.35	40.24
试件的矿料间隙率 VMA(%)	17.70	17.68	17.54
试件的空隙率 VV(%)	4.5	3.6	3.5
试件的有效沥青饱和度 VFA(%)	74.6	79.6	80.1

根据表 4-19，确定油石比为 6.2%，预估试件空隙率 VV=3.8%。以 6.2% 的油石比进行温拌沥青混合料的拌和、马歇尔击实成型，有关技术指标汇总于表 5-33。

改性乳化沥青温拌 SMA-13 混合料技术指标　　表 5-33

指　标	结果	规范要求
油石比(%)	6.2	—
试件空隙率 VV(%)	4.0	3～4
矿料间隙率 VMA(%)	17.7	≥17.0
试件饱和度 VFA(%)	77.4	75～85
粗集料间隙率 VCA_{mix}(%)	40.3	$VCA_{mix}<VCA_{DRC}$，$VCA_{DRC}=40.9$

由表 5-33 可知，按照 6.2% 的油石比和 138℃ 的温度所成型的试件，其

VCA_{mix}、VMA、VV 和 VFA 等各项体积参数都符合现行热拌沥青混合料技术规范要求。

(5)配合比设计检验。改性乳化沥青温拌 SMA 混合料配合比设计的析漏试验、飞散试验、高温稳定性、水稳定性及渗水情况检验结果,见表 5-34。

改性乳化沥青温拌 SMA-13 混合料目标配合比检验结果 表 5-34

项目		结果	规范要求	试验方法
马歇尔稳定度(kN)		7.5	≥6.0	T 0709
流值(mm)		4.0	—	T 0709
沥青析漏试验的结合料损失(185℃)(%)		0.01	≤0.1	T 0732
飞散试验的混合料损失(20℃)(%)		2.7	≤15	T 0733
车辙试验(60℃) 动稳定度 DS(次/mm)		6 000	≥3 000	T 0719
水稳定性	残留马歇尔稳定度(%)	92.8	≥80	T 0709
	冻融劈裂残留强度比(%)	81.3	≥80	T 0729
渗水系数(mL/min)		60	≤80	T 0730

从表 5-34 可见,改性乳化沥青温拌 SMA-13 混合料的各项指标均符合规范要求,说明该温拌改性乳化沥青混合料配合比设计是合理的。

3)温拌混合料生产

用于温拌沥青混合料的乳化沥青在生产完毕后立即进行混合料生产。本次试验工程的混合料拌制先将乳化沥青泵送到乳化沥青转运车上,然后再泵送到拌和楼中的方法。为避免乳化沥青稠度太大造成泵送困难的情况,将乳化沥青的固含量控制在 65%左右,实测结果为 65.5%。

拌和过程中,乳化沥青加入到拌和锅拌和时瞬间产生大量水汽有可能带走矿粉等细料。为避免此现象,特意尝试在喷入乳化沥青与集料拌和后再加入矿粉。拌和效果证明,温拌混合料拌和均匀,无花白料。

4)温拌混合料施工

路面分两幅摊铺,摊铺设备与方法跟热拌沥青混合料一致。初压采用钢轮压路机碾压两遍,复压为胶轮压路机两遍,终压为钢轮压路机两遍。由于温拌改性 SMA 混合料的摊铺温度与热拌改性 SMA 混合料相比可大大降低,施工现场几乎没有冒青烟现象,见图 5-64。

由于混合料用量不大,加上拌和楼首次生产这类材料,试验路混合料出料温度波动范围大,客观上形成了从 105～140℃的摊铺温度范围。

5)施工后检测

完工后,针对最高和最低的碾压温度位置进行了钻芯取样测密度以及其他

a)

b)

图 5-64　改性乳化沥青温拌 SMA 混合料施工

的工后检测。测试结果见表 5-35。

改性乳化沥青温拌 SMA-13 混合料试验段的现场测试结果　　表 5-35

项　目	试验段的现场测试结果		目标值/典型值或 SMA 热拌规范要求值
点位	A	B	
摊铺温度(℃)	105	145	＞160
摊铺厚度(cm)	3.1	3.1	4.0(目标值)
构造深度(mm)	0.8	0.7	≥0.50
摆值(BPN)	71	64	≥45
渗水系数(mL/min)	85	159	＜200
空隙率(%)	6.5	6.5	4.0(目标值)
压实度(%)	93.5	93.5	≥94

从表 5-35 中可以看出，路面的构造深度和摆值远高于规范要求。尽管使用了胶轮压路机进行复压，表面构造深度仍然处于理想的水平，表明操作温度降低后，胶结料黏度也已经增高到不会在胶轮作用下被提浆的水平，因而在温拌条件下可以大胆采用胶轮。

此外，温拌 SMA 混合料在 105℃和 145℃下摊铺碾压后压实度结果接近，可能有两个方面原因：一是温拌沥青混合料由于有润滑结构的作用，在正常碾压温度下碾压效果对混合料温度较不敏感；二是过高的拌和温度条件下水分过分损失，可能导致水膜润滑结构形成不充分，也会影响碾压效果。换句话说，过高的出料温度，对于温拌沥青混合料的压实效果，反而可能是有害的。

由于本次铺筑过程的碾压遍数偏少，参照热拌及以前温拌混合料的施工，认为碾压功不够是导致混合料空隙率略偏大主要因素。

6)本试验路小结

(1)改性乳化沥青温拌 SMA 混合料，显著降低了混合料的拌和温度和施工温度，显著降低了污染物排放，改善了施工条件。

(2)采用现行规范的混合料设计方法，可以设计出合格的改性乳化沥青温拌SMA混合料，其各项技术指标可以满足规范要求。

(3)在一定的温度范围内，温拌混合料的拌和及施工温度不会对路面技术指标产生显著影响。

(4)应使用胶轮压路机进行碾压，加大搓揉碾压作用，确保路面密实。

5.3.3 青海德令哈市纬七路温拌AC-16沥青混合料试验路

1)试验路概况

德令哈市是海西蒙古族藏族自治州州府所在地，是全州政治、教育、科技、文化中心，也是海西东部经济区中心。德令哈市纬七路为德令哈市规划路网中的一条市政主干道，建成通车后将成为连接315国道与德令哈市的一条主要道路。囿于施工工期限制，纬七路路面下面层的铺筑工作预计在气温较低的11月中旬进行。在此气温条件下若采用普通热拌沥青混合料，压实存在困难，往往造成空隙率偏大，影响路面后期的使用性能。在此背景下决定将沥青温拌技术应用于该路面沥青面层中，降低压实难度，改善压实效果，以保证路面的摊铺质量。

本次工程实施位置位于下面层，路面结构厚度为7cm，AC-25级配，采用克拉玛依AH-110重交通石油沥青。路段全长700m，桩号位置为K2＋160～K1＋460，北部半幅8m摊铺，合计铺筑温拌沥青混合料1 000t(摊铺面积约10 000m^2)。

2)浓缩液法温拌AC-16沥青混合料的设计

试验段下面层采用AC-25型混合料，粗细集料均为鹅卵石破碎而成，采用克拉玛依AH-110沥青，采用美德维实伟克公司提供的浓缩液法温拌添加剂。

集料的筛分结果及目标级配，如表5-36所示。

纬七路目标级配表　　表5-36

孔径(mm)	0～5mm	5～10mm	10～20mm	20～40mm	矿粉	目标级配	规范范围		
	35.0	25.0	20.0	15.0	5.0		下限	上限	中值
31.5	100.0	100.0	100.0	100.0	100.0	100.0	100	100	100
26.5	100	100.0	95.1	67.0	100.0	94.1	90	100	95.0
19.0	100	100.0	51.7	24.0	100.0	78.9	75	90	82.5
16.0	100.0	100.0	26.7	15.3	100.0	72.6	65	83	74

续上表

孔径(mm)	0～5mm	5～10mm	10～20mm	20～40mm	矿粉	目标级配	规范范围		
	35.0	25.0	20.0	15.0	5.0		下限	上限	中值
13.2	100.0	94.6	2.1	3.1	100.0	64.5	57.0	76.0	66.5
9.5	100.0	63.0	0.0	0.4	100.0	55.8	45.0	65.0	55.0
4.75	92.0	4.8	0.0	0.0	100.0	38.4	24.0	52.0	38.0
2.36	69.2	0.5	0.0	0.0	100.0	29.4	16.0	42.0	29.0
1.18	55.6	0.0	0.0	0.0	100.0	24.5	12.0	33.0	22.5
0.6	43.0	0	0.0	0.0	100.0	20.1	8.0	24.0	16.0
0.3	23.0	0	0.0	0.0	100.0	13.1	5.0	17.0	11.0
0.15	14.3	0	0.0	0.0	100.0	10.0	4.0	13.0	8.5
0.075	1.5	0	0.0	0.0	89.3	5.0	3.0	7.0	5.0

采用上述 AC-25 型级配，针对本次采用 AH-110 普通重交通沥青，确定温拌沥青混合料设计过程中各个阶段温度控制，如表 5-37 所示。

AH-110 普通重交通沥青温拌成型温度控制表 表 5-37

试验阶段	热拌	温拌
集料加热温度(℃)	150	150
沥青加热温度(℃)	155～165	155～165
沥青混合料出料温度(℃)	140～150	130～145
保温温度(℃)	—	110～120(保温时间 1h)
压实成型温度(℃)	140～150	105～115

按照规范要求，分别采用 3.7%、4.0%、4.3%和 4.6%四个油石比，进行马歇尔试验，试验结果如表 5-38 所示。

马歇尔体积指标 表 5-38

油石比(%)	毛体积相对密度	理论相对密度	VV(%)	VMA(%)	VFA(%)	稳定度(kN)	流值(mm)
3.7	2.376	2.538	6.5	14.5	55.2	6.9	2.1
4.0	2.394	2.525	5.2	13.7	62.0	6.8	1.8
4.3	2.410	2.513	4.1	13.5	69.6	7.1	2.4
4.6	2.419	2.499	3.2	13.1	75.6	6.6	3.2
规范要求	—	—	4～6	≥12	55～70	≥5	—

按照规范方法，确定最佳油石比为4.3%。性能试验结果见表5-39、表5-40，均满足规范要求。

冻融劈裂试验结果 表5-39

类　型	TSR(%)	规范要求(%)
AC-25	86.4	≥75.0

浸水马歇尔试验结果 表5-40

类　型	残留稳定度 S_0(%)	规范要求(%)
AC-25	96%	≥85.0

3)温拌沥青混合料生产及施工

本次试验路拌和混合料1 000t。现场沥青混合料拌和时，先加入集料，干拌2s后，沥青和矿粉同时喷入。温拌浓缩液在沥青开始喷洒后延时2s开始喷入，根据喷洒量，调整喷洒设备的压力，使得温拌浓缩液喷入时间控制在8～10s以内。温拌混合料拌和及压实温度，见表5-41。温拌沥青混合料拌和生产现场，见图5-65。

温拌AC-25普通沥青混合料的拌和温度 表5-41

施工工序	要求温度(℃)	拌和楼实际控制温度(℃)
沥青加热温度	145～155	150
石料加热温度	135～145	135
沥青混合料出料温度	120～135	125
混合料摊铺温度，不低于	110	115
初压温度，不低于	105	107～115
复压温度，不低于	85	85～100
终压温度，不低于	60	64～90

注：考虑到本次为低温施工环境，且保证沥青混合料的裹覆性，本次出料温度在室内成型温度的基础上进行了拔高，以便于在运输及摊铺环节中沥青混合料有适当的降温空间，而不影响后续压实环节。

a)

b)

图5-65　温拌沥青混合料拌和生产现场

4)温拌沥青混合料的碾压

为保证压实度和平整度,初压应在混合料不产生推移、开裂等情况下,尽量在摊铺后较高温度下进行。由于市政施工条件的限制,本次施工采用1台初压钢轮、1台胶轮、1台终压钢轮,钢轮吨位为10t、胶轮吨位为16t。施工情况,见图5-66。压路机碾压组合、遍数及碾压温度范围如表5-42所示。

a)

b)

图5-66 温拌沥青混合料摊铺碾压现场

压路机碾压组合、遍数及碾压温度 表5-42

压路机类型	初压		复压		终压	
	适宜	最大	适宜	最大	适宜	最大
钢轮压路机(13~16t)	1~2遍(振动压实)	2遍(振动压实)	—	—	2~3(静压)	3(静压)
胶轮压路机(30t)	—	—	4~5遍	6遍	—	—

5)温拌沥青混合料的工后检测

试验路全长700m,桩号位置为K2+160~K1+460,全长共钻取温拌试验路芯样6个,此外在K1+440处及K1+240处分别钻取热拌芯样2个。由温拌芯样外观看,路面密实,粗集料分布均匀,见图5-67。检测情况见图5-68,压实度检测结果见表5-43,混合料路面渗水系数试验结果见表5-44。

温拌及热拌混合料压实度检测结果 表5-43

类型	桩号位置	实测密度	理论密度	压实度(%)	备注
温拌	K1+470	2.352	2.513	93.6	占最大理论密度的比例
	K1+600	2.377		94.6	
	K1+800	2.382		94.8	
	K2+140	2.375		94.5	
热拌	K1+240	2.299		91.5	开始生产,出料温度低,初压温度低于140℃
	K1+440	2.347		93.4	

a)温拌芯样

b)热拌芯样

图 5-67 温拌及热拌沥青芯样

a)

b)

图 5-68 工后检测

路面渗水系数试验结果(mL/min) 表 5-44

混合料类型	桩号	平均
温拌	K1＋470	137
	K1＋600	100
	K1＋800	78
	K2＋140	45
热拌	K1＋240	＞400
	K1＋440	120

由表 4-69 可知，相比于普通热拌沥青混合料，温拌混合料在摊铺温度大幅度降低的情况下，其压实度仍和热拌混合料相当。其中，热拌沥青混合料在 K1＋240 处由于生产伊始，出料温度稍微偏低，混合料初压温度只有 132℃时，压实度不能满足规范要求。

除 K1＋240 该点外，温拌与热拌混合料的渗水系数基本相当，均远小于规范中普通沥青混凝土路面渗水系数小于 300mL/min 的要求。

6)本试验路小结

(1)温拌普通沥青混合料在120～130℃的出场温度条件下，压实度能达到热拌沥青混合料的效果。

(2)温拌混合料在较低温度条件下仍具有良好的压实工作性，较热拌混合料具有更长的碾压时间，可以提高低温施工条件下沥青混合料的压实性能。

(3)温拌混合料和热拌混合料路面相比，温拌与热拌混合料的渗水系数相当，均远小于规范中普通沥青混凝土路面渗水系数小于300mL/min的要求。

(4)采用温拌技术可以降低沥青混合料施工温度30℃以上，可以在较低气温条件下施工，且压实效果能达到热拌沥青混合料的性能，从而延长施工季节。

5.3.4 北京市太阳宫南街温拌双改性试验路及在长安街主路的应用

1)试验路概况

太阳宫南街试验段是北京市朝阳区内位于东北三环与东北四环的改建道路。路面结构：基层为50cm厚的二灰砂砾；下面层为7cm厚的粗粒式热拌沥青混合料AC-25；中面层为5cm厚的中粒式沥青混凝土AC-20；上面层为4cm厚的温拌改性沥青混合料SMA-13。该路规划为城市主干路，交通主要以小轿车和公交车为主。该路段全长约900m，主路路面宽度30m，其中主路上面层的半幅铺筑浓缩液法温拌改性沥青混合料SMA-13，混合料总重近1 250t。需要特别说明的是，该改性沥青采用的是SBS改性沥青和湖沥青共同改性，因此将该混合料简称温拌双改性沥青混合料SMA-13。将温拌技术与双改性的沥青混合料相结合，可有效降低双改性沥青混合料的施工温度，解决常规双改性沥青混合料出料温度过高、烟气过大的问题。

2)浓缩液法温拌双改性沥青混合料SMA-13的设计

(1)集料和级配。集料中4.75mm及其以上颗粒为玄武岩，其余为石灰岩，纤维用量为0.3%，混合料的级配按照现行规范《公路沥青路面施工技术规范》(JTJ F40—2004)的中值来控制，具体如表5-45和图5-69示。

SMA-13混合料所用级配形式 表5-45

方孔筛(mm)	通过率(%)		
	设计级配	规范SMA-13型	
		下限	上限
16	100	100	100
13.2	95	90	100

续上表

方孔筛(mm)	通过率(%)		
	设计级配	规范 SMA-13 型	
		下限	上限
9.5	62.5	50	75
4.75	27	20	34
2.36	20.5	15	26
1.18	19	14	24
0.6	16	12	20
0.3	13	10	16
0.15	12	9	15
0.075	10	8	12

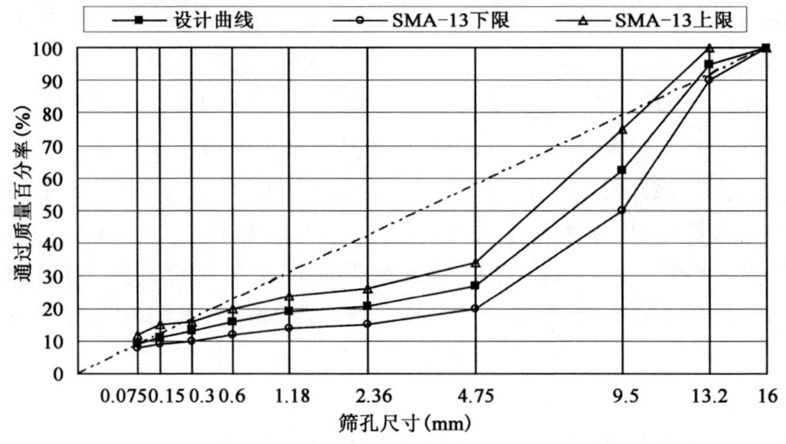

图 5-69　SMA-13 混合料级配图示

(2)双改性沥青。胶结料采用湖沥青和 SBS 改性沥青掺配而成,其掺配比例为 1∶3。对试验中所用双改性沥青进行了各项指标测试,结果见表 5-46。

双改性沥青性能指标检测结果　　表 5-46

检测项目	实测值	试验方法
针入度(5s,100g,25℃)(0.1mm)	42.4	T 0604
针入度指数	−0.95	—
延度 25℃(cm)	123.2	T 0605
软化点 $T_{R\&B}$(℃)	76.6	T 0606
闪点(COC)(℃)	253	T 0611

续上表

检测项目	实测值	试验方法
弹性恢复 25℃(%)	84.0	T 0662
布氏旋转黏度 135℃(Pa·s)	1.462	T 0625
沥青薄膜烘箱试验 TFOT		
质量损失(%)	−0.32	T 0609
针入度比(%)	85.3	T 0604
延度 25℃(cm)	96.7	T 0605
延度 15℃(cm)	15.7	T 0605

由表 5-46 可见,采用湖沥青和 SBS 改性沥青按 1∶3 的比例复合而成的双改性沥青的具有较好的高温性能,软化点达到 76.6℃。

(3)浓缩液添加剂。采用 MeadWestvaco 公司的原料按一定配方配制而成。浓缩液的用量为浓缩液∶双改性沥青=1∶9。

(4)油石比和出料温度。选取 6.8%为该浓缩液法温拌双改性沥青混合料 SMA-13 的试验油石比。以前述的方法拌和、养生温拌双改性沥青混合料,变化不同的出料温度,采用旋转压实仪(SGC)成型试件,分别测试各个出料温度下试件的空隙率,结果见表 5-47。

不同出料温度下试件的空隙率 表 5-47

出料温度(℃)	145	130	115
空隙率(%)	2.9	3.7	4.2

根据表 5-47 结果,选取 130℃作为出料温度拌制温拌双改性沥青混合料 SMA-13。

(5)油石比和混合料性能的确定。按照上述确定 130℃的出料温度,拌和并成型试件(旋转压实仪 SGC、轮碾机),测试相关试件的各项结果,汇总于表 5-48、表 5-49。

浓缩液法温拌双改性沥青混合料 SMA-13 技术指标 表 5-48

指标	结果	JTG F40—2004 规范要求
油石比(%)	6.8	—
试件空隙率(%)	3.7	3~4
试件饱和度 VFA(%)	79.0	75~85
矿料间隙率 VMA(%)	17.6	>17

浓缩液法温拌双改性沥青混合料 SMA-13 的性能检验 表 5-49

检测项目	马歇尔稳定度(kN)	浸水马氏残留稳定度(%)	TSR(%)	动稳定度(次/mm)	谢伦堡析漏损失(%)	肯塔堡飞散损失(%)	渗水系数(mL/min)
结果	9.0	98.8	85.4	9 002	0.04	2.6	基本不透
要求	≥6.0	≥80	≥80	≥3 000	≤0.1	≤15	≤80

根据表 5-48 和表 5-49 的结果可见，该浓缩液法温拌双改性沥青混合料 SMA-13 的高温和抗水损害性能都很好，其他各项性能指标也都可满足现行规范要求，该温拌双改性沥青混合料采用 6.8%的油石比是合理的。

3)温拌沥青混合料生产

按照上述的混合料配合比及温度控制情况进行浓缩液法温拌双改性沥青混合料的生产。考虑到这是首次铺筑温拌双改性沥青混合料并且从拌和厂到摊铺现场较远的运距，混合料出料温度在室内试验的基础上略有提高，该温拌双改性沥青混合料的出料温度控制在 135～145℃。从出料情况看，混合料裹覆均匀，出料时的烟气比较小。

4)温拌沥青混合料施工和工后检测

试验路段的摊铺、碾压以及施工过程中的温度控制情况，见表 5-90。完工后检测了路面的抗滑性能和渗水系数，并钻芯取样检测其压实度，检测结果也列入表 5-50。施工过程分别见图 5-70～图 5-72，完工芯样情况图 5-73。

浓缩液法温拌双改性沥青混合料 SMA-13 试验段的施工及完工检测结果 表 5-50

测 试 项 目	现 场 检 测	规范要求/目标值
典型出料温度(℃)	140	135～145
典型摊铺温度(℃)	131	125～135
摊铺厚度(cm)	3.7	4.0±0.4
构造深度(mm)	0.62	≥0.50
摆值(BPN)	55	≥45
渗水系数(mL/min)	57	<200
压实度(%)	95.4	≥94

图 5-70　温拌双改性混合料的摊铺

图 5-71　温拌双改性混合料的碾压

图 5-72　温拌双改性混合料温度控制

图 5-73　温拌双改性混合料完工后芯样

本次试验段施工过程中采用胶轮压路机进行复压，路面的压实度为最大理论密度的 95.4%，大于现行施工规范要求的 94%，这说明该混合料还是比较容易碾压的。另外，路面的构造深度和摆值都满足规范要求并且渗水系数也较小，表明该温拌双改性沥青混合料路面既有很好的抗滑性能也有很好的密水性。

5)本试验路小结

(1)本次试验路的浓缩液法温拌双改性沥青混合料 SMA-13 的出料温度降低到 140℃左右时，混合料拌和均匀、裹覆良好；与常规的双改性沥青混合料相比降温 40℃左右。

(2)完工后现场检测表明，浓缩液法温拌双改性沥青混合料的压实及抗滑等各项性能完全可满足现行规范要求。

6)温拌双改性沥青混合料在长安街主路上的应用

本试验路的成功铺筑为温拌双改性沥青混合料在长安街的应用奠定了基础，在总结太阳宫南街应用经验的基础上，将温拌双改性沥青混合料技术应用到了长安街大修工程中。施工路段位于海关总署到建国门路中间的南侧主路上，共计铺筑了温拌双改性沥青混合料近千吨。施工的当晚，热拌和温拌的双改性沥青混合料先后铺筑，通过对比可发现温拌双改性沥青混合料降低混合料的出料温度40℃以上，显著减少了施工现场的烟气，改善了工人的施工条件。

有关施工时的情况，见图4-74、图4-75。

图5-74　温拌双改性混合料在长安街摊铺

图5-75　温拌双改性混合料在长安街的碾压

5.3.5　河北张承高速草帽山隧道试验路及相关应用

1)试验路概况

草帽山隧道位于张家口—承德高速公路的起始位置，该工程为新建项目，其交通量预计在沥青路面设计使用年限内达到28 594小客车/日。张承高速长隧道较多，为保证隧道内铺装沥青混合料时的施工安全以及完工后隧道道面的工程质量，选择草帽山隧道尝试应用温拌混合料技术。

草帽山隧道全长1 505m，为双线分离式隧道，道面的结构方案为24cm的水泥混凝土上加铺10cm的温拌沥青混合料面层。该沥青面层包括6cm的中粒式改性沥青混合料AC-16(下面层)和4cm的细粒式改性沥青混合料AC-13(上面层)。在此以温拌沥青混合料在下面层中的设计和施工为例，介绍温拌混合料技术在张承高速隧道中的应用情况。

2)浓缩液法温拌改性AC-16沥青混合料的设计

(1)集料和级配。综合考虑到该路段为交通量大以及中、重型货车占相当比重的特点，采用如表5-51和图5-76所示的级配进行混合料配合比的设计。

AC-16混合料所用级配形式　　表5-51

方孔筛(mm)	设计通过率(%)	规范AC-16		
		中值(%)	下限(%)	上限(%)
19	100	100	100	100
16	97.4	95	90	100
13.2	88.6	84	76	92

续上表

方孔筛(mm)	设计通过率(%)	规范 AC-16		
		中值(%)	下限(%)	上限(%)
9.5	68.2	70	60	80
4.75	45.9	48	34	62
2.36	36.1	34	20	48
1.18	20.9	24.5	13	36
0.6	15.3	17.5	9	26
0.3	10.7	12.5	7	18
0.15	9.1	9.5	5	14
0.075	7.2	6	4	8

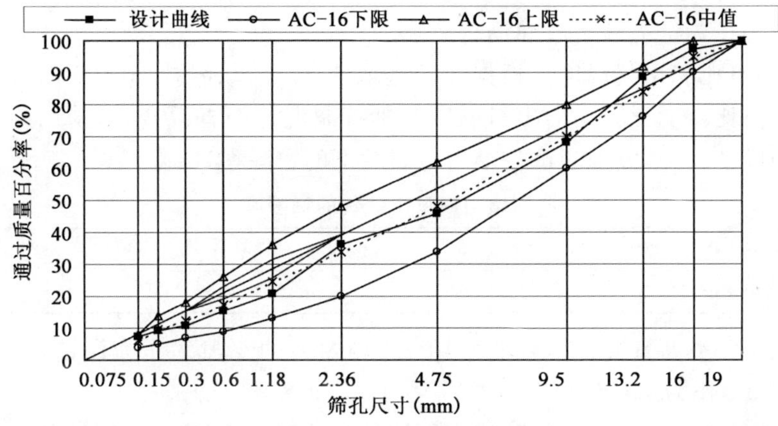

图 5-76 AC-16 混合料级配图示

该混合料的类型为 AC-16 型，公称最大粒径为 16mm，用以分类的关键筛孔为 2.36mm。因为该筛孔的通过率为 36.1%，小于 38%，所以这种级配属于粗型密级配，即 AC-16C 型。

(2)改性沥青。本次混合料目标配合比设计胶结料采用的是 SBS 成品改性沥青，对该沥青各项指标进行测试，结果见表 5-52。

SBS 改性沥青检测结果 表 5-52

项　　目	试验结果	I-C 技术要求	试验方法
针入度(100g,5s,25℃)(0.1mm)	73.2	60～80	T 0604
针入度指数 PI	0.15	≥−0.4	T 0604
延度(5℃)(cm)	44.5	≥30	T 0605
软化点 TR&B(℃)	73.7	≥55	T 0606

续上表

项　　目	试验结果	I-C 技术要求	试验方法
运动黏度(135℃)(℃)	1.5	≤3	T 0625
闪点 (COC)(%)	247	≥230	T 0611
弹性恢复(25℃)(cm)	84	≥65	T 0662
沥青薄膜烘箱试验 TFOT 后残留物			
质量损失(%)	−0.14	绝对值≤1.0	T 0610
针入度比(25℃)(%)	70.2	≥60	T 0604
延度(5℃)(cm)	25.7	≥20	T 0605

由表 5-52 中可见，该 SBS 改性沥青的上述各项技术指标符合《公路沥青路面施工技术规范》(JTG F40—2004)中聚合物改性沥青 I-C 的技术要求。

(3)浓缩液添加剂。采用 MeadWestvaco 公司的原料按一定配方配制而成。浓缩液的用量为浓缩液：改性沥青＝1：9。

(4)油石比和出料温度。根据经验选取 4.7%为该温拌 AC-16 沥青混合料的初试油石比。变化不同的出料温度分别拌制温拌沥青混合料，采用旋转压实仪(SGC)成型试件，分别测试各个出料温度下的空隙率，结果见表 5-53。

不同出料温度下试件的空隙率　　　　表 5-53

出料及养生温度(℃)	145	135	125
空隙率(%)	3.5	4	4.4

按照 AC 类沥青混合料一般常用 4.0%左右的空隙率作为设计目标，在此就选取 135℃作为出料温度。

(5)油石比和混合料性能的确定。按照上述确定 135℃的出料温度，拌和并成型温拌沥青混合料试件(旋转压实仪 SGC、轮碾机)，测试相关试件的各项性能，见表 5-54。

浓缩液法温拌 AC-16 沥青混合料技术指标　　　　表 5-54

指　　标	结　　果	JTG F40—2004 规范要求
油石比(%)	4.7	—
试件空隙率(%)	4.0	3～5
试件饱和度 VFA (%)	71.6	65～75
矿料间隙率 VMA(%)	14.1	≥13.5

张承高速一期沥青路面使用性能气候分区为 2-2-3，即夏热—冬寒—半干区。按 4%的空隙率进行混合料设计，依照《公路沥青路面施工技术规范》(JTG F40—2004)要求，AC-16 型混合料的 VMA 应该不小于 13.5%，沥青饱和度

VFA 介于 65%～75%。由表 5-54 可知，试件体积参数满足现行规范要求。

温拌混合料的性能检验结果列于表 5-55 中，同时为了方便对比，也将同样条件下热拌沥青混合料的性能检验结果也列于表中。

温拌 AC-16 沥青混合料的性能检验 表 5-55

检测项目	马歇尔稳定度(kN)	流值(mm)	浸水马氏残留稳定度(%)	TSR(%)	动稳定度(次/mm)	渗水系数(mL/min)
温拌 AC-16	9.8	3.7	96.0	95.0	6 386	0
热拌 AC-16	10.4	3.6	82.5	90.5	6 618	0
规范要求	≥8	2～4	≥80	≥75	≥2 400	≤120

根据表 5-54 和表 5-55 的结果可见，选用 4.7%的油石比该温拌 AC-16 混合料的各项性能指标都可满足现行规范要求。另外，与热拌 AC-16 沥青混合料的性能指标进行比较，相应温拌沥青混合料完全可达到热拌沥青混合料的性能。

3)温拌沥青混合料生产

按照上述的混合料配合比及温度控制情况进行温拌沥青混合料的生产配合比的确定及验证。

根据经验，在生产时适当增加了部分粉料的量以弥补细料的损失。通过对混合料的抽提后所得矿料的筛分，试验结果表明最终混合料的级配与生产配合比几乎完全一样，混合料的级配控制比较理想。

温拌沥青混合料出料后可见，混合料拌和均匀、裹覆良好，无花白料也无冒青烟的现象。混合料的出料温度控制在 140℃±5℃。

4)温拌沥青混合料施工和工后检测

试验路段的摊铺、碾压以及施工过程中的温度控制情况，见表 5-56。完工后检测了路面的渗水系数，并钻芯取样检测其压实度，检测结果也列入表中。施工过程情况分别见图 5-77、图 5-78。

温拌 AC-16 沥青混合料路面的施工及完工检测结果 表 5-56

测试项目	左侧隧道	右侧隧道	规范要求/目标值
典型出料温度(℃)	141	140	135～145
典型摊铺温度(℃)	135	132	125～135
渗水系数(mL/min)	0	0	<300
压实度(%)	93.9	93.8	≥92

路段的铺筑及分析：本工程的铺筑是在 6 月上旬，隧道内道面及空气温度均为 18℃左右。总体来看，混合料温度控制在目标范围内，混合料所排放的烟气非常少，极大改善了施工人员的工作环境，完工后的各项指标也达到了预期值并

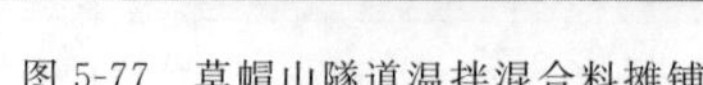

图 5-77　草帽山隧道温拌混合料摊铺

图 5-78　草帽山隧道温拌混合料碾压

满足规范要求。

本工程共配置 5 台压路机进行压实，包括 2 台初压钢轮压路机、2 台复压胶轮压路机、1 台终压钢轮压路机。碾压工艺具体为：

(1)初压 2 遍，选择 13.3t 双钢轮振动压路机振动压实。第 1 遍前进时采用静压，其他采用振压。

(2)复压 2～4 遍，采用 30t 胶轮压路机。

(3)终压 2 遍，选择 13.3t 双钢轮振动钢轮压路机，采用振、静结合方式，收光采用静压。

5)本试验路小结

(1)室内试验表明该浓缩液法温拌 AC-16 改性沥青混合料的性能完全可达到相应热拌沥青混合料的性能，并满足规范要求。

(2)草帽山隧道下面层的温拌 AC-16 改性沥青混合料的出料温度可降到 140℃左右，混合料拌和均匀、裹覆良好，大大改善了施工环境。

(3)完工后现场检测表明，该温拌沥青混合料的压实及渗水等各项性能完全可满足规范要求。

5.3.6　温拌沥青路面路用性能跟踪检测

为了更有效评价温拌沥青路面的使用性能，对已经使用 3～5 年的部分温拌沥青路面进行了现场检测。检测里程统计，见表 5-57。

总体检测里程统计表　　表 5-57

检测路线	混合料铺筑时间	起始位置(桩号)	终止位置(桩号)	检测里程(m)	备　注
红坊路	2007 年	红方路口	小红门东路	1 000	单向
采石南路	2008 年	太平路	莲石东路	600	双向
太阳宫南街	2009 年	太阳宫中路	西坝河路	920	双向

续上表

检测路线	混合料铺筑时间	起始位置(桩号)	终止位置(桩号)	检测里程(m)	备　　注
G1 京哈(原京沈)高速公路	2009—2010 年	K8+500	K18+500	20 000	双向
G6 京藏(原八达岭)高速公路	2009	K27+500	K28+000	500	单向
		K29+000	K30+000	1 000	单向
合计	—	—	—	24 020	—

现场检测和数据处理依据《公路路基路面现场测试规程》(JTG E60—2008)、《公路工程质量检验评定标准　第一册　土建工程》(JTG F80/1—2004)、《公路技术状况评定标准》(JTG H20—2007)进行,检测分析指标包括:

1)路面破损

路面破损率为各种路面损坏的折合损坏面积之和与路面调查面积之比,是用于评价路面病害的综合性指标,包含了路面裂缝、坑槽等 11 种类型的病害。本次检测采用路面破损综合检测车,该设备能够在不影响正常交通的情况下一次性完成路面损坏状况的监测工作,配套软件可以自动进行数据处理,最终以路面破损率提供检测结果,其检测设备见图 5-79。

图 5-79　路面破损综合检测车

检测数据可以 10m 段长存储,以满足路面管理系统数据存储的需要及养护设计工作的需要。计算方法如下:

$$路面损坏\ PCI=100-a_0\times DR^{a_1}$$

式中:DR——路面破损率,为各种损坏的折合损坏面积之和与路面调查面积百分比。

沥青路面:$a_0=15.00$;$a_1=0.412$。

2)平整度、构造深度

平整度是路面行驶舒适性评价的重要依据,在路面使用性能指数 PQI 的计算公式中,该指标权重达到 0.4(权重和为 1),可见其重要性。同时,平整度也是路面使用性能的综合体现,是路面破损和强度检测的重要补充。构造深度主要用于评定路面表面的宏观粗糙度、排水性能及抗滑性能。本次平整度与构造深度检测采用激光断面仪,连续检测路面国际平整度 IRI 及构造深度 SMTD,样本输出频率为每 20m 输出一次。检测设备见图 5-80。

平整度评价计算方法依据《公路技术状况评定标准》(JTG H20—2007)及《公

路沥青路面养护技术规范》(JTJ 073.2—2001)之规定。计算方法如下：

$$RQI=\frac{100}{1+a_0 e^{a_1 IRI}}$$

式中：RQI——行驶质量指数；

IRI——国际平整度指数，m/km；

$a_0=0.0185$；

$a_1=0.58$。

3)路面车辙

路面车辙是沥青路面在车辆轮载的长期作用下形成的辙槽。严重车辙的存在不仅对行车安全构成严重威胁，同时雨季容易积水，加速路面损坏。通过对全线车辙的调查，对于车辙较为严重的路段，可以在养护设计中对其进行特殊设计和处理，保证大修工程完成后路面的整体耐久性。路面车辙仪的最大检测速度不低于 80km/h，检测中连续采样，每 10m 输出一个 RD 值，检测设备见图 5-81。评价计算方法依据《公路技术状况评定标准》(JTG H20—2007)及《公路沥青路面养护技术规范》(JTJ 073.2—2001)之规定，路面车辙深度指数(RDI)计算方法如下：

$$\text{路面车辙 RDI}=\begin{cases}100-a_0 RD & (RD\leqslant RD_a)\\ 60-a_1(RD-RD_a) & (RD_a<RD\leqslant RD_b)\\ 0 & (RD>RD_b)\end{cases}$$

式中：RD——车辙深度，mm；

$RD_a=20mm$；

$RD_b=35mm$；

$a_0=2.0$；

$a_1=4.0$。

图 5-80 激光断面仪

图 5-81 路面车辙仪

路面破损、平整度、构造深度、路面车辙的检测结果见表 5-58～表 5-61 以及图 5-82～图 5-85 所示。

路面破损检测结果 表 5-58

路　　名	检测方向	起始桩号(位置)	终止桩号(位置)	DR(%)	PCI	备注
红坊路	西向东	红方路口	小红门东路	0.26	91.39	主要为横向裂缝
采石南路	北向南	太平路	莲石东路	0.01	97.75	
	南向北	莲石东路	太平路	0.01	97.75	
太阳宫南街	东向西	太阳宫中路	西坝河路	0.27	91.25	主要为横向裂缝
	西向东	西坝河路	太阳宫中路	0.15	93.13	
G1 京哈(原京沈)高速公路	西向东	K8+500	K18+500	0.01	97.75	
	东向西	K8+500	K18+500	0.01	97.75	
G6 京藏(原八达岭)高速公路	进京方向	K27+500	K28+000	0.11	93.96	
		K29+000	K30+000	0.11	93.96	热拌

平整度检测结果 表 5-59

路　　名	检测方向	起始桩号(位置)	终止桩号(位置)	IRI(m/km)	RQI	备注
红坊路	西向东	红方路口	小红门东路	1.80	95.01	
采石南路	北向南	太平路	莲石东路	2.28	93.51	
	南向北	莲石东路	太平路	2.42	93.00	
太阳宫南街	东向西	太阳宫中路	西坝河路	1.48	95.82	
	西向东	西坝河路	太阳宫中路	1.18	96.46	
G1 京哈(原京沈)高速公路	西向东	K8+500	K18+500	1.01	95.23	
	东向西	K8+500	K18+500	1.17	94.73	
G6 京藏(原八达岭)高速公路	进京方向	K27+500	K28+000	0.90	95.54	
		K29+000	K30+000	0.83	95.73	热拌

构造深度检测结果 表 5-60

路　　名	检测方向	起始桩号(位置)	终止桩号(位置)	SMTD(mm)	备注
红坊路	西向东	红方路口	小红门东路	0.64	
采石南路	北向南	太平路	莲石东路	0.80	
	南向北	莲石东路	太平路	0.89	
太阳宫南街	东向西	太阳宫中路	西坝河路	0.94	
	西向东	西坝河路	太阳宫中路	1.00	

续上表

路　　名	检测方向	起始桩号(位置)	终止桩号(位置)	SMTD(mm)	备注
G1 京哈(原京沈)高速公路	西向东	K8＋500	K18＋500	0.95	
	东向西	K8＋500	K18＋500	1.01	
G6 京藏(原八达岭)高速公路	进京方向	K27＋500	K28＋000	0.78	
		K29＋000	K30＋000	0.85	热拌

车辙检测结果　　表 5-61

路　　名	检测方向	起始桩号(位置)	终止桩号(位置)	RD(%)	RDI	备注
红坊路	西向东	红方路口	小红门东路	2.74	94.52	
采石南路	北向南	太平路	莲石东路	1.93	96.14	
	南向北	莲石东路	太平路	2.72	94.56	
太阳宫南街	东向西	太阳宫中路	西坝河路	1.62	96.76	
	西向东	西坝河路	太阳宫中路	1.41	97.18	
G1 京哈(原京沈)高速公路	西向东	K8＋500	K18＋500	0.99	98.02	
	东向西	K8＋500	K18＋500	1.25	97.50	
G6 京藏(原八达岭)高速公路	进京方向	K27＋500	K28＋000	0.87	98.27	
		K29＋000	K30＋000	0.65	98.69	热拌

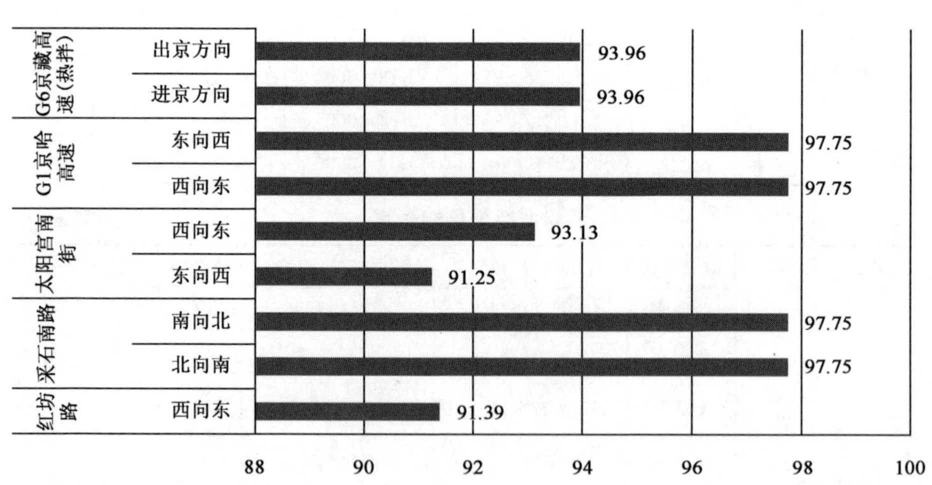

图 5-82　各路段 PCI

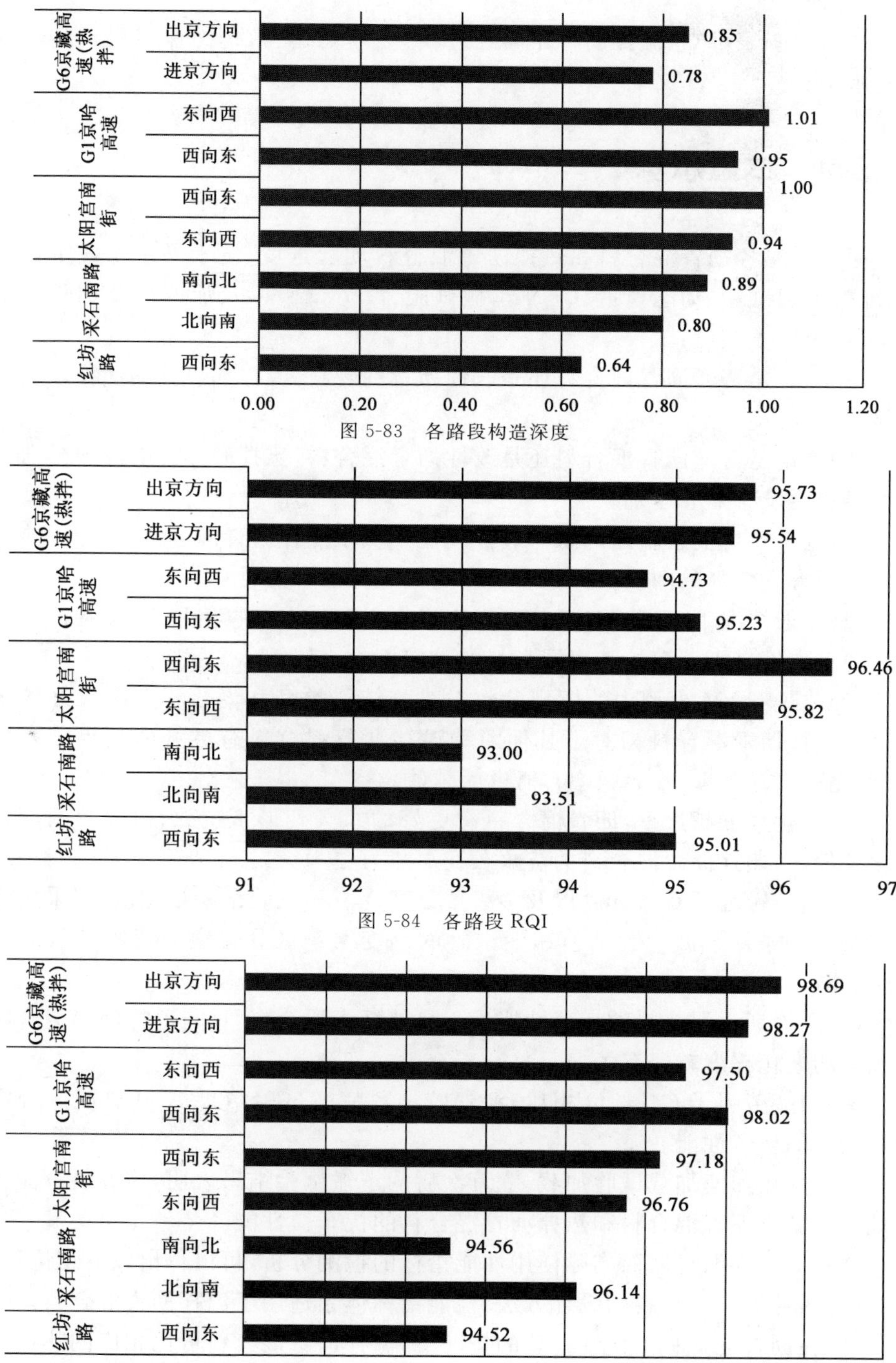

图 5-83　各路段构造深度

图 5-84　各路段 RQI

图 5-85　各路段 RDI

从以上图表可知，温拌沥青路面经过 3～5 年的运营，仍能保持比较良好的服务水平。

5.4 本章小结

通过对温拌沥青混合料和热拌沥青混合料动稳定度、浸水马歇尔残留稳定度、冻融劈裂试验、动态模量、CPN 车辙试验、疲劳试验以及加速加载试验的结果，可得出以下结论：

(1)无论是普通沥青混合料还是改性沥青混合料，温拌和热拌的动稳定度没有显著差别。

(2)无论是普通沥青混合料还是改性沥青混合料，温拌和热拌的浸水马歇尔残留稳定度没有显著差别。

(3)温拌沥青混合料的冻融劈裂强度比不低于热拌沥青混合料，但冻融前后的热拌沥青混合料的间接拉伸强度值略高于温拌沥青混合料。

(4)一般情况下，老化程度越高，沥青混合料的动态模量值越大；热拌沥青混合料的动态模量大于温拌沥青混合料的动态模量。

(5)改进 CAM 模型中的模型参数 f_c 对胶结料类型和老化程度有较好的区分度。热拌沥青混合料相对于其他两种温拌沥青混合料有更低的临界频率数 f_c；老化程度越严重，临界频率 f_c 值也就越低。

(6)老化程度越严重，沥青混合料有更好的永久变形抵抗力；研究中的两种老化条件下，热拌沥青混合料的抗永久变形能力更为突出。

(7)与车辙因子 $G^* / \sin\delta$ 以及多级重复蠕变恢复试验结果相比，建议采用低应力(10Pa)条件下沥青胶结料蠕变试验的蠕变柔量区分普通沥青胶结料的高温性能。

(8)温拌沥青混合料的疲劳性能优于热拌沥青混合料，这与温拌沥青混合料所经受的老化程度较轻有关。

(9)与疲劳因子 $G^{**} \sin\delta$ 相比，沥青胶结料疲劳试验结果 $N50$ 更能区分沥青胶结料的疲劳性能。

(10)采用加速加载试验加载 20 万次后的车辙试验结果表明，该方法不能很好地区分温拌沥青混合料和热拌沥青混合料的抗车辙性能。

通过对温拌沥青路面实际使用性能指标的检测分析，可以得出以下结论：

(1)热拌沥青混合料的设计方法、性能指标体系适用于温拌沥青混合料。

(2)在沥青混合料工作性一致的情况下，温拌沥青混合料可比相应的热拌沥青混合料的成型温度下降 20℃以上，显著降低了污染物排放，改善了施工条件。

(3)温拌沥青混合料的高温稳定性、低温抗裂性和抗水损害性能可满足现行

《公路沥青路面施工技术规范》热拌沥青混合料的技术要求。

(4)使用轮胎压路机进行碾压,有利于保证温拌混合料路面的密水性,降低路面的渗水系数。

(5)温拌沥青混合料现场碾压工艺建议:初压时采用 13t 钢轮振动 2 遍;复压采用 26t 胶轮 4 遍;终压使用 11t 钢轮振动 1 遍,静压 1 遍。

(6)各个试验段经过 3～5 年的通车运营,各路面状况依然良好,无坑洞、剥落、泛油和明显车辙等病害,依然满足使用要求。

6 沥青路面冷再生技术

6.1 技术概述

6.1.1 冷再生技术分类

沥青路面冷再生是相对于沥青路面热再生而言的，它是一种冷态生产、冷态施工的路面再生技术，包括厂拌冷再生、就地冷再生、全深式冷再生三种类型。《公路沥青路面再生技术规范》(JTG F40—2004)的定义是：

厂拌冷再生(Central Plant Cold Recycling)：将沥青混合料回收料(RAP)或者无机回收料(RAIA)运至拌和厂(场、站)，经破碎、筛分，以一定的比例与新矿料、再生结合料、水等进行常温拌和，常温铺筑形成路面结构层的沥青路面再生技术。

就地冷再生(Cold in-Place Recycling)：采用就地冷再生设备，对沥青层进行现场冷铣刨，掺入一定数量的新矿料、再生结合料、水，经过常温拌和、摊铺、碾压等工序，一次性实现旧沥青路面再生的技术。

全深式冷再生(Full Depth Reclaimation)：采用全深式冷再生设备对沥青面层及部分基层进行就地翻松，或是将沥青层部分或全部铣刨移除后对部分下承层进行就地翻松，同时掺入一定数量的新矿料、再生结合料、水等，经过常温拌和、摊铺、碾压等工序，一次性实现旧沥青路面再生的技术。再生结合料可以为乳化沥青、泡沫沥青、水泥或石灰。如采用水泥或石灰作为再生结合料，则铣刨深度范围内沥青层的厚度比例宜小于40%。

沥青路面几种再生方式的主要差别，见表6-1。

冷再生可以使用乳化沥青、泡沫沥青、水泥或者石灰等作为再生结合料：

(1)对于厂拌冷再生而言，如果是使用RAP，应使用乳化沥青或泡沫沥青作为再生结合料；如果是使用RAIA，宜使用水泥或石灰等无机结合料作为再生结合料，也可根据工程需要使用泡沫沥青等作为再生结合料。使用沥青类结合料时可同时掺加一定量的无机结合料。

(2)就地冷再生一般使用乳化沥青或者泡沫沥青作为再生结合料，可同时掺加一定量的无机结合料。

各种再生方式的主要差别 表 6-1

再生方式	生产场所		生产温度		再生涉及层位			结合料类型		
	路面现场	拌和厂	加热	常温	沥青层	非沥青层	沥青层＋非沥青层	沥青、再生剂	乳化沥青或泡沫沥青	无机结合料
厂拌热再生		√	√		√			√		
就地热再生	√		√		√			√		
厂拌冷再生		√		√	√	√			√	√
就地冷再生	√			√	√				√	
全深式冷再生	√			√		√	√		√	√

(3)全深式冷再生的再生结合料可以为乳化沥青、泡沫沥青、水泥或石灰。如采用水泥或石灰作为再生结合料，则铣刨深度范围内沥青层的厚度比例宜小于40%。

6.1.2 国内外冷再生技术应用

国外路面冷再生技术的发展晚于热再生技术，但是发展势头迅猛。1997年，国际经济合作组织OECD发表的《道路工程再生利用战略》白皮书显示，主要发达国家的沥青路面再生利用率普遍在80%以上，其中不乏大量使用冷再生技术，见表6-2。图6-1～图6-4是美国加利福尼亚州I80号州际公路、25号公路，希腊雅典至科林斯高速公路等项目沥青路面冷再生施工时的照片。

国际经合组织发布的发达国家沥青路面再生利用情况 表 6-2

国　　家	澳大利亚	奥地利	比利时	加拿大	丹麦	芬兰	法国	日本	荷兰	瑞典	英国	美国
利用率(%)	80	80	100	90	90	95	—	80	100	75	90	80
厂拌热再生	G	G	G	G	G	G	G	G	G		G	G
厂拌冷再生		L		L			G			G	L	L
就地热再生	L	L		L	G	G	G		G	G	L	L
就地冷再生	L			L		G	G			L		L
基层/沥青		L		L		L	G		L	L		
基层/水泥	G	G	G				G	G	G		G	
基层/水泥和沥青		G					G		L		G	
底基层		G		G	L	L	G	G	G		L	G
填料	G					L					G	L
其他	G										G	

注：G为普遍采用；L为有限采用。

图 6-1　美国加州 I80 州际公路沥青路面就地冷再生

图 6-2　美国加州 25 号公路沥青路面就地冷再生

图 6-3　希腊雅典至科林斯高速公路沥青路面就地冷再生施工

图 6-4　南非德班市沥青路面就地冷再生施工

我国在 20 世纪 50～70 年代，曾不同程度地发展过废旧沥青混合料筑路技术，沥青再生材料主要用于轻交通道路、人行道或道路垫层。1982 年，山西省结合油路的大中修工程铺筑沥青再生试验段 80 余公里。1983 年原建设部下达了"废旧沥青混合料再生利用"的研究项目，由上海市政工程研究所、武汉市市政工程设计研究院、天津市市政工程研究所等单位承担，当时的主攻方向是把旧渣油路面加入适当的轻油使之软化，用来代替常规沥青混合料，铺筑层次多为下面层，拌和设备方面则应用既有设备适当改装。该课题在苏州、武汉、天津、南京四个城市铺筑了 3 万多平方米的试验路，经观测证明再生路面的综合使用品质不低于常规热拌沥青混凝土路面。该项研究成果已经列入城市道路设计规范。甘肃省兰州公路总段从 1983 年以来采用阳离子乳化沥青作为再生剂，对夏兰路、兰包路、甘川路修筑了冷法再生沥青路面。云南省 1983—1988 年分别对昆洛、昆畹、贵昆路进行了再生沥青路面的试验研究。1985 年，原建设部曾组织上海、南京、天津、武汉等市政部门和苏州市公路局、哈尔滨建筑工程学院等单位进行过专题研究，于 1991 年 6 月发布了《热拌再生沥青混合料路面施工及验收规程》(CJJ 43—91)，指出再生沥青混合料所用的矿料、沥青的品质和混合料的技术要求，应符合不用废料的普通沥青混合料的有关规定。湖南省也曾在较早的时候将乳化沥青加入到旧渣油表处面层混合料中，用拌和法和层铺法修筑了再生试验路，证明了该项技术的可行性和经济性。山东、河北、辽宁、广东、安徽等省也在 20 世纪 80 年代先后进行过旧渣油路面的再生利用的技术研究。

从 20 世纪 80 年代后期开始，伴随着我国高等级公路的大规模建设，新建公路路面几乎不再考虑使用废旧路面材料，沥青再生技术退居次要位置，相关研究推广基本处于停滞状态。

20 世纪末期开始，伴随着我国大量高等级公路进行大修、重建，废旧路面材料的再生利用问题重新得到重视和广泛关注，一些公路部门逐步尝试在高等级公路上使用沥青路面再生技术，早期比较有代表性的冷再生应用工程包括：

1998 年 10 月，邯郸市交通局引进了德国维特根公司 WR2500 再生机，首次使用就地冷再生技术对河北省境内的一段路进行了改造。

2004 年，辽宁省营大一级公路大修工程中，在国内首次使用了乳化沥青就地冷再生，取得非常好的效果。

2005 年，江苏省在宁沪高速公路改扩建工程中成功应用了沥青路面厂拌冷再生技术，将扩建工程中产生的 110 万 t 旧沥青混合料和 203 万 t 二灰碎石混合料，采用乳化沥青作为再生结合料对旧沥青混合料进行厂拌冷再生，使用水泥对旧二灰碎石混合料进行厂拌冷再生。

2005 年，山西太旧高速公路将沥青路面大修工程产生的废旧材料进行厂拌冷再生后，重新用于路面维修工程。

2005 年，陕西西宝高速公路在路面大修工程中使用泡沫沥青作为再生结合料，进行厂拌冷再生，实现了废旧沥青路面材料 100%的再生利用。

2006 年，江西昌九高速公路成功使用乳化沥青作为再生结合料，进行厂拌冷再生，实现了路面翻修产生的废旧沥青路面材料 100%的再生利用。

为指导和规范国内的沥青路面再生工程实践，交通部公路科学研究院等单位承担制定了《公路沥青路面再生技术规范》(JTG F41—2008)，于 2008 年 7 月 1 日起正式实施，这对我国沥青路面再生技术应用与健康发展起到了积极推动作用。2008 年以来，沥青路面冷再生技术已经在我国得到广泛应用，比较有代表性的工程案例如表 6-3 所示。

2008 年以来国内部分沥青路面冷再生工程 表 6-3

项　　目	再生类型	再生规模	所在片区
江西梨温高速公路	就地冷再生	30km	华东
江西九景高速公路	厂拌冷再生	134km	
G104 浙江湖州段	就地冷再生、厂拌冷再生	35km	
河北石黄高速公路	厂拌冷再生	20km	华北
G106 国道河北衡水段	就地冷再生	90km	
天津京保高速公路	厂拌冷再生	30km	
云南楚大、玉元高速公路	厂拌冷再生，就地冷再生	200km	西南
四川内宜高速公路	厂拌冷再生	40km	
陕西西宝高速公路	厂拌冷再生	120km	西北
陕西西潼高速公路	厂拌冷再生	130km	
海南西线高速公路	就地冷再生、厂拌冷再生	100km	华南

相关施工图，见图 6-5～图 6-8。

图 6-5　沪昆高速公路江西段就地冷再生

图 6-6　北京市怀耿路就地冷再生

图 6-7　浙江 G320 国道厂拌冷再生

图 6-8　河北衡水 G106 国道

全国各地在部颁标准和当地工程经验的基础上，也制定了很多地方标准。近几年来国内部分沥青路面冷再生相关研究和地方标准项目情况，见表6-4。

2008年以来国内完成的部分冷再生相关研究和地标项目情况 表6-4

项目名称	项目来源
废旧沥青路面再生利用技术、装备及示范	科技部国家科技支撑计划
沥青路面全厚度再生快速修复关键技术和装备	科技部863计划
北京市道路材料再生利用技术指南和标准研究	北京市交通委
高节能低排放温拌再生沥青路面材料关键技术	北京市科委
辽宁省冷再生基层沥青路面使用寿命研究	辽宁省交通运输厅
吉林省沥青路面再生推广技术应用成套技术研究	吉林省交通运输厅
吉林省高速公路沥青路面再生及旧沥青路面厂拌热再生	
乳化沥青冷再生沥青路面技术研究	陕西省交通运输厅
车载移动式废旧沥青路面材料再生装置研发	山西省科技厅
废旧沥青混凝土路面材料回收利用的成套设备及技术推广	
兵团垦区公路沥青路面沥青再生剂的应用研究	新疆兵团交通局
山西省地标沥青路面冷再生技术规范	山西省质监局
河北省地标公路沥青路面乳化沥青冷再生施工技术规范	河北省质监局
江西省地标沥青路面乳化沥青厂拌冷再生技术规范	江西省质监局
天津市地标公路沥青路面泡沫沥青冷再生技术规范	天津市质监局
浙江省地标公路泡沫沥青冷再生路面设计与施工技术规程	浙江省质监局

6.2 冷再生工程案例

6.2.1 工程案例一

1)应用概况

(1)原路面情况。华北地区某国道主管线，2001年末竣工通车，年平均日交通量折合小客车当量数为12 793辆，其中特大货车、拖挂车和集装箱车居多。大型车辆的增多，使路面出现大面积的网裂、坑槽和拥包等病害，致使行车颠簸、车速降低、安全隐患增大，降低了道路的使用性能。该路段段现有的路况已不能满足实际交通量的需求，迫切需要对该段国道进行大修改造。

该路段原路面结构为：

4cm 细粒式沥青混凝土；

6cm 中粒式沥青混凝土；

15cm 水泥稳定碎石；

30cm 二灰土。

(2)再生方案的选择。路况调查显示病害主要源于水泥稳定碎石基层，而大部分路段的底基层保持良好。根据原路面结构和破损情况，结合要求满足交通量的需求，需要对 10cm 沥青面层和 15cm 水泥稳定基层全部进行维修处理，传统维修方案需要对 25cm 结构层全部进行更换，即将沥青面层和水稳基层都铣刨掉，然后再回铺新的水泥稳定半刚性基层材料和热拌沥青混合料面层。

该维修方案是早期常规的维修方案，实际应用效果一般是维修 2 年后即逐渐出现大面积横向开裂、唧浆、坑槽和车辙等病害，迫不得已再次计划进行大中修，使整条路段几乎陷于"年年修、年年坏"的怪圈。

为减少道路维修成本，避免道路维修对环境的破坏和工期的影响，延长道路维修后的使用周期。研究决定将该路面 10cm 的沥青面层和部分基层按合理的比例一起再生，添加泡沫沥青或乳化沥青到再生层中。这样，可充分利用原路面中的沥青材料，不但可消除原路面的病害而且形成一个柔性的结构，提高该路段的耐久性降低后期的维修成本，同时也可缩短工期。根据国内外已有的工程经验，在该路段采用就地冷再生技术是非常可行的方案。事先根据路况调查先将部分基层损毁的路段进行必要的挖补。

因此，2009 年选择了如下的大修路面结构方案：

新铺 4cm 细粒式沥青混凝土；

新铺 6cm 中粒式沥青混凝土；

改性乳化沥青下封层；

泡沫沥青再生旧路 13cm(10cm 沥青路面面层＋3cm 水稳碎石基层)。

2)就地冷再生施工方案、施工工艺

(1)施工准备。按设计要求准备好各种材料，石屑应洁净干燥，筛分及质量满足技术要求，堆放于清洁、干燥、排水良好的场地上。沥青使用前加热到 180～185℃。

泡沫沥青冷再生的施工采用维特根 2 500 就地冷再生机完成。冷再生机工作宽度 2.5m，具备泡沫沥青发生装置，沥青加入量和发泡、拌和用水量均按程序设定后机器自动控制，拌和深度、宽度、材料加入量均可调。施工前对就地冷再生机进行标定，以保证泡沫沥青以及水的用量满足设计要求。

(2)摊铺集料。首先将路面清扫干净，用摊铺机将石屑铺撒在施工段落，摊铺机熨平板宽度 4.1m，分两幅摊铺全宽 8.2m，每平方米石屑 0.07t，控制摊铺厚度 2.7cm 左右。

然后将每袋水泥按预先打好的方格，用人工摆放到摊铺完成的石屑上，检查无误后均匀撒开，每平方米 5.8kg，经过标定后的每袋 50kg 水泥散布面积 8.6m^2。

(3)再生作业。启动再生机预热系统进行预热，预热时间一般为 1～1.5h，在施工起点处将水罐车、沥青罐车、冷再生机顺次首尾连接，并连接相应管路。

启动再生设备，按照设定再生深度对路面进行铣刨拌和，再生机组必须缓慢、均匀、连续地进行再生作业，不得随意变更速度或者中途停顿，再生施工速度宜为 5～6m/min。

再生机拌和过程中，有专人跟机挖坑检查拌和深度，确保拌和深度满足设计要求。单刀再生至一个作业段 100m 终点后，将再生机机组倒至施工起点，重叠 10cm 进行第二刀施工，直至完成全幅作业面的再生。

再生机拌和完成第一个 100m，向前提车进行第二段再生拌和作业，两施工段重叠拌和 2m，重叠处补撒水泥。

(4)平地机整平。用单钢轮压路机紧跟再生机组后稳压，完成一个作业段的稳压后，进行水平测量，纵向每 10m、横向左中右 3 点挂线封点平地机整平，使之高程、横坡、平整度达到规定要求。

(5)碾压。平地机整平结束后，立即用单钢轮振动压路机高振重叠 1/2 轮往返压实 3 遍，碾压采用低速宜为 1.5～3km/h。

复压采用双钢轮振动压路机紧接进行，采用高振喷水重叠 1/2 轮压实 2 遍，再用低振喷水重叠 1/2 轮压实 2 遍，碾压速度宜为 2～4km/h。

终压采用胶轮压路机喷水碾压，碾压速度可适当加快，宜为 3～5km/h，碾压遍数 8 遍。

碾压完成立即进行压实度检测，压实度应不低于 98%。

碾压过程中出现弹簧、松散、起皮等现象时，应及时重新翻拌，使其达到质量要求。

严禁压路机在刚完成碾压或正在碾压的路段上掉头、紧急制动及停放。

(6)养生。冷再生层压实完成后采用自然方式养生，养生时间不少于 5d，当满足以下两个条件之一时，可以提前结束养生：

①再生层可以取出完整的芯样。

②再生层含水率低于 2%。

项目施工及完工后的情况，见图 6-9。

3)应用效果

对该项目实施并完工 5 年后的泡沫沥青就地冷再生路段 K259＋800～K263＋800 进行检测评价(图 6-10)，检测指标包括路面状况指数 PCI、行驶质量指数 RQI、车辙指数 RDI，见表 6-5。

a)

b)

图 6-9　泡沫沥青就地冷再生施工现场及通车后情况

a)

b)

图 6-10　应用 5 年后的泡沫沥青冷再生路面(2014)

冷再生路面性能评价结果　　表 6-5

检测方向	起始桩号	终止桩号	长度(km)	RD 平均值(mm)	RDI	IRI(m/km)	RQI	DR(%)	PCI
上行行车道	K259＋800	K260＋000	0.20	2.39	95.22	1.00	95.26	0.00	100.00
	K260＋000	K261＋000	1.00	2.67	94.66	0.91	95.53	0.01	97.75
	K261＋000	K262＋000	1.00	5.85	88.30	0.99	95.30	0.00	100.00
	K262＋000	K263＋000	1.00	13.14	73.72	1.14	94.84	0.00	100.00
	K263＋000	K263＋800	0.80	6.61	86.78	1.05	95.12	0.02	97.01
	单车道合计			6.13	87.74	1.01	95.21	0.01	97.75
上行超车道	K259＋800	K260＋000	0.20	4.46	91.08	1.03	95.17	—	—
	K260＋000	K261＋000	1.00	4.14	91.72	0.84	95.72	—	—
	K261＋000	K262＋000	1.00	8.14	83.72	1.12	94.91	—	—
	K262＋000	K263＋000	1.00	16.83	66.34	1.65	92.96	—	—
	K263＋000	K263＋800	0.80	13.25	73.50	0.83	95.73	—	—
	单车道合计			9.36	81.28	1.09	94.98	—	—
路段总计				7.75	84.51	1.05	95.10	0.01	97.75

根据检测结果可见:经过5年的通车运营,该路段泡沫沥青冷再生混合料路面保持了良好的路况,路面几乎看不到裂缝的发生。具体来说,路面车辙深度RD均值为7.75mm,路面车辙深度指数RDI为84.51;国际平整度指数IRI为1.05m/km,行驶质量指数RQI为95.10;路面破损率DR为0.01%,路面状况指数PCI为97.75。

按照《公路技术状况评定标准》(JTG H20—2007),总体来说该路段泡沫沥青冷再生混合料路面K259+800~K263+800 5年后的路面车辙深度指数RDI处于良好状态、行驶质量指数RQI和路面状况指数PCI都处于"优"等级。

6.2.2 工程案例二

1)应用概况

(1)原路面情况。华北地区某省干线公路,是该省东西方向的交通运输大动脉,是当地砂石料外运的主要通道,重载车辆车辆多集中于右半幅,道路基层、底基层严重损坏。施工路段于2004年建成通车,路面结构为8cm沥青混凝土面层,18cm石灰、粉煤灰碎石基层,30cm石灰土底基层。2009年对该段进行了4cm沥青混凝土罩面。

该路段原路面结构为:

4cm细粒式沥青混凝土;

8cm沥青混凝土;

18cm二灰稳定碎石基层;

30cm二灰土底基层。

本次大修应用的路面结构为:

8cm沥青混凝土面层;

12cm厂拌泡沫沥青冷再生层;

16cm水泥稳定碎石基层;

17cm二灰碎石冷再生底基层。

(2)压实度试验。该路段泡沫沥青冷再生混合料每天的碾压完毕后立即采用灌砂法测试现场冷再生层的干密度,同时每天施工时取料测试室内重型击实最大干密度,前者与后者相比计算出现场压实度。施工路段内K107+576~K124+975的泡沫沥青冷再生混合料压实度实测结果,见表6-6。

泡沫沥青再生压实度实测结果 表6-6

桩　　号	最大干密度(g/cm^3)	实测干密度(g/cm^3)	压实度(%)
K107+860	2.136	2.2	103
K108+400	2.136	2.247	105.2

续上表

桩　　号	最大干密度(g/cm³)	实测干密度(g/cm³)	压实度(%)
K108＋930	2.152	2.214	102.9
K109＋300	2.152	2.216	103
K109＋900	2.111	2.222	105.3
K110＋600	2.111	2.181	103.3
K111＋300	2.145	2.235	104.2
K111＋800	2.145	2.208	102.9
K112＋320	2.122	2.188	103.1
K112＋800	2.122	2.236	105.4
K113＋108	2.122	2.182	102.8
K113＋450	2.128	2.201	103.4
K113＋925	2.128	2.186	102.7
K114＋478	2.128	2.236	105.1
K115＋317	2.154	2.266	105.2
K115＋620	2.154	2.228	103.4
K115＋850	2.154	2.249	104.4
K116＋220	2.116	2.185	103.3
K116＋605	2.116	2.194	103.7
K116＋836	2.116	2.233	105.5
K116＋900	2.113	2.175	102.9
K117＋300	2.113	2.202	104.2
K117＋580	2.113	2.195	103.9
K117＋960	2.137	2.23	104.4
K118＋350	2.137	2.192	102.6
K118＋600	2.137	2.223	104
K118＋900	2.108	2.154	102.2
K119＋100	2.108	2.179	103.4

续上表

桩　　号	最大干密度(g/cm³)	实测干密度(g/cm³)	压实度(%)
K119+250	2.118	2.216	104.6
K119+450	2.118	2.184	103.1
K119+850	2.118	2.188	103.3
K120+100	2.11	2.162	102.5
K120+295	2.11	2.207	104.6
K120+500	2.11	2.185	103.6
K120+690	2.11	2.162	102.5
K120+900	2.134	2.239	104.9
K121+200	2.134	2.191	102.7
K121+500	2.134	2.21	103.6
K122+250	2.128	2.213	104
K122+500	2.128	2.186	102.7
K122+890	2.108	2.201	104.4
K123+250	2.108	2.18	103.4
K123+550	2.134	2.218	103.9
K123+850	2.134	2.192	102.7
K124+250	2.145	2.236	104.2
K124+450	2.145	2.193	102.2
K124+850	2.145	2.213	103.2
平均压实度			103.6

结果表明,该路段施工过程中路面压实度都可控制在100%以上,平均值为103.6%。

分析认为,现行确定冷再生混合料最大干密度的方法是采用传统的重型击实仪和常规的击实方法来密实混合料并测试其密度的方法,该方法的制定是与我国早期压路机的压实吨位或压实功相匹配的。而现在压实机具的压实能力有了很大提高,一般工程上的压实能力已经大幅超过了室内重型击实的压实功,相对应的压实路面的混合料密度常常会超过室内的最大干密度,即造成压实度超过100%的情况。应该说，在现阶段工程用压路机压实能力提高的情况下，路面的压实度超百是合理的，而且路面压实越密实对泡沫沥青冷再生层的性能越有利。因此，只要还用室内重型击实的最大干密度作为评价标准，那么从提高工程质量来说也应该鼓励泡沫沥青冷再生混合料压实度达到100%或者超过100%。从后文该路段良好的路用性能也验证了100%以上压实度的泡沫沥青冷再生层，是有利于路面质量的。

据此，提出适合干线公路的泡沫沥青冷再生混合料压实度宜不低于100%。

2)厂拌冷再生施工方案、施工工艺

(1)施工准备。配备KMA220厂拌冷再生机一台、水罐车一台、沥青罐车一台、水泥罐车一台、双驱双振压路机130一台、26t单钢轮振动压路机一台、30t胶轮压路机一台、维特根200铣刨机一台、ABG423摊铺机一台、20m^3自卸汽车15辆、50装载机两台。

按照确定的铣刨机行进速度4～6m/min，根据再生深度对旧路铣刨。

(2)调试生产配比。用KMA220拌和旧料、新加料，但不添加稳定剂，取拌和后具有代表性的材料样品送往试验室进行筛分，如果筛分后的级配与室内设计级配超过工地允许波动范围，应调整新加料比例，使混合料级配与室内设计级配相比波动在允许范围内。

(3)泡沫沥青再生混合料运输。采用干净、有金属底板的自卸汽车运输，车辆底部及两侧均应清扫干净，装料以前需要用水润湿车厢。自卸车应前后移动按前、后、中分三部分装料。

运料车辆均有篷布覆盖并扣牢，防止泡沫沥青再生混合料在运输过程中水分散失。

(4)摊铺。泡沫沥青混合料的摊铺和水泥稳定碎石混合料的摊铺基本相同，一般采用摊铺机摊铺，熨平板不需要加热。摊铺机速度宜为2～3m/min。应保证连续、均匀、不间断的摊铺，并使混合料在布料槽中的高度保持在中轴以上。泡沫沥青再生层松铺系数为1.25～1.30。

(5)压实方案。

①初压：用单钢轮22t振动压路机进行初压。初压时先让压路机紧跟再生机后面进行一遍静压，静压后采用强振(高幅低频)进行压实，压实遍数三遍。压路机的工作速度不得超过3km/h。

②复压：采用双钢轮振动压路机对路面进行高频低幅压实两遍。

③终压：后用胶轮压路机进行终压，不低于10遍。

用单钢轮压路机进行初压时如果出现黏轮现象，可以先让胶轮压路机预先洒水进行预压然后再进行初压，必要时可洒水碾压。

施工照片见图6-11。

a)

b)

图 6-11 施工照片

3)应用效果

对 2012 年实施并完工的泡沫沥青厂拌冷再生路段 K107＋576～K124＋975 进行检测评价,检测指标包括路面状况指数 PCI、行驶质量指数 RQI、车辙指数 RDI。检测结果,见表 6-7。

冷再生路面性能评价结果　　表 6-7

检测方向	起始桩号	终止桩号	长度(km)	RD 平均值(mm)	RDI	IRI(m/km)	RQI	DR(%)	PCI
上行行车道	K107＋576	K108＋000	0.42	8.65	82.70	1.61	95.52	0.22	91.96
	K108＋000	K109＋000	1.00	9.52	80.96	0.95	96.90	0.00	100.00
	K109＋000	K110＋000	1.00	8.47	83.06	0.73	97.25	0.07	94.98
	K110＋000	K111＋000	1.00	7.79	84.42	0.95	96.90	0.01	97.75
	K111＋000	K112＋000	1.00	7.25	85.50	0.69	97.31	0.00	100.00
	K112＋000	K113＋000	1.00	6.89	86.22	0.86	97.04	0.00	100.00
	K113＋000	K114＋000	1.00	6.72	86.56	0.80	97.15	0.00	100.00
	K114＋000	K115＋000	1.00	6.85	86.30	0.94	96.92	0.12	93.74
	K115＋000	K116＋000	1.00	8.34	83.32	0.78	97.18	0.00	100.00
	K116＋000	K117＋000	1.00	7.24	85.52	0.76	97.21	0.01	97.75
	K117＋000	K118＋000	1.00	7.77	84.46	0.70	97.30	0.00	100.00
	K118＋000	K119＋000	1.00	7.08	85.84	1.31	96.20	0.09	94.44
	K119＋000	K120＋000	1.00	2.96	94.08	1.80	95.02	0.09	94.44
	K120＋000	K121＋000	1.00	2.46	95.08	1.08	96.65	0.00	100.00
	K121＋000	K122＋000	1.00	2.41	95.18	0.74	97.24	0.01	97.75
	K122＋000	K123＋000	1.00	2.53	94.94	0.94	96.91	0.09	94.44
	K123＋000	K124＋000	1.00	2.54	94.92	0.91	96.97	0.11	93.96
	K124＋000	K124＋975	0.98	2.38	95.24	0.90	96.98	0.00	100.00
	单车道合计			5.99	88.02	0.97	96.86	0.05	95.63

续上表

检测方向	起始桩号	终止桩号	长度(km)	RD平均值(mm)	RDI	IRI(m/km)	RQI	DR(%)	PCI
下行行车道	K107+576	K108+000	0.42	2.30	95.40	1.43	95.93	—	—
	K108+000	K109+000	1.00	1.94	96.12	0.88	97.02	—	—
	K109+000	K110+000	1.00	2.20	95.60	0.70	97.31	—	—
	K110+000	K111+000	1.00	2.37	95.26	0.88	97.02	—	—
	K111+000	K112+000	1.00	2.22	95.56	0.74	97.24	—	—
	K112+000	K113+000	1.00	2.60	94.80	0.73	97.26	—	—
	K113+000	K114+000	1.00	2.30	95.40	0.78	97.18	—	—
	K114+000	K115+000	1.00	2.20	95.60	0.66	97.36	—	—
	K115+000	K116+000	1.00	2.63	94.74	0.68	97.34	—	—
	K116+000	K117+000	1.00	2.59	94.82	0.81	97.13	—	—
	K117+000	K118+000	1.00	2.67	94.66	0.77	97.19	—	—
	K118+000	K119+000	1.00	2.44	95.12	0.98	96.84	—	—
	K119+000	K120+000	1.00	2.05	95.90	1.20	96.43	—	—
	K120+000	K121+000	1.00	2.29	95.42	1.15	96.52	—	—
	K121+000	K122+000	1.00	2.33	95.34	0.92	96.94	—	—
	K122+000	K123+000	1.00	2.22	95.56	0.84	97.08	—	—
	K123+000	K124+000	1.00	2.36	95.28	0.91	96.97	—	—
	K124+000	K124+975	0.98	2.92	94.16	1.08	96.66	—	—
	单车道合计			2.37	95.26	0.89	96.99	—	—
路段总计				4.18	91.64	0.93	96.92	0.05	95.63

根据检测结果可见：经过2年的通车运营，该路段泡沫沥青冷再生混合料路面保持了良好的路况。具体来说，路面车辙深度RD均值为4.18mm，路面车辙深度指数RDI为91.64；国际平整度指数IRI为0.93m/km，行驶质量指数RQI为96.92，路面破损率DR为0.05%，路面状况指数PCI为95.63。

按照《公路技术状况评定标准》(JTG H20—2007)，总体来说该路段K107+576～K124+975 2年后的路面车辙深度指数RDI、行驶质量指数RQI和路面状况指数PCI都处于"优"等级。

6.3 冷再生路面路用性能与寿命预期

近年来，沥青路面再生技术在我国得到大范围推广，尤其是乳化沥青、泡沫沥青冷再生技术已经广泛应用于高速公路沥青路面的结构性维修工程。作为一种新型的路面材料与结构，我们对乳化沥青和泡沫沥青冷再生路面路用性能与预期寿命尚不清晰，结构耐久性还存在一定争议。为此，我们选择近 500km 的乳化沥青、泡沫沥青冷再生路面，按 5km 长度划分成若干分析单元，以冷再生维修工程完工作为运营时间起点，对路面损坏状况指数 PCI、路面行驶质量指数 RQI、路面车辙深度指数 RDI 等进行跟踪观测，同时收集高速公路各收费站统计的各路段区间的客货分型交通量并折算成累计当量轴次，从而分析 PCI、RQI、RDI 等路况指标随运营时间延长和累计交通量增加的变化特征，以得出冷再生路面结构的性能衰变规律和预期寿命。

6.3.1 案例三

该案例的基本情况是：国家干线公路网规划高速公路的重要组成部分，地处我国南方湿热地区，双向 4 车道，设计行车速度 100km/h。原路面结构为 4cm AC-16 上面层＋6cm AC-25 下面层＋22cm 二灰碎石基层＋30～33cm 级配碎石底基层，养护期内曾两次加铺 4cm AC-13。通车运营 10 年，在承受了远超设计累计当量轴载作用后，路面损坏日趋严重，网裂、水损害、车辙病害频发，基层水损害严重和承载力不足，维修前的路面结构强度指数 SSI 平均不足 0.36，路面质量指数 PQI 为 46，按照交通运输部标准综合评价为次的路段占据了整个路段的 94%。近几年来该高速公路日均自然交通量始终保持在 2 万辆以上，重车比例超过 35%，交通等级为特重交通。

为提升路面服务功能，采用如下的冷再生技术方案对原路面进行技术改造：将沥青层全部铣刨；将半刚性基层进行局部病害处治；将铣刨的沥青混凝土使用乳化沥青进行厂拌冷再生后铺回；冷再生层上铺设沥青面层。冷再生改造后的路面结构为：16cm 热拌沥青混凝土面层（4cm AC-13、6cm AC-20、6cm AC-20）＋12cm 乳化沥青厂拌冷再生＋局部补强的原路面基层＋原路面底基层，见图 6-12。冷再生施工后至今，路面未进行过大中修养护，完整地保持了乳化沥青

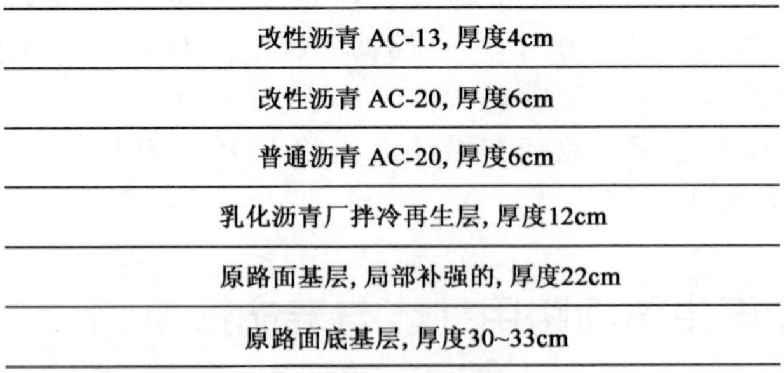

改性沥青 AC-13，厚度4cm
改性沥青 AC-20，厚度6cm
普通沥青 AC-20，厚度6cm
乳化沥青厂拌冷再生层，厚度12cm
原路面基层，局部补强的，厚度22cm
原路面底基层，厚度30~33cm

图 6-12　乳化沥青冷再生路面结构示意图

冷再生路面的原始结构状况。

以冷再生维修工程完工作为运营时间起点，对路面进行了 63 个月(5 年 3 个月)的路面损坏状况指数 PCI、路面行驶质量指数 RQI、路面车辙深度指数 RDI 的跟踪观测，观测数据见图 6-13。

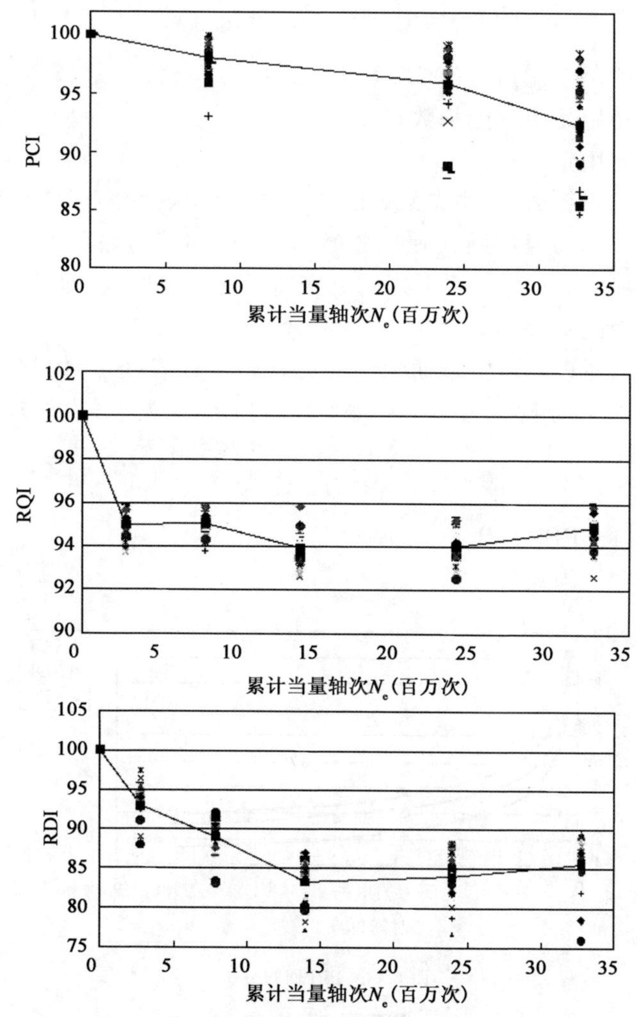

图 6-13　案例一的乳化沥青冷再生路面的性能衰变规律

从图中可以看出，经过 5 年 3 个月的运营，承受了 3 271 万次的累计当量轴载作用后，冷再生路面 PCI 均值为 92.3，冷再生路面 RQI 均值为 94.02，仍处在优的等级；冷再生路面 RDI 均值为 85.66，仍处在良的等级范围内，折算成车辙深度仅为 7mm。这些数据检验了乳化沥青冷再生路面卓越的服务水平及耐久性。

对路面性能衰变规律的研究始于20世纪50年代的AASHO试验路，自此很多国家都研究建立了各自的路面性能衰变模型。孙立军教授等参考国内外已有的大量路面使用性能研究成果，提出了如公式(6-1)所示的路面使用性能衰变方程：

$$PPI=PPI_0\{1-\exp[-(\alpha/y)^{\beta}]\} \tag{6-1}$$

式中：PPI——使用性能指数(PCI、RQI或其综合)；

PPI_0——初始使用性能指数；

y——使用年数；

α、β——回归系数，其中参数α的数学含义可认为是PPI衰减到初始值的63.2%时的路面使用年数，因此也称其为路面寿命因子，值域一般为2～20；β主要影响衰变曲线的凹凸形状，即模型衰变的快慢，因此也称其为形状因子，值域一般为0～2。

为检验乳化沥青冷再生路面使用性能是否符合式(6-1)的规律，对其PCI、RQI、RDI进行回归分析。为便于数据处理，将式(6-1)变形为如式(6-2)所示的乘幂函数，回归得到的α、β及R^2，见图6-14和表6-8。

$$Y=\alpha^{\beta}\cdot y^{-\beta} \tag{6-2}$$

式中：$Y=-\ln(1-PPI/PPI_0)$；

其他参数含义同式(6-1)。

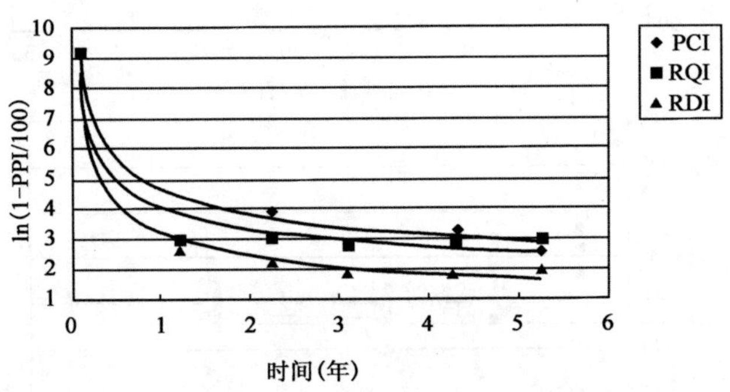

图6-14　PPI回归分析

PPI回归参数　　表6-8

路况指标	回归参数		
	α	β	R^2
PCI	204.58	0.286 8	0.992 1
RQI	123.36	0.288 5	0.935 1
RDI	17.57	0.401 2	0.982 5

由图 6-14、表 6-8 可以看出：

(1)PCI、RQI、RDI 回归分析的 R^2 分别为 0.992 1、0.935 1、0.982 5，说明乳化沥青冷再生路面技术状况指标衰变规律完全符合式(6-1)所示的通用方程。

(2)按照 PCI、RQI、RDI 回归得到的反映路面使用寿命的寿命因子 α 分别为 205 年、123 年和 18 年，显著高于常规的路面结构。尽管这个数据本身不一定完全准确，但是的确能够反映出乳化沥青冷再生路面符合永久性路面结构的特征。

6.3.2　案例四

本案例选择我国南方某高速公路路面维修工程中超过 100km(双向四车道)的乳化沥青厂拌冷再生路段作为研究对象。其基本情况是：国家干线公路网规划高速公路的重要组成部分，地处我国南方湿热地区，双向四车道，原路面设计弯沉为 0.418～0.444mm，路面总厚度为 59～64cm，即 27～32cm 碎石底基层＋20cm 水泥稳定碎石基层＋5cm AC30Ⅰ粗粒式沥青混凝土下面层＋4cm AC-16Ⅰ中粒式沥青混凝土中面层＋3cm AK13A 抗滑表层。在交通荷载以及环境因素尤其是水的作用下，路面不断出现大面积严重破坏，如龟裂、沉陷、泛浆、车辙、坑槽等，严重影响了该路的使用性能，大大降低了其服务水平，在通车运营九年后决定进行大修。

路面大修采用乳化沥青冷再生方案，即铣刨原路面沥青层，对原路面水温基层局部病害进行处治，然后将铣刨的旧沥青料进行乳化沥青厂拌冷再生后铺回，厚度 12cm，其上加铺两层共 14cm 的热拌沥青混凝土面层。大修工程的路面设计使用年限取 10 年，设计累计标准轴载作用次数为 1.4×10^7 次，设计弯沉值取为 33.49(0.01mm)。大修后的路面结构，如图 6-15 所示。

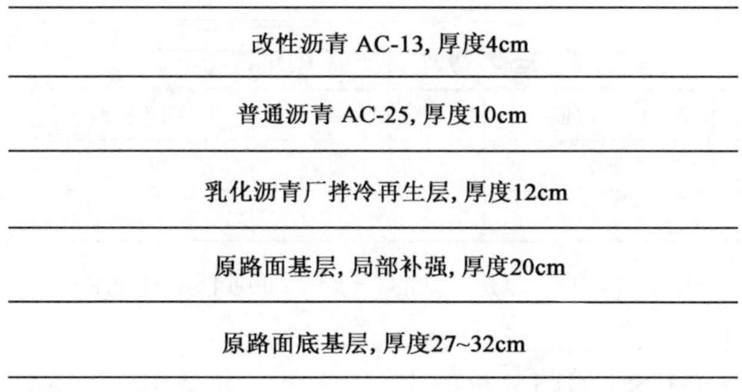

图 6-15　乳化沥青冷再生路面结构示意图

经过 29 个月的运营、承受了 775 万次(设计累计当量轴次的 50%)的累计当量轴载作用后，冷再生路面 PCI 均值为 91.4，冷再生路面 RQI 均值为 94.3，仍处在优的等级范围内，见图 6-16。

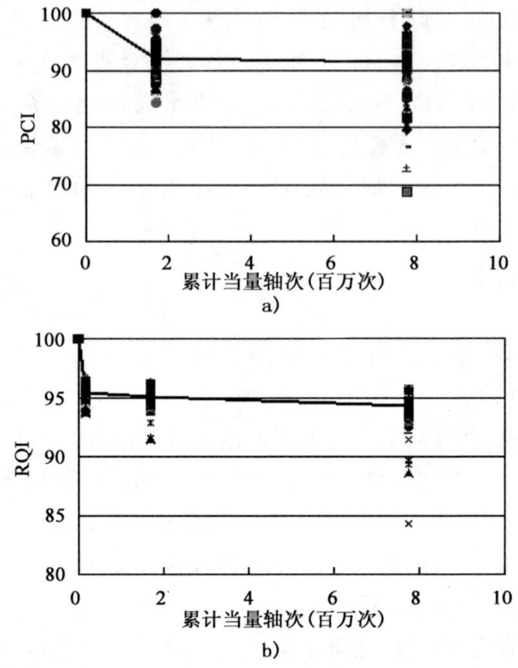

图 6-16 乳化沥青冷再生路面 PCI 和 RQI 指标衰变规律

使用激光断面仪检测路面车辙深度，然后计算 RDI，得到的乳化沥青冷再生路面 RDI 指标衰变规律，见表 6-9。从表中可以看出：经历了 29 个月的运营，经受了 775 万次的累计当量轴载后，上下行行车道冷再生路面 RDI 均值分别为 90.5 和 88.4，仍分别处于优和在良的等级范围内，折算成车辙深度仅为 4.7mm 和 5.8mm，全线评定单元 RDI 无次、差等级，检验了乳化沥青冷再生路面结构卓越的抗车辙能力。

运营 29 个月后的 RDI 指标 表 6-9

车 道	RDI 均值	RDI 最大值/最小值	RDI 极差	RDI 标准差
上行行车道	90.5	93.7/85.4	8.3	2.2
下行行车道	88.4	93.6/79.0	14.6	2.8

同样按照式(6-1)、式(6-2)进行回归分析，回归结果见图 6-17 和表 6-10，可以看出：

(1)PCI、RQI、PSSI 回归分析的 R^2 分别为 0.892 6、0.995 5、0.964 9，说明乳化沥青冷再生路面技术状况指标衰变规律完全符合式(6-1)所示的通用方程。

(2)按照 PCI、RQI、PSSI 回归得到的反映路面使用寿命的寿命因子 α 分别为 31.7 年、17.1 年和 104.5 年，高于常规的路面结构。

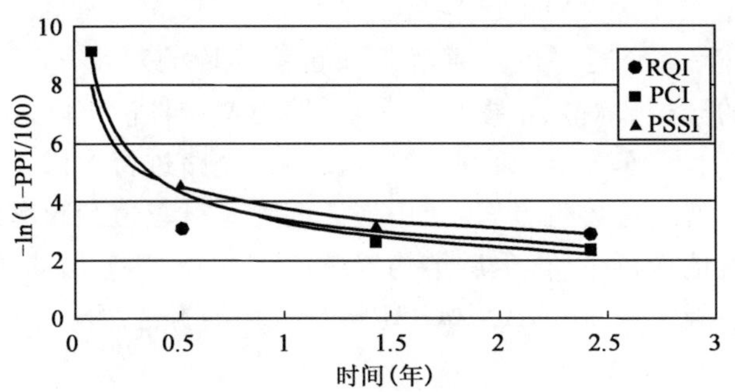

图 6-17 PPI 回归分析

PPI 回 归 参 数 表 6-10

路况指标	α	β	R^2
PCI	31.7	0.349 0	0.892 6
RQI	17.1	0.414 2	0.995 5
PSSI	104.5	0.282 3	0.964 9

6.3.3 案例五

我国南方地区某高速公路，将其路面维修工程中 35km(单幅)泡沫沥青就地冷再生作为本文的主要分析对象。该高速公路的基本情况是：国家干线公路网规划高速公路的重要组成部分，地处我国南方湿热地区，双向四车道，原路面总厚度包括 76cm(非红砂岩路段)和 56cm(红砂岩路段)两种，前者路面结构层自下而上为 20cm 级配碎石垫层＋20cm 水泥稳定砂砾基层＋20cm 水泥稳定砂砾基层＋6cm AC30Ⅰ粗粒式沥青混凝土下面层＋6cm AC-20Ⅰ中粒式沥青混凝土中面层＋4cm AK16A 抗滑表层；后者的路面结构中省略了 20cm 的底基层。冷再生方案实施前后路面结构，如图 6-18 所示。

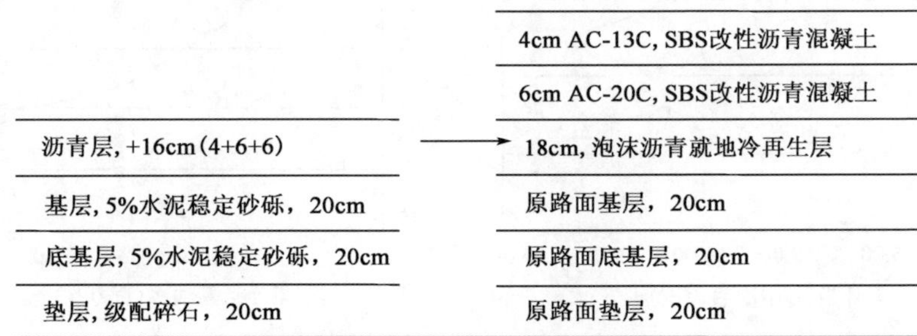

图 6-18 冷再生方案实施前后路面结构示意图

该高速公路在此次大修前已运营7年时间，年日均交通量1.6万辆，货车比例超过50%，属特重交通。在交通荷载和自然环境的双重作用下，部分路段出现了较为严重的开裂、坑槽、水损坏和车辙，路面使用性能下降，严重影响了该段的路面使用性能和行车安全。为此，对该段高速公路进行大修，并在大修工程中使用了泡沫沥青就地冷再生方案：使用泡沫沥青对行车道和超车道原有的16cm沥青面层进行就地冷再生（再生后结构层厚度18cm），其上加铺4cm AC-13C型SBS改性沥青混凝土+6cm AC-20C型SBS改性沥青混凝土。再生后路面结构层厚度增加了12cm。

将单幅长度35km路段的泡沫沥青冷再生按整公里桩号划分成35个分析单元，以此次大修工程完工作为运营时间起点，在运营28和39个月后对路面损坏状况指数PCI、路面行驶质量指数RQI、路面车辙深度指数RDI进行检测。收集高速公路各收费站统计的各路段区间的客货分型交通量，折算成累计当量轴次，得到上述两个时间节点的累计当量轴载分别为1 610万次、2 318万次。然后通过分析PCI、RQI、RDI三项路表技术指标随运营时间延长和累计交通量增加的变化特征，研究泡沫沥青冷再生方案的效果及路面性能特征衰变规律结论如下：

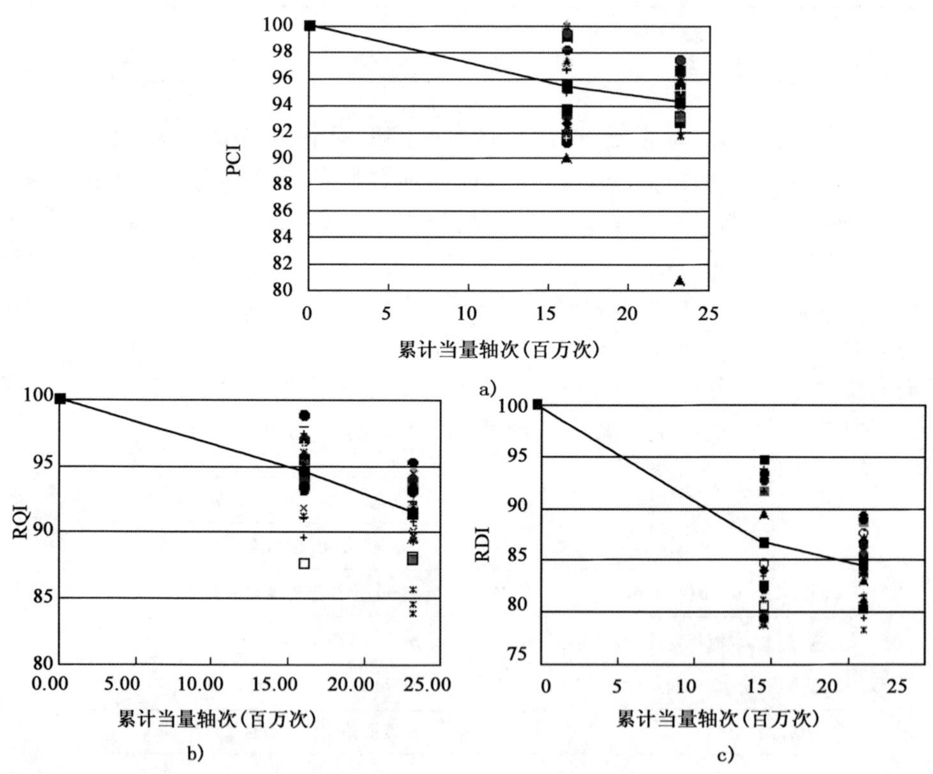

图6-19 冷再生后路况衰变规律

(1)经历了 39 个月的运营，经受了 2 318 万次累计当量轴载作用后，泡沫沥青冷再生路面 PCI、RQI 指标均处在优，RDI 指标仍处于良（图 6-19），解决了原路面基层反射裂缝问题，检验了泡沫沥青冷再生方案对于处治路面反射裂缝和水损害的有效性，以及泡沫沥青冷再生路面的耐久性。

(2)在统计的累计轴载作用范围内，乳化沥青冷再生路面 PCI、RQI、RDI 指标随交通量增长的衰变规律呈明显的线性特征。按照 PCI、RQI、RDI 衰减至 80 作为路面再次进行大修的依据，该泡沫沥青冷再生路面分别可承受 7 765 万次、5 521 万次和 2 817 万次累计当量轴载的作用，同样检验了泡沫沥青冷再生路面良好的耐久性。

7　公路工程生命周期低碳化建议

低碳公路建设是一个系统工程，需要在公路规划、设计、建设、运营的整个生命周期内，通过规划思路、设计方案、施工组织和运营管理，应用新技术、新工艺、新能源和新材料，达到在资源、能源、材料的占用和使用时降低消耗数量、调整消耗结构、提高使用效率，减少生态系统破坏，降低二氧化碳排放量的目标。

7.1　规划阶段

公路网规划是公路交通规划的组成部分；是公路建设中一项重要的前期工作，它属于长远发展布局规划，是制订公路建设中长期规划、选择建设项目的主要依据；是确保公路建设合理布局，有秩序协调发展，防止建设决策、建设布局随意性、盲目性的重要手段。

良好规划的公路网能显著促进经济社会发展，促进交通运输承载能力，提升通道能力和通行效力，有助于建设生态安全格局，促进结构性节能减排。

7.2　建设前期阶段

7.2.1　建设前期阶段低碳化总体思路

我国现行基本建设程序将公路建设前期工作基本划分为可行性研究（含预可行性研究和工程可行性研究）、初步设计和施工设计三个阶段。

2004 年 9 月，全国公路勘察设计工作会议提出“六个坚持、六个树立”的设计新理念，即坚持以人为本，树立安全至上的理念；坚持人与自然相和谐，树立尊重自然、保护环境的理念；坚持可持续发展，树立节约资源的理念；坚持合理选用标准，树立设计创作的理念；坚持系统论的思想，树立全寿命周期成本的理念。“六个坚持、六个树立”是新时期公路勘察设计工作的理论核心，也是“坚持以人为本，树立全面、协调、可持续的科学发展观”在公路设计和建设中的具体体现。其核心是围绕科学发展观的要求，通过采用灵活设计和创作设计，实现“安全”、“环境优美”“节约资源”“质量优良”“系统最优”的目标，这和建设低碳公路的目标是完全契合的。

7.2.2 建设前期阶段低碳化建议

1)可行性研究阶段

从社会环境因素考虑,预可行性研究和工程可行性研究涉及的内容基本相同,仅在研究的深度和广度上有所区别。可行性研究阶段,低碳化建议要点概述如下:

(1)选择控制点和走廊带要慎之又慎,深入研究,多方案比选。应以区域经济社会发展状况确定路线走廊带。以运行车速理论指导路线方案选择和线形设计,从根本上解决安全问题。山区公路长陡纵坡的安全问题比较突出,路线走廊选择时也应予特别重视。项目所在区域的工程地质灾害评价和环境影响评价应在路线走廊选择前完成,路线走廊选择应绕避活动断裂带、大型滑坡、泥石流等重大地质灾害多发区,绕避环境敏感点。路线走廊选择应从建设、养护、运营、管理等各阶段进行全面经济比较,树立全寿命周期成本的理念。

(2)公路建设必然占用一定数量的土地,包括永久占地及施工期的临时占地。在项目决策上,应认真研究,避免因工程重复建设或前、后期工程衔接不合理造成土地资源的浪费。

(3)曲线路段的路线布设除通常考虑的因素外,还需注意夜间行车对路侧居民的灯光干扰问题。选择也应尽量避开村镇;尽量避免公路阻隔两侧居民往来、农耕。

(4)为使公路建设项目融入环境,必须对沿线的景观环境进行调查,对区域环境特点进行评估。景观环境包括自然环境和人文环境,应将调查到的这些自然的和人文的特征点标注在要进行线位布设的地形图上,从动态景观的要求出发,按"封、透、露、补"的原则,筛选路线线位所应串联的景观特征点。

(5)湿地、水库、野生动物栖息地、自然保护区等对生态平衡和多样性有重要作用,应该引起高度重视。路线走廊应尽量避让这些区域,在万不得已通过时,必须采用一定措施,保证生态连接。

(6)采用全生命周期成本分析对道路路面结构各备选方案进行方案比选,同时对路面方案的能源使用情况及全球变暖潜能值(GWP)(二氧化碳当量排放量)进行分析。可选用耐久、节能、安全、环保的路面结构和路面技术,包括长寿命路面结构、温拌沥青技术、排水路面和减噪路面等。

2)初步设计阶段

初步设计的任务是确定技术经济合理的设计方案,从低碳化角度,设计建议如下:

(1)以运行车速理论为指导，灵活、合理地运用路线平、纵面线形指标。只要公路实际运行速度均衡、连续，即使个别或少数路段采用极限指标，也是一个好的设计。对于山区公路，在保证形成安全(均衡的行驶速度、良好的通视条件)的前提下，可采用接近标准中、下限的指标。

(2)结合地形等条件，考虑技术经济合理性，可分段选用不同的技术指标。在设计路段的划分上不应刻意追求定值，应根据驾驶人的适应程度，并配合交通管理设施灵活掌握。

(3)贯彻尊重自然、保护环境的理念，最大限度减少公路对自然和人文环境的影响。公路线形设计应基本顺应原地形、地貌走向，尽可能拟合等高线，避免横切等高线，以减少高填深挖，努力将对自然的扰动、破坏控制在最小限度内。

(4)山区公路的路线方案要从多角度进行必选。应充分考虑环境治理和保护费用，并把对环境的破坏和可恢复程度作为主要必选条件。当受地形等限制，路线平、纵面确实没有调整的余地时，要进行高路堤与高架桥、深路堑与短隧道、半边桥(或棚洞)与高边坡的综合论证。一般情况下，高路堤超过 20m、深路堑超过 30m 时，原则上应考虑采用桥梁和隧道方案。

(5)降低路基填土高度是平原微丘区应考虑的主要因素。高路堤占地多，土方数量大，造价高；发生事故时驾驶人难以控制，易造成恶性事故；噪声传播范围大、声污染相对严重；路堤在自重作用下沉降大并危及路面，在软土地基隧道尤为严重等。随着我国农村集约化生产程度的提高，农村居民以非机动车为主的出行模式正在改善。因此，应加大协调力度，在得到沿线政府及群众理解的前提下，尽量选择被交路上跨高速公路的低路堤方案。

(6)互通式立交设计的重点是满足功能、满足通行能力，其关键在于匝道出入口段的线形。在满足功能的前提下，互通式立交的设计不应也不必追求规模宏大，应选择简单紧凑的形式，对于山区高速公路尤为重要。服务区等设施的规模要把握得当，不宜追求大规模，以采用一次规划、分期实施方案较为合理。

(7)桥隧工程的总体布置方案应贴近自然，充分与环境协调，与周围山川、沟谷等自然景观搭配。设计要充分考虑美学效果，结构外观应与当地建筑风格一致。

(8)取土坑、弃土场应选择在土地较荒芜的区域，尤其是不应将弃土场设置在水源附近。弃土场及便道应有完善的排水设施，并进行表面处理，使其与原有地形、地貌融为一体。取土坑最好选在公路视线所不及的地方，并尽量使其与周围地形融合，选址恰当并经修整的取土坑可用作蓄水池。

3)施工图设计阶段

施工图设计是根据初步设计批复意见，对所确定的建设原则、设计方案、技术措施加以深化后，以设计图表表述出来，以指导施工。施工图设计的重点应在

“精、细、美”方面上下功夫，高度重视线形、结构及每个局部、细节的技术处理，精雕细琢，满足功能，提高视觉效果。低碳化设计建议如下：

(1)不断优化平纵线形，降低边坡高度。

(2)路基横断面是公路景观的重要载体和主要体现，也是公路自身最可视的部分，因此是施工图设计阶段的重中之重。

边坡坡率选择应灵活、自然，不宜采用单一坡率、不宜出现折角。

路基排水设施的尺寸和形式应根据降雨量、汇水面积等实际情况灵活掌握，不能不分情况僵化地采用一个断面；排水工程在环境中应不突兀，有条件路段以暗排为主，尽可能与环境、景观协调；考虑对行车安全的影响，有条件路段尽可能提供路侧净区。

在征地困难、征地费用不菲的地区，采用挡墙方案不失为一种好选择，可降低公路占地和陆基土石方工程量。一般不宜修建高挡墙(一般高于4m)，必须修建时以绿化平台进行分隔作为替代方案。

工程防护应尽可能考虑采用生态防护，绿化方案应与自然景观相融合，形式以草灌结合为好，以当地生、易于养护的植物种类为优。

路基开挖后露出的完整岩体应予保留，特别是对于已经稳定，且位于路侧净区以外的岩体，因其造型奇特，韵味十足，可增强公路个性，有理由特意加以保护。在陡峭或岩石路堑边坡上凿出台阶，可挡住石屑与土块，也利植物生长。

(3)公路结构物为永久性建筑，应特别重视结构美学。所谓结构美学并非指装潢或装饰，而是指其规模、比例、形状、线条、质地、色彩等。施工图阶段应特别重视结构物的细节设计，在人迹罕至路段公路结构物的设计以追求自然、简洁、古朴为好，在城镇等人文气息浓厚区域，适当强调人文景观，赋予公路结构物以特定人文气息为佳。

(4)互通式立交为取得或维持沿线景观效应提供了较大机会，应把原有天然地物如小片沼泽地、小溪、小块岩体和小树等纳入互通式立交设计范围。

(5)沿线设施应进行美学设计，包括标志、照明、隔离栅及护栏等。这些设施的设计与安装应审慎考虑。协调好这些设施之间的关系，对于实现统一的和减轻杂乱无章的视觉印象至关重要。

(6)隧道和收费站照明系统应进行专门设计，以降低照明能耗。照明采用高效光源、高效灯具和低损耗镇流器等附件，并采取其他节能控制措施，在有自然采光的区域设定时或光电控制。

(7)隧道通风系统应进行专门设计以降低通风系统运行能耗，合理选择风机类型，优化风机运营方式。

(8)服务区设计可参考《绿色建筑评价标准》(GB/T 50378—2014)，满足建筑功能的同时，在建筑全寿命周期内实现节能、节地、节水、节材、保护环境。

可根据当地气候和自然资源条件，充分利用太阳能、地热能等可再生能源。各房间或场所的照明功率密度值不高于国家标准《建筑照明设计标准》(GB 50034—2013)规定的目标值。通过技术经济比较，合理确定雨水积蓄、处理及利用方案和污水处理回收利用方案。

(9)根据《电子收费　专用短程通信》(GB/T 20851—2007)和《收费公路联网收费技术要求》等相关标准规范以及交通运输部、国家发展和改革委员会、财政部《关于促进高速公路应用联网电子不停车收费技术的若干意见》(交公路发〔2010〕726 号)的要求设计 ETC 系统。

(10)公路绿化以保护沿线生活环境和自然环境，提高行车安全性和舒适性，提供和谐的公路景观为目的。同时应注意的是，不能单纯追求观赏效果，忽视植物生长环境。重视选择乡土植物、耐旱植物的配置，往往能够大幅度地减少运营期间浇水次数，降低管护成本。

7.3　施工阶段

7.3.1　施工阶段低碳化总体思路

公路建设不可避免地会带来一定程度的环境负面效应，尤其是施工阶段的影响最为明显，比如土地资源的占用、植被破坏、水土流失、大气污染、噪声污染等。在建设资源节约型、环境友好型社会的大背景下，公路工程有必要按照低碳化施工理念升级施工水平。即应用可持续发展思想提升传统施工理念，节约资源和能源、保护和改善环境，全面优化整个施工工艺和施工过程，实现公路建设与自然环境和社会环境的高度和谐。

7.3.2　施工阶段低碳化建议

1)提升管理水平

发挥总承包建设模式优势，实施集约化管理。利用信息技术和网络平台，实施信息化管理。落实交通运输部文件要求，推行施工标准化。细化施工和监理单位责任，推行管理精细化。

2)节材与材料资源利用

施工中应用低碳环保材料，比如采用温拌沥青混合料，降低施工温度，节约能源，既保护环境，也对施工工人健康有利。

根据实际情况，充分利用已有路面材料，如现场热再生、现场冷再生、全厚式再生、水泥混凝土(PCC)的破碎—打裂压稳及碎石化等工艺。

也可循环利用已有废旧材料，如回收的沥青混合料、水泥混凝土、粒料、废旧建筑材料，工业副产品（如粉煤灰、高炉矿渣等），处理过的废料（如废旧轮胎、碎玻璃等）。

加强材料采购、堆放、入库保管、发配料等环节的管理，减少非实体性材料消耗。科学合理地布置施工现场，并绘制施工现场平面布置图，材料运输时，选用适宜的工具和装卸方法，防止损坏和遗洒。根据现场平面布置就近堆放，避免和减少二次搬运。

3)节能与能源利用

公路工程施工要消耗煤炭、天然气、液化气、汽油、柴油、电等各种能源，低碳施工就是要对能源进行合理的节约利用，尽可能使用清洁能源。

根据施工现场情况，编制详细的施工现场临时用电方案，使施工现场供电网络根据用电量设计布置，采用合理的电缆直径、简捷的线路，有效地减少线路和电缆的浪费。照明设计满足最低照度为原则，照度不超过最低照度的20%。生活区采用低压照明用电，满足照明要求的同时减少耗电量。生活区照明用电由专人负责采用专闸控制，白天8:00后拉闸断电，晚上随季节和天气确定时间合闸供电。施工现场办公区指定严格的用电制度，做到人走灯灭，下班后及时关闭电脑、打印机、复印机等办公用品。施工现场临时用电选用节能型灯具，办公区采用节能灯。办公区、生活区夜间室外照明采用低压电源和灯具。生活区宿舍楼楼道照明采用感光声控系统自动控制。

为了减少车辆和机械设备的能耗，有必要制订并不断完善相应的维护计划、操作规范和车辆/设备的更换时间，最大限度地实现节能。可能用到的节能措施有：

(1)制订并执行车辆和机械的预防性养护计划。

(2)采用合成润滑油，通过减少摩擦，提高能源效率，延长车辆和机械寿命。

(3)考虑制订驾驶员或操作人员的培训计划，更新操作人员的技能，帮助他们更好地了解自己的驾驶或操作习惯对油耗的影响。

(4)每日记录车辆和机械的油耗，确认是否存在漏油的情况以及性能差的车辆。

(5)适当时，将更高效的车辆和设备转移到更高工作比任务上，较低效率的从事较低工作比任务。

(6)适当时，将许多小车辆的负荷集中到一个大车辆上（评估车辆和机械设备长期的使用和负荷水平，选择合适的车辆或机械设备来替换旧的）。

(7)避免延长设备空转时间，制订空转时间政策并检测。通常，公路车辆空转每小时消耗2.0～2.5L燃油。研究表明，在3min内关闭和重新启动的发动机是经济有效的。

(8)限制运输车辆的速度,使车辆在经济的油量范围内运行,考虑复位发动机调速器(也可在需要时在重型设备上使用)。

(9)油箱装到95%,留有膨胀的空间,也可减少溢出。

(10)当考虑买新设备时,选择最高效的发动机。对设备进行评估,使之能以最高效的负荷运行。

沥青拌和楼的能耗受到多种变量的影响,如环境温度、集料含水率、燃烧系统的效率。目的是使所有燃料最大限度地发挥效率。从节能的角度,最重要的是使已有沥青拌和楼有效率地运营。下面列出了保持或提高沥青拌和楼能耗效率的运营措施:

(1)每天记录能耗使用情况;使用拌和楼能耗记录系统,记录主要天气情况或买个油表。使用时的油表读数和燃烧器应燃烧的数量进行比较。

(2)使整个系统漏气情况最小化(燃烧室漏气可减少能耗效率)。

(3)执行漏气探测和修复程序。

(4)考虑绝缘热管道和油罐——廉价、简单的节能方法(所有的绝缘材料应是防水材料)。

(5)定时替换导热媒介(线圈和散热片)。

(6)每年对永久式的拌和楼的燃烧器进行标定;移动式拌和楼刚安置在新位置时也应对燃烧器标定。

(7)确保排气风扇和阻尼器控制能协同工作,提供在所有生产速率和环境空气温度下正确的燃烧空气量。

(8)保证生产温度符合沥青生产温度表。

(9)集料应覆盖,储料仓里的集料应减少淋雨,尽可能使集料自然风干。

(10)保证空压机在最低可行的气压下运行。

(11)采用100%密封的空气燃烧器替换开放式燃煤机组,可节能10%~20%。

(12)考虑替换拌和楼或主要部件,确保生产能力合理。若拌和楼可容纳稍后日期内更大生产量,则可在部分负载的情况下运行,此时拌和楼能耗相对于按照设计能力运行不那么经济。

(13)沥青加热要消耗大量燃料,由于煤炭运输和储存方便、价格便宜,便成为首选。但煤炭燃烧产生大量废气、烟尘,污染环境,影响农业生态。相对而言,气体燃料燃烧性能优良,环境污染有限,可以替代煤炭作为沥青加热燃料。

4)节水与水资源利用

加强对项目部员工的宣传教育,增强其节水意识,养成良好的用水习惯。施工现场分别对生活用水与工程用水确定用水定额指标,并分别计量管理;不同单项工程、不同标段、不同分包生活区,凡具备条件的应分别计量用水量。在签订不同标段分包或劳务合同时,将节水定额指标纳入合同条款,进行计量考核。对混凝土搅拌站点等用水集中的区域和工艺点进行专项计量考核。及时收集施工现场的用水资料，建立用水节水统计台账，并进行分析、对比，对出现的用水异常现象应及时分析原因，并采取有效措施加以解决，提高节水率。

根据施工现场情况，编制详细的施工现场临时用水方案，使施工现场供水管网根据用水量设计布置，采用合理的管径、简捷的管路，有效地减少管网和用水器具的漏损。施工现场尽量少设供水点，可集中在搅拌机旁布置供水点，减少自来水跑、冒、滴、漏现象的发生，节约用水。

施工现场生产生活用水使用节水型生活用水器具，在水源处应设置明显的节约用水标识。盥洗池、卫生间采用节水型水龙头、低水量冲洗便器或缓闭冲洗阀、手动式冲洗水箱或采用电子节水器等，浴室安装莲蓬头和脚踏式喷淋开关，禁止使用铸铁螺旋式水龙头。

施工过程中进行地下水资源的保护，充分利用雨水资源，适当利用废水。为有效收集雨水，减小所收集雨水的含泥量，同时兼顾现场防尘需要，对地面可以采取硬化措施。然后利用硬化地面作为汇水面，通过排水沟将雨水汇集到三级沉淀池。在大门出入口设置冲洗池或自动感应冲洗车辆装置，冲洗水通过排水沟引至三级沉淀池，沉淀后循环利用。雨水、清洗槽的废水经三级沉淀后可分别引至地下室消防水箱和简易小水塔，用于消防、保洁、浇灌和冲洗厕所等，如果设有中水处理装置，可以将其处理成中水后，引至集水井，用于混凝土搅拌和养护。将厨房、盥洗池、浴室、洗衣台废水通过排水沟经隔油池和沉淀池引至简易小水塔，用以冲洗厕所。

5)节地与合理利用和保护土地资源

(1)合理选择取/弃土场。公路路基工程主要是土石方工程，用土量较大，取土场和弃土场的选择要统一规划，事先要进行充分论证。要尽可能在贫瘠地段集中取土，而弃土场选择在低洼荒地较为合理。要避免引发崩塌、滑坡和泥石流等灾害现象的发生。取弃土方要合理调配，要考虑运距的经济性，充分利用移挖作填。对于高等级公路改造，废弃旧路可作为辅道，可作为新路的取土场。

(2)临时工程用地保护。公路工程施工面狭长，流动性大，临时工程多，临时用地要占用大量土地，破坏环境。施工营地尽可能选用荒坡和劣质的土地，少占用耕地。施工营地要采用紧凑型布置。

对施工便道要全线进行统一规划，尽可能利用已有的省道、县道、村道。修筑的便道要做好便道的排水，防止水土流失。要事先将原表层熟土集中存放保管，用于恢复表层。修筑的便道可分为硬化道路和未硬化的道路，前者可在施工结束交付当地公路部门，后者要恢复土地原来用途。

(3)保护树木植被。清表前先放出坡口线，只允许在坡口线内开展砍树、挖根和清除表土等工作。在取土施工和路基填筑过程中，对地表上层 20cm 厚的高肥力腐殖质层土壤剥离后应该妥善保存起来，不得与其他弃方混堆，做好临时防护和排水。公路建设竣工后用于农业复垦、地表植被恢复，也可用于服务区、中央分隔带和边坡绿化等方面。平原地区工程取土深度控制在3m以内，以利农业复垦。

绿化工程有利于生态环境保护，弥补公路施工对环境的破坏，还能稳定路基、保护水土和加固山体，目前多采用挂网客土喷播或喷混植生防护，既有利于石质边坡的稳定，又能实现边坡绿化，生态防护效果理想。

(4)防止水土流失。公路施工系野外作业，受气候环境条件的限制，在雨季容易造成水土流失。所以要尽量避免在雨季进行大量动土和开挖工程，可以提前或推迟进行，从而减少水土流失。

施工场地应常备一定数量的成品防护物，比如稻草、塑料薄膜等，在生态绿化措施尚无法起到防护作用期间，覆盖地表，防止水土流失。

在雨水充沛地区，及时、合理修建完善的排水系统，如截水沟、边沟、排水沟、急流沟、拦水带、沉淀过滤池等，避免边坡滑坡、崩塌。开挖路基时，在地面雨水径流处设置沉淀池，待路基建成后及时推平，进行绿化或还耕。

在易发生滑坡地段修建挡墙、设置抗滑桩等阻挡坡体滑动，防止因滑坡引发水土流失。

6)环境污染防治

(1)粉尘和废气污染防治。公路建设行业具有点多线长面广、人员分散等特点，机械使用规模较大，施工中的粉尘和废气污染较突出。公路施工现场的施工材料多是粉状、颗粒状、片状物质，在搬运和施工生产作业时极易飞扬，比如水泥、砂子、白灰、石料、土、粉煤灰等。废气污染主要来源于现场沥青材料热熔、车辆运输产生的尾气。

堆料场、拌和站选择适当的位置有利于防治粉尘和废气污染，一般要远离居民区、学校，设在空旷地区。采取硬化施工便道，在施工现场适时洒水灭尘有利于防止粉尘污染，水泥、砂子、白灰、石料、土、粉煤灰等堆放时必须采取表面潮湿处理，用篷布遮盖，定期洒水，抑制物料扬尘污染。

沥青混合料拌和厂还应考虑设在居民区、学校等公共场所的下风向处。沥青混合料拌和尽量不采取敞开式、半封闭式加热工艺，而应采用封闭式加热工艺，配置沥青烟净化装置，有关方面要经常检查督促，使沥青烟排放达到相关大气排放限值。

(2)固体废弃物污染防治。在施工阶段，对固体废弃物制订并实施正规的现场回收方案，将其作为项目施工现场管理的一部分。现场回收方案须制订不同种类废弃物的回收方案、负责人员、监管方式、回收方式及处理方案。须包含以下内容(但不限于此)：

①路面施工过程中产生的废弃物的类型、数量、加工过程(包含路面再生材料的处理方式),或者处理设施、处理地点,其主要包括(不限于此):

A. 摊铺过程的废料(热拌沥青、混凝土)。

B. 路面再生材料(沥青、水泥、集料)。

C. 破碎的废料、脱落和磨损的混凝土、石料。

D. 额外的钢筋以及其他金属材料。

E. 额外的塑料管和包装。

F. 挖方土和石料。

G. 清理的表层碎石和土。

H. 施工过程中的木材以及废纸(比如包装材料、硬纸板)。

②项目管理过程产生的废弃物的类型、数量、加工过程,或者处理设施、处理地点(包含处理可再生的活动板房,比如拖车、现场办公室)材料以及个人工作生活废物,主要包括(不限于此):

A 文件、复印件、其他纸类等。

B. 塑料制品。

C. 铝以及其他家用的金属器物。

D. 玻璃制品。

E. 日常垃圾或者排泄物等。

施工单位在开工前要做好申报工作,垃圾处理可委托环卫部门妥善处置,不得逃避监管、擅自倒入河道或居民生活垃圾容器。施工结束后,要对临时占地设施进行全面清理。在临时生活区内应对施工人员进行环卫教育,不要乱扔垃圾,乱丢废弃物,创建文明卫生生活区。

(3)水污染防治。施工过程中会产生大量废水,主要来源于水泥混凝土拌和、养护,职工生产、生活用水等。如果临时供水管道跑漏,可能造成长流水,成为污水源头。还有基础施工时排出的泥浆、施工中抽出的地下水等也会造成现场废水污染。

为了避免废水污染,在选择施工营地、混凝土构件拌和场、预制场时应尽量远离河流,尽量避开居民区饮用水源和农业灌溉水源。

沥青、油料、化学物品等不堆放在民用区饮用水源及河流湖泊附近,并采取措施,防止雨水冲刷进入水体。

与有重要经济、旅游价值的水体,如瀑布、矿泉、温泉等也要保持适当的距离。

对于含油废水和生活污水必须设置相应的处理装置,做到达标排放;对于水泥混凝土废水要设置沉淀池,不得影响周边环境。

桥梁钻孔灌注桩施工,除了应设置泥浆沉淀池,必要时还应采用泥浆船配合作业，严禁直排泥浆污染水体。

(4)噪声污染防治。噪声级较大的机械如发电机、空压机等应尽量布置在偏僻处，并远离居民区、学校、医院等声环境敏感点，拌和场、搅拌场、预制场等距离居民区一般应≥200m，难以选择合适地点的，应采取封闭隔音措施，并对机械定期维护，严格执行操作规程。

合理安排施工时间，夜间尽量不进行施工或安排低噪声施工作业。噪声声级高的施工机械在夜间(22:00～6:00)应停止施工。邻近学校路段施工，应尽量在学校放假期间从事高噪声的施工活动，也可采取临时防护措施，如安装隔声围栏等。若因特殊需要连续施工的，须事前得到有关部门的批准，并同时做好居民的沟通工作。进行夜间施工作业的，应采取措施，最大限度减少施工噪声。对人为的施工噪声应有管理制度和降噪措施，并进行严格控制。承担夜间材料运输的车辆，进入施工现场严禁鸣笛。装卸材料应做到轻拿轻放，最大限度地减少噪声扰民。

施工期应协调好施工车辆通行的时间，在既有交通繁忙的情况下，工程建设方、施工方及交管部门应加强沟通、协调工作，避免交通堵塞，夜间运输要采取减速缓行、禁止鸣笛等措施；材料运输道路尽量避免穿越乡镇及村庄，将施工噪声的影响降低到最低限度。

优化施工方案，合理安排工期，将建筑施工环境噪声危害降到最低限度。在施工招投标时，将噪声防治措施列为施工组织设计内容，并在合同中予以明确。

施工机械和运输车辆要加强维护，保证良好的技术状态，不仅可降低施工噪声，还可延长设备的使用寿命。施工期严格控制施工机械操作人员连续作业时间，采取防护耳塞或头盔等个人降噪防护措施。

7.4 运营阶段

高等级公路运营管理是指高等级公路建成通车后，对高等级公路的收费、养护、交通、安全、服务等系统进行计划、组织、指挥、控制和协调，使其为公路的使用者提供快速、高效、安全畅通的道路及高质量的服务同时，使公路运营管理企业获得最大经济效益。高等级公路运营管理包括路政管理、交通安全管理、养护管理、收费管理、监控、通信等机电系统管理以及服务区管理和综合开发。

两型公路要求公路在运营管理过程中“安全高效、持续发展”，通过加强养护管理，消除安全隐患，不断提高公路的运输能力和使用质量。开展公路运营过程中环境质量监测、环保工程使用效果检查、生态恢复情况调查，发现问题及时解决，减小公路建设对沿线环境和居民的不利影响，使公路逐渐融入沿线自然环境和社会环境之中，真正实现公路与环境的和谐统一。运营阶段低碳化建议如下：

(1)从预防交通事故、降低事故产生的可能性和严重性入手，对公路工程进行全方位的安全审核，从而揭示公路发生事故的潜在危险因素，改善安全性能。

(2)采用电子不停车收费系统，不断提高不停车收费车道覆盖率和非现金支付使用率。

(3)高速公路沿线设有大量的监控和通信设备，这些设备的特点是功率小，距离站点远，且呈线状布置。如果收费站或者服务区，因为距离远，而不在正常合理供电范围内，一会造成电压损失超出合理范围，使设备无法使用；二会使供电电缆的线径大大增加，增加投资成本。可结合太阳能和风能发电技术，维持高速公路正常运营过程中相关设备的电能供应。

(4)在高速公路正常运营过程中，将需要大量的照明、监控设备、冷暖空调，这些设备在使用过程中将消耗大量的电能。对于这些设备，以目前火力发电的模式，如果采用节能技术及产品的话，将可节约大量的电能，并有效减少二氧化碳的排放量。可采用节能照明、地源热泵、飞轮 UPS 技术，达到节约能耗的目的。

(5)及时跟踪测试路面设施的性能，提倡和实施公路设施预防性养护，维持高速公路良好的技术状态，及时修复各种损伤，保证各设施处于良好的技术状态。比如路面采用封缝、微表处、薄层罩面、就地热再生等。

(6)公路养护应充分利用可循环材料，包括道路自身的废旧材料以及其他工业废料。

重视节水技术，绿化、景观、洗车等用水可采用非传统水源。绿化灌溉可采用喷灌、微灌、微喷、渗灌等节水高效灌溉方式。非饮用水采用再生水时，利用附近集中再生水厂的再生水，或通过技术经济比较，合理选择其他再生水水源和处理技术。

同时应注意养护活动对环境的影响。根据交通发展情况，及时采取措施保护居民生活环境。冬季路面除冰雪宜使用环境友好型融雪剂。

(7)充分利用智能交通系统，维护高速公路交通正常秩序，保障交通安全和行车畅通。

8 低碳公路评价标准

8.1 低碳公路概念与特征

8.1.1 低碳公路的概念

低碳公路是指规划思路、设计方案、施工组织和运营管理，应用新技术、新工艺、新能源和新材料，使公路在规划、设计、施工、运营的整个全寿命周期内的建设与养护所产生的碳排放量显著降低的一种公路发展理念。低碳公路的核心是控制资源占用和材料使用、减少能源消耗、优化消耗结构、提高使用效率、降低碳排放。低碳公路的基础是技术创新与制度革新。

8.1.2 低碳公路的特征

1)全生命周期、阶段特征显著

低碳公路是一个系统工程，涉及规划、设计、施工、运营多个阶段。

规划和设计阶段应具有前瞻性，从全局着手根据低碳和使用的要求对方案进行充分的科学论证，包括规划环境评价、建设规模论证、路线选择论证、项目环境评价、水土保持评价、节能评估等。

建设阶段主要考虑材料选择和加工、技术和工艺革新、文明施工、环保施工、施工质量控制、低碳技术应用以及碳排放评估等，该阶段实现低碳公路目标的主要方式有材料循环利用、改善施工工艺和施工组织、优化设备选型、减少临时用地、及时植被恢复、减少生境阻隔、最小化施工对环境和水的影响等。

运营阶段主要通过预防性养护、智能交通系统、节能节材节水技术，保证道路通畅、快捷、有效、低碳运营。

2)全要素

低碳公路建设涵盖全部的资源、环境和生态要素，包括节地、节能、减排、节材、污染和噪声控制、生态保护和生态建设等。

因此，低碳公路可视为基于可持续理论的动态变化的生态系统，包括结构特征和功能特征。其结构特征更多地体现为不同的发展阶段；其功能特征主要体现为各个发展阶段系统内物质流、能量流与自然生态系统的全面和谐。低碳公路既是个理念，也是通过实践可达到的目标。

8.2 低碳公路建设评价体系的构建和基本规定

8.2.1 体系构建

本指标体系是在借鉴已有公路可持续性评价体系的基础的情况下，针对公路工程的建设和养护实现低碳化而提出的(表 8-1)，包括三个阶段、两个层次、两个自定义指标。三个阶段为设计阶段、施工阶段和运营阶段，两个层次指指标分为控制项和优选项。控制项必须满足，不进行打分。优选项指标既包括定性指标，也有定量指标。自定义指标可依据项目创新情况，设立自定义项，自定义项应当符合低碳公路与可持续发展的宗旨。

低碳公路建设评价指标体系框架　　表 8-1

建设阶段	控制项	优选项	
设计阶段	环境影响分析 节能评价 路面寿命周期成本分析 路面设计方案寿命周期清单	1.综合敏感性设计(5 分) 2.生命周期评价(2 分) 3.长寿命路面(5 分) 4.透水路面(3 分) 5.温拌沥青路面(3 分) 6.低噪声路面(3 分)	7.收费站和隧道节能照明(3 分) 8.隧道节能通风(3 分) 9.服务区低碳化设计(5 分) 10.电子不停车收费系统(3 分) 11.景观设计(2 分) 12.文化拓展(2 分)
施工阶段	质量控制体系 噪声控制方案 施工废弃物管理 水土保持计划 低影响开发实施	1.质量管理系统(2 分) 2.环境管理体系(2 分) 3.环保意识培训(1 分) 4.土石方工程平衡(1 分) 5.材料运距(5 分) 6.路面重复利用(5 分) 7.可循环材料(5 分) 8.现场回收方案(1 分) 9.化石燃料消耗(2 分)	10.施工设备有害气体排放(3 分) 11.水利用跟踪(2 分) 12.径流控制(3 分) 13.径流水质(3 分) 14.路网植被(3 分) 15.生境修复(3 分) 16.生态连接(3 分) 17.承包商担保(3 分)

续上表

建设阶段	控制项	优选项	
运营阶段	路面管理系统 道路日常养护 宣传教育	1. 安全审计(2分) 2. 智能交通系统(5分) 3. 路面使用性能跟踪(1分)	
自定义项		自定义指标1	
		自定义指标2	

就具体的公路工程项目而言，合理评价低碳公路应将公路全生命周期内各种作业所涉及的材料、能源消耗折算为碳排放量，以碳排放总量、碳排放效益作为低碳公路的核心评价指标。

8.2.2 基本规定

(1)申请评价方应按相关规范的要求，对规划、设计、施工与运营阶段进行过程控制，并提交相关文档。

(2)申请低碳公路的项目应列入所在区域公路和城市道路路网规划，并以路网规划中划分区段为评价对象。

(3)申请低碳公路评价各级城市道路和高速公路、一级公路，应当通过工程质量验收并投入使用一年及以上，符合国家相关政策，未发生重大质量安全事故，无拖欠工资和工程款。

(4)低碳公路评价应由业主单位或道路建设管理单位提出申请，鼓励设计单位、施工单位和运营单位等相关单位共同参与申报。

(5)低碳公路评价指标体系由控制项和优选项两大类组成。控制项为申请低碳公路项目必须达到的指标，共12项，无一例外。

(6)自选项可根据道路项目的不同自行选择。每项自选项由其对可持续性影响大小配以一定的分值(通常是1～5分)。本标准共设立32个优选项，计94分。

(7)低碳公路的评定也允许特定项目或组织制订自定义项，但需征得低碳公路评定机构的同意，这些“自定义项”可占额外的10分，加优选项的94分，共计104分。

(8)若自选项评分要求按照达到程度不同，可得该项部分分数，得分严格按照评分要求执行；若评分要求未写明，可得该项的部分分数，若达到要求，得到该项满分，未达到，该项得0分。

(9)低碳公路评定系统将核实项目是否满足所有的项目控制项，并评定项目自选项的得分(满分94分)，根据得到的分数授予一定的等级。以下为项目的等级。

合格低碳公路：达到所有控制项要求＋28～38自选项得分(占总分的30％～40％)。

银牌低碳公路：达到所有控制项要求＋39～47 自选项得分（占总分的40％～50％）。

金牌低碳公路：达到所有控制项要求＋48～56 自选项得分（占总分的50％～60％）。

铂金低碳公路：达到所有控制项要求＋57 及以上自选项得分（占总分的60％以上）。

8.3 控制项

8.3.1 设计阶段

（1）公路工程项目的各个设计阶段均应重视环境保护设计。在可行性研究阶段，应进行环境影响分析评价；在初步设计阶段，应落实环境影响评价文件提出的环境保护措施和水土保持方案；在施工图设计阶段，应根据初步设计审定意见作出环境保护工程设计。执行过程应符合《中华人民共和国环境影响评价法》、《公路建设项目环境影响评价规范》（JTG B03—2006）以及《公路环境保护设计规范》（JTG B04—2010）的要求。

（2）在符合使用功能的基础上，结合当地的自然条件，在道路线路布置等方面尽量按照节能要求设计。充分考虑当地的环境条件、气候特点、经济现状及发展需求等，采取相应的技术措施，做到节约能源、综合利用、保护环境。

（3）采用全生命周期成本分析对道路路面结构各备选方案进行方案比选，同时对路面方案的能源使用情况及全球变暖潜能值（GWP）（二氧化碳当量排放量）进行分析。

8.3.2 施工阶段

（1）主承包商应按照《中华人民共和国建筑法》及《建设工程质量管理条例》提交并执行正式的工程项目质量控制系统。

（2）在施工的过程中，主承包商应制订并实施一个正规的噪声控制方案。建筑噪声控制标准应符合《中华人民共和国噪声污染防治法》《声环境质量标准》（GB 3096—2008），《建筑施工场界环境噪声排放标准》（GB 12523—2011）。

（3）在施工的过程中，主承包商应根据《中华人民共和国固体废物污染环境防治法》制订并实施一个正式的道路施工期间的建筑固体废弃物管理计划。

（4）项目应根据《开发建设项目水土保持技术规范》（GB50433—2008）及交通部公路科学研究院于 2003 年 5 月颁布的《公路建设项目水土保持方案技术规范（初稿）》建立水土保持方案，预测水土流失状况，提供防治措施。

(5)项目应制订低影响开发方案，针对道路沿线状况，确定最佳的雨洪管理措施，降低道路建设对水文环境带来的影响。

8.3.3 运营阶段

(1)建立完善的路面管理系统，基于该路面管理系统及其预测模型，制订完善的路面养护方案。

(2)制订并实施一套全面的道路日常维护计划，包括项目的负责部门、养护标准、养护频率、施工方法及资金来源等。

(3)为道路建立全面的公共宣传计划。

8.4 优选项

8.4.1 设计阶段

(1)采用综合敏感性方案(即综合敏感性设计)设计道路工程，协调风景、美学、历史、社区和环境资源，兼顾提高安全性、灵活性和基础设施水平。

(2)聘用第三方机构对项目最终设计方案进行生命周期评价，分析过程执行《环境管理　生命周期评价　原则与框架》(GB/T 24040—2008/ISO 14040：2006)及《环境管理　生命周期评价　要求与指南》(GB/T 24044—2008/ISO 14044：2006)。

(3)采用耐久、节能、安全、环保的路面结构和路面技术，包括长寿命路面结构、温拌沥青技术、排水路面和减噪路面。

(4)隧道和收费站照明系统应进行专门设计，以降低照明能耗。照明采用高效光源、高效灯具和低损耗镇流器等附件，并采取其他节能控制措施，在有自然采光的区域设定时或光电控制。节能灯具覆盖率不低于20%。

(5)隧道通风系统应进行专门设计以降低通风系统运行能耗，合理选择风机类型，优化风机运营方式。节能风机覆盖率不低于20%。

(6)服务区设计参考《绿色建筑评价标准》(GB/T 50378—2014)，满足建筑功能的同时，在建筑全寿命周期内实现节能、节地、节水、节材、保护环境。

(7)在建、拟建高速公路，一级公路的收费站应按照ETC车道全覆盖的要求，采取土建同步、机电预留的设置原则实施。建成通车时，其ETC车道的实际覆盖率(设置ETC车道收费站数量占收费站点总数量的比例)达到60%，非现金支付使用率达到40%。

(8)至少在风景良好路段设置旅客中途休息区、服务区、道路加宽停车欣赏区、俯瞰台和娱乐区等方式，方便旅客下车欣赏沿途风景。

(9)在道路沿线进行文化拓展设计，体现当地风景名胜或历史文化遗迹，反映当地文化、地理、历史和考古特色等。

8.4.2 施工阶段

(1)项目建设管理单位和项目设计单位应通过 ISO 9001 质量管理体系的认证。施工主承包商单位应通过 ISO 9002 质量管理体系认证。主承包商按照《质量管理体系　要求》(GB/T 19001—2008)和《工程建设施工企业质量管理规范》(GB/T 50430—2007)的要求建立并实施本道路工程的施工质量管理体系。

(2)针对工程的具体情况制订相应的环境培训方案，对不同工种和岗位类型的人员进行培训。

(3)减少土石方的填挖体积，使填挖土石方体积之差控制在 10%以内。

(4)尽量就地取材，项目所用材料来源于施工现场 400km 范围内的材料费用占总材料费用比例不低于 60%。

(5)项目范围内继续利用或再利用现有的路面材料，现有路面材料利用率不低于 80%。

(6)项目使用可循环材料作为原材料的替代品，包括废旧沥青混合料、水泥混凝土、水泥稳定碎石、粒料、矿渣等。

(7)制订并实施正规的现场回收方案，将其作为项目施工现场管理的一部分。

(8)通过使用生物燃料或者生物混合燃料减少施工设备对化石燃料的消耗。

(9)50%及以上的道路工程施工设备安装有减少尾气排放设备和采用提高燃油效率的技术，以便能够达到相关的排放标准。

(10)详细记录项目施工过程中的用水信息。

(11)制订道路雨水径流管理方案管理地表径流，详细阐述方案的实施管理目标和实施效果，实现有效控制地表径流速度和径流水质。

(12)路边植被、装饰性植物(例如花架，或者市区的盆栽植物)和排水设施中种植的植物应是非侵入性植物。鼓励种植本地植物以及不需要灌溉的植物。

(13)制订和实施生境恢复计划，降低道路建设给生境带来的影响，恢复原有的生境水平。

(14)对道路项目进行特殊点的野生生物评估，报告道路工程对主要的生态系统所产生的影响，并判断该影响会对野生动物造成影响的种类和范围。制订详细的加强道路沿线生态连接的方案并实施。

(15)聘请与项目无关的多学科专业人员组成安全审计小组或委托专业的咨询机构，在建设之前、建设期和运营期进行道路安全审计。

(16)在道路项目缺陷责任期结束后,承包商通过质量担保方式,对道路路面结构的面层以及基层等有最低 2 年的担保。

8.4.3 运营阶段

(1)从预防交通事故、降低事故产生的可能性和严重性入手,对公路项目建设的全过程即规划、设计、施工和服务期进行全方位的安全审核,从而揭示公路发生事故的潜在危险因素,改善安全性能。

(2)道路项目根据道路等级、使用者需求安装不同类型的智能交通系统,提高交通运输系统的效率、减少交通事故、降低环境污染。

(3)跟踪测试路面长期性能,评价路面服务能力,并制订相应的养护措施,建立前期施工质量及后期路面检测数据与道路空间位置的相对性联系。

9 结　论

9.1 主要研究结论

(1)研究确定了道路沥青、水泥、钢材和砂石料等筑路原材料的生产能耗参数(表9-1)以及各种筑路混合料的原材料能耗(表9-2)。路面再生混合料的原材料能耗与热拌沥青混合料相比减少了30%～60%,而材料性能基本相当,因此是沥青路面技术中最具推广价值的节能减排降耗技术。

原材料生产能耗　表9-1

原材料类别	能耗(MJ/t)	原材料类别	能耗(MJ/t)
沥青	6 000	集料	53
水泥	6 700	乳化沥青(60%残余物含量)	3 490
钢材	24 969		

各种筑路混合料的原材料能耗　表9-2

筑路材料类型	组成材料及所占比例		各组分能耗(MJ/t混合料)	能耗(MJ/t混合料)
	组分	占比		
热拌/温拌沥青混合料	沥青	4	230.8	281.7
	集料	100	51.0	
就地热再生混合料	沥青	1	49.6	58.3
	RAP	100	0.0	
	集料	20	8.8	
厂拌热再生混合料	沥青	1.5	68.4	108.7
	RAP	30	0.0	
	集料	100	40.3	
冷再生混合料	沥青	2.5	134.3	196.2
	水泥	1	50.0	
	RAP	100	0	
	集料	30	11.9	

续上表

筑路材料类型	组成材料及所占比例		各组分能耗（MJ/t混合料）	能耗（MJ/t混合料）
	组分	占比		
水泥稳定碎石混合料	水泥	5	11.9	369.5
	集料	100	319.0	
水泥混凝土	水泥	25	50.5	1 382.4
	集料	100	1 340.0	
级配碎石	集料	100	42.4	53.0
微表处/稀浆封层	乳化沥青	12	53.0	498.0
	水泥	1	387.1	
	集料	100	61.9	

(2)研究发现，可以通过定额法准确、方便地计算公路工程各生产施工环节的能耗情况。实际能耗分析时，有实测能耗数据的可以优先使用，没有实测能耗数据的，可以使用定额法计算能耗数据。

(3)以实测法为主，配合使用定额法，研究确定了热拌沥青混合料、冷再生混合料、水泥稳定碎石、水泥混凝土、级配碎石等主要筑路材料的生产施工能耗参数，见表9-3。

路面混合料生产施工能耗 表9-3

筑路材料类型		能耗		
		混合料生产(MJ/t)	运输[MJ/(t·km)]	施工
热拌沥青混合料	改性沥青SMA	509.0	5.4+1.2×(公里数−1)	15.8MJ/t
	改性沥青AC	447.0		10.0MJ/t
	普通沥青AC	405.0		10.0MJ/t
温拌沥青混合料	改性沥青SMA	356.3		15.8MJ/t
	改性沥青AC	312.9		10.0MJ/t
	普通沥青AC	283.5		10.0MJ/t
厂拌冷再生混合料		12.2		2.7MJ/m²
就地冷再生混合料		20.3		9.8MJ/m²
水泥稳定碎石混合料		1.2		3.8MJ/m²
滑模摊铺水泥混凝土		3.2		10.2MJ/m²
级配碎石		—		3.5MJ/m²

(4)在不考虑原材料生产能耗的情况下，对于沥青路面工程而言，沥青混凝土的生产能耗占比超过90%。因此，为了降低能耗，减少沥青混凝土生产能耗

尤其是集料加热能耗是节能的关键。

(5)温拌沥青混合料比热拌混合料降低生产施工温度约40℃集料加热能耗,研究得出温拌沥青混合料的集料加热能耗比热拌混合料减少30%以上。因此,温拌沥青混合料是沥青路面技术中最具推广价值的节能技术之一。

(6)沥青混合料施工(摊铺、压实)能耗受到施工设备组合的显著影响。对应于320t/h的混合料施工能耗约为10.0MJ/t,对应于240t/h的混合料施工能耗约为10.2MJ/t,能耗仅为30t/h工况时的43%左右,节能效果明显。因此,应该尽可能选择生产效率高、技术状况好的机械设备进行生产施工。

(7)沥青混合料施工(摊铺、压实)能耗受到混合料类型、矿料级配粗细等的影响,但是差异不大,可以忽略不计。但是沥青胶浆黏度对混合料施工能耗影响较大,SMA的施工能耗是AC能耗的1.58倍。

(8)厂拌冷再生混合料的生产能耗为5.2MJ/t,仅为热拌沥青混合料生产能耗的1%左右,节能98%以上,是路面技术中最具推广价值的节能技术之一。

(9)量化分析了公路工程各分部工程、分部工程中的各工序的能耗情况,找出了公路建设期节能重点环节。沥青面层是整个公路工程中单位施工体积能耗最大的部分,是公路工程节能的重点环节。

(10)对五种路面结构的材料物化阶段能耗进行对比分析,得出以下几点结论:

①水泥路面结构的原材料物化显著能耗高于沥青路面,前者至少高出后者60%以上。如果只是从该角度节能看,沥青路面优于水泥路面。

②对于我国普遍采用半刚性基层沥青路面结构,原材料物化能耗中水泥贡献比例最高,占45%～65%;其次是沥青,占20%～30%;再次是集料,占15%左右。如果只是从该角度节能来看,沥青路面在总厚度不变的情况下应加厚沥青面层、薄半刚性基层。

③无论采用何种路面结构形式,从材料物化阶段节能的角度看,应尽可能减少水泥用量。

(11)对五种路面结构生产施工阶段能耗进行对比分析:

①沥青路面的施工能耗显著能耗高于水泥路面结构,前者是后者的5～9倍。其中,两者运输、摊铺、压实工艺环节的能耗比较接近,差异主要出现在混合料拌和生产阶段。这是由于沥青混合料需要加热,需要消耗大量能源,而水泥混凝土拌和无须加热,拌和能耗很低。如果只是从该角度节能看,水泥路面优于沥青路面。

②三种沥青路面结构的施工能耗随着沥青层厚度的增加呈降低趋势。其中,运输能耗、摊铺压实能耗都是降低的,但是拌和能耗是增加的。

(12)同时考虑材料物化能耗和路面生产施工能耗,得出以下几点结论:

①水泥路面能耗高于沥青路面。如果只是从该角度节能看，沥青路面优于水泥路面。

②对于我国普遍的采用半刚性基层沥青路面结构，材料物化能耗占比为60%～70%；对于水泥路面结构，材料物化能耗占比超过95%；只有我国很少使用的全厚式沥青路面，材料物化能耗才没有超过50%。

(13)对公路运营阶段路面养护能耗进行了研究，得出了路面预防性养护、路面大中修、路面再生各养护工艺的能耗参数，见表9-4。

路面养护工程施工能耗　　表9-4

养护类别		能耗		
		混合料生产(MJ/t)	运输[MJ/(t·km)]	施工 MJ/m^2
微表处/稀浆封层		—		2.6MJ/m^2
路面铣刨①	4cm	—		3.8MJ/m^2
	8cm	—		7.1MJ/m^2
	12cm	—		10.4MJ/m^2
	16cm	—		13.6MJ/m^2
超薄罩面		269	5.4+1.2×(公里数－1)	10.0MJ/t
加铺/罩面②		509/447/405		15.8/10.0/10.0MJ/t
就地热再生②		509/447/405		1 689.3MJ/m^2
厂拌热再生②		509/447/405		15.8/10.0/10.0MJ/t
就地冷再生		20.3		9.8MJ/m^2
厂拌冷再生		12.2		2.7MJ/m^2

注：①铣刨深度不是表中所列数值时采用内插法计算能耗，也可按照以下公式计算能耗：单位面积铣刨能耗(MJ/m^2)＝[3.81+(铣刨厚度厘米数－4)×0.82]/1 000。

②混合料生产能耗根据材料类型的不同(改性沥青SMA、改性沥青AC、普通沥青AC)分别取509MJ/t、447MJ/t、405MJ/t。

(14)同时考虑材料物化、路面生产施工、运营维护和生命终结各阶段能耗，得出以下几点结论：

①从生产工艺阶段看，混合料生产能耗占50%，材料物化能耗比较接近，占总能耗的46%，而施工阶段能耗仅占约4%。因此从节能角度讲，材料物化和混合料生产阶段的节能是最为关键的。

②从寿命周期阶段看，沥青路面养护期能耗最高，占50%；建设期能耗次之，约占45%，与建设期能耗比较接近；生命终结能耗最低，只占5%。因此，从节能角度讲，沥青路面建设期和运营维护期节能同等重要。

(15)由于材料物化阶段不属于公路行业的范畴，如果只是从公路行业的节能来看，即不考虑材料物化阶段能耗，而是从材料运抵路面生产施工现场后开始进行能耗分析的话，得出以下结论：

①生产工艺阶段看，混合料生产能耗占93%，而施工阶段能耗仅占约4%。因此从节能角度讲，混合料生产阶段的节能是最为关键的。

②从寿命周期阶段看，沥青路面养护期能耗最高，占75.1%；建设期能耗次之，约占23.1%；生命终结能耗最低，只占1.8%。因此从节能角度讲，沥青路面运营维护期节能最为重要。

(16)通过对沥青面层各个现场施工环节、施工工艺、排放源及温室气体排放种类分析，对沥青混合料自身的排放情况得出以下结论：

①热拌沥青混合料在拌和、运输过程中，排放的有害气体主要成分是二氧化碳(CO_2)，其次还有一氧化碳(CO)、氧化氮(NO)，以及有少量的一氧化二氮(N_2O)和甲烷(CH_4)。

②从四个不同的施工阶段来看，拌和、运输、摊铺和碾压各阶段CO_2的其他浓度由高到低依次下降，这与各阶段混合料温度的排序是一致的。因此，降低混合料生产施工温度是减少沥青混合料有害气体的关键。

③沥青混合料温度在140℃以下时有害气体排放有限，超过140℃后有害气体排放便成倍急剧增加。因此，同样得出结论，降低混合料生产施工温度是减少沥青混合料有害气体的关键。

④拌和厂测试结果显示，采用温拌技术后二氧化碳、氮氧化物的排放分别下降60.0%和72.6%，二氧化硫和烟尘的排放量分别下降75.2%和47.9%。施工现场测试结果显示，采用温拌技术后各类有害气体排放量均下降80%以上，其中沥青烟、苯可溶物和苯并(a)芘分别下降91.9%、97%和80.2%。

(17)同时考虑混合料自身排放以及生产施工设备排放，得出以下结论：

①沥青路面生产施工中，各结构层温室气体排放顺序为，水泥稳定碎石基层最大，水泥稳定碎砾石底基层居中，沥青面层最小。这主要是由于基层和底基层需要使用4%左右的水泥，而水泥生产排放巨大。

②沥青面层生产施工过程中，占主导地位的是生产施工设备由于消耗能源产生的排放，而沥青混合料自身的排放与之相比很小，仅为前者的4/10 000～8/10 000。但是由于沥青混合料自身排放中含有苯可溶物和苯并(a)芘等强致癌物质，因此沥青混合料自身的减排依然重要。

③对于沥青路面面层而言，温室气体排放量最大的施工环节是拌和，接下来是原材料生产阶段，运输、摊铺和碾压阶段温室气体排放量较少。

④对于沥青路面的基层、底基层而言，原材料生产环节(尤其是水泥)产生最多的温室气体排放量，拌和、运输、摊铺、碾压和养生阶段产生的温室气体放量较少。

(18)研究提出了公路工程生命周期低碳化建议。

(19)研究提出了低碳公路评价标准。

9.2 需进一步研究的问题

(1)路面全寿命周期评价,目前只是采用生命周期清单分析,未来应进一步采用生命周期影响评价。

(2)低碳公路评价指标体系有必要通过实体工程进行进一步验证,以不断地修正和完善。

参考文献

[1] Roudebush W. H.. Environmental Value Engineering Assessment of Concrete and Asphalt Pavement. Portland Cement Association. PCA R&D Serial No. 2088a, 1999.

[2] Häkkinen T., Mäkelä K.. Environmental Impact of Concrete and Asphalt Pavements, in Environmental adaption of concrete. Technical Research Center of Finland. Research Notes 1752, 1996.

[3] Horvath A., Hendrickson C.. Comparison of Environmental Implications of Asphalt and Steel-Reinforced Concrete Pavements. Transportation Research Record, 1998,1626:105-113.

[4] Roudebush W.. Environmental Value Engineering (EVE) Environmental Life Cycle Assessment of Concrete and Asphalt Highway Pavement Systems. Portland Cement Association. PCA R&D Serial No. 2088, 1996.

[5] Berthiaume R., Bouchard C.. Exergy Analysis of the Environmental Impact of Paving Material Manufacture. Transactions of the Canadian Society for Mechanical Engineering, No. 1B, 1999,23:187-196.

[6] Mroueh U. M., Eskola P., Laine-Ylijoki J., et al. Life Cycle Assessment of Road Construction. Finnish National Road Administration. Finnra Reports 17/2 000, 2000.

[7] International Organization for Standardization. Environmental Management-Life Cycle Assessment-Requirement and Guidelines. ISO 14044: 2006(E), 2006.

[8] Stripple, H.. Life Cycle Assessment of Road: A Pilot Study for Inventory Analysis (Second Revised Edition). Swedish National Road Administration. IVL B 1210 E, 2001.

[9] Stripple H.. Life Cycle Inventory of Asphalt Pavements. IVL Swedish Environmental Research Institute Ltd, 2000.

[10] Nisbet M. A., Marceau M. L., VanGeem M. G., et al Environmental Life Cycle Inventory of Portland Cement Concrete and Asphalt Concrete Pavements. Portland Cement Association. PCA R&D Serial No. 2489, 2001.

[11] Nisbet M. A., Marceau M. L., Environmental Life Cycle Inventory of

Asphalt Concrete. Portland Cement Association. PCA R&D Serial No. 2487, 2001.

[12] Park K. , Hwang Y. , Seo S. ,et al. Quantitative Assessment of Environmental Impacts on Life Cycle of Highways. Journal of Construction Engineering and Management 2003,129(1):25-31.

[13] Treloar G. J. , Love P. E. D. , Crawford, et al. Hybrid Life-Cycle Inventory for Road Construction and Use. Journal of Construction Engineering and Management. , 2004,130(1):43-49.

[14] Zapata P. , Gambatese J. A. . Energy Consumption of Asphalt and Reinforced Concrete Pavement Materials and Construction. Journal of Infrastructure Systems, 2005,11(1):9-20.

[15] Athena Institute. A Life Cycle Perspective on Concrete and Asphalt Roadways: Embodied Primary Energy and Global Warming Potential. Cement Assocation of Canada. Prepared for the Cement Association of Canada, 2006.

[16] Athena Sustainable Materials Institute. Life Cycle Embodied Energy and Global Warming Emissions for Concrete and Asphalt Roadways. Canadian Portland Cement Association, 1999.

[17] Chan A. W. -C. . Economic and Environmental Evaluations of Life Cycle Cost Analysis Practice: A Case Study of Michigan DOT Pavement Projects, Master of Science Thesis in Natural Resource and Environment, University of Michigan, 2007.

[18] Nathman R. , McNeil S. , Van Dam T. J. Integrating Environmental Perspectives into Pavement Management: Adding PaLATE to the Decision-Making Toolbox. Presented at the Transportation Research Board 88th Annual Meeting. Washington, D. C, 2009.

[19] Birgisdóttir H. . Life cycle assessment model for road construction and use of residues from waste incineration, Ph. D. Dissertation in the Institute of Environment and Resources, Technical University of Denmark, 2005.

[20] Huang Y. , Bird R. , Heidrich O. . Development of a life cycle assessment tool for construction and maintenance of asphalt pavements. Journal of Cleaner Production, 2009,17(2):283-296.

[21] Garg A. , Kazunari K. , Pulles T. . 2006 IPCC Guidelines for National Greenhouse Gas Inventories. Intergovernmental Panel on Climate

Change, 2006.

[22] Wang M. , Lee H. , Molburg J. . Allocation of Energy Use in Petroleum Refineries to Petroleum Products: Implications for Life-Cycle Energy Use and Emission Inventory of Petroleum Transportation Fuels. International Journal of Life Cycle Assessment, 2004,9(1):34-44.

[23] Marceau M. L. , Nisbet M. A. , Vangeem M. G. . Life Cycle Inventory of Portland Cement Manufacture. Portland Cement Association. PCA Report No. 2095b, 2006.

[24] Josa A. , Aguado A. , Cardim A. , et al. Comparative analysis of the life cycle impact assessment of available cement inventories in the EU. Cement and Concrete Research, 2007,37(5).

[25] Huntzinger D. N. , Eatmon T. D. . A life-cycle assessment of portland cement manufacturing: Comparing the traditional process with alternative technologies. Journal of Cleaner Production,2009,17(1):668-675.

[26] Boesch M. E. , Koehler A. , Hellweg S. ,Model for Cradle-to-Gate Life Cycle Assessment of Clinker Production. Environmental Science and Technology, 2009,43(19):7578-7583.

[27] Curran M. A. . Life Cycle Assessment: Principles and Practice. United States Environmental Protection Agency. EPA/600/R-06/060, 2006.

[28] Muga H. E. , Mukherjee A. , Mihelcic J. R. , et al. An Integrated Assessment of Continuously Reinforced and Jointed Plane Concrete Pavements. Journal of Engineering, Design and Technology. 2009,7(1):81-98.

[29] Mroueh U. M. , Eskola P. , Laine-Ylijoki J. . Life-cycle impacts of the use of industrial by-products in road and earth construction. Waste Management,2001,21:271-277.

[30] University of Washington & CH2MHill. Greenroads v1. 5 Manual, January 2009. http://www. greenroads. us/.

[31] Federal Highway Administration (FHWA). Sustainable Highways Self-Evaluation Tool. FHWA, U. S. Department of Transportation, Washington, D. C. , 2011.

[32] Canadian Construction Association. Road Rehabilitation Energy Reduction Guide for Canadian Road Builders. CCA-Ontario, 2005. http://www. cca-acc. com/homepage_e. asp.

[33] National Pollutant Inventory. Emission Estimation Technique Manual for Hot Mix Asphalt Manufacturing. Australia, 1999.

[34] U. S Department of Energy. Future U. S. Highway Energy Use: A Fifty Year Perspective DRAFT, 2001

[35] U. S. ENVIRONMENTAL PROTECTION AGENCY. Hot Mix Asphalt Plants Emission Assessment Report, EPA 454/R-00-019, North Carolina 27711, 2000.

[36] Chappat, M. & Bilal, J.. The Environmental Road of the Future: Life Cycle Analysis, Energy Consumption and Greenhouse Gas Emissions. Colas Group, 2003.

[37] Terrel, R. L. & Hicks, R. G.. Viability of Hot In-Place Recycling as a Pavement Preservation Strategy. California Pavement Preservation Center, Chico, California, Report Number: CP2C-2008-106, 2008.

[38] Miller, T. & Bahia, H.. Sustainable Asphalt Pavements Technologies, Knowledge Gaps and Opportunities. Modified Asphalt Research Center, University of Wisconsin Madison, 2009.

[39] Jim Chehovits, Larry Galehouse. Energy Usage and Greenhouse Gas Emissions of Pavement Preservation Processes for Asphalt Concrete Pavements. Compendium of Papers from the First International Conference on Pavement Preservation, 2010.

[40] 龚志起. 建筑材料寿命周期中物化环境状况的定量评价研究[D]. 北京:清华大学,2004

[41] 刘顺妮. 水泥混凝土体系环境影响评价及应用研究[D]. 武汉:武汉理工大学,2002.

[42] 郑莉. 路面材料 LCA 及其信息化开发. 长沙:长沙理工大学,2007.

[43] 尚春静,张智慧,李小冬. 高速公路生命周期能耗和大气排放研究[J]. 公路交通科技,2010,27(8):149-154.

[44] 秦永春. 基于表面活性剂的温拌沥青混合料的设计及相关性能研究[D]. 上海:同济大学,2009.

[45] 程玲,闫国杰,等. 温拌沥青混合料摊铺节能减排效果的定量化研究[J]. 环境工程学报,2010,4(9):2151-2155.

[46] 张雷,徐静珍. 水泥行业节能减排综合测评指标体系的构建[J]. 河北理工大学学报,2010,32(2):105-108.

[47] EPA. Guidelines for Assessing the Quality of Life-cycle Inventory Analysis. EPA530-R-95-010, PB95-191:235, 1995.

[48] International Organization for Standardization. Environmental Management-Life Cycle Assessment-Principles and Framework. ISO 14040:2006

(E). 2006.

[49] Udo de Haes H. , Ed.. Towards a Methodology for Life Cycle Impact Assessment. Society for Environmental Toxicology and Chemistry Europe, Brussels, 1996.

[50] 中华人民共和国国家标准. GB/T 24044—2008 环境管理 生命周期评价 要求与指南[S]. 北京:中国标准出版社,2008.

[51] Sven E. , Jorgensen. A Systems Approach to the Environmental Analysis of Pollution Minimization. Boca Raton, FL : Lewis Publishers, 2000.

[52] Lenzen M. , Dey C.. Truncation Error in Embodied Energy Analyses of Basic Iron and Steel Products[J]. Energy, 2000,25(6):577-585.

[53] Lenzen M.. Errors in Conventional and Input-Output-based Life-Cycle Inventories[J]. Journal of Industrial Ecology, 2001,4(4):127-148.

[54] Leontief W. W.. Quantitative Input and Output Relations in the Economic System of the United States[J]. The Review of Economic Statistics,1936,18(3):105-125.

[55] Bureau of Economic Analysis. Industry Economic Accounts. United States Department of Commerce. 2008. Available from: http://www.bea.gov/industry/.

[56] Hendrickson C. T. , Lave L. B. , Matthews H. S.. Environmental Life Cycle Assessment of Goods and Services. Washington, DC: Resources for the Future. 2006.

[57] Trealor G. J. , Love P. E. D. , Faniran O. O. , et al. U.. A Hybrid Life Cycle Assessment Method for Construction. Construction Management and Economics, 2000,18(1):5-9.

[58] ISO14042. Environmental Management Life Cycle Assessment Life Cycle Impact Assessment, 1998.

[59] Mark Goedkoop, Renilde Spriensma. The Eco-indicator 99: A Damage Oriented Method for Life Cycle Impact Assessment, 2000.

[60] Barbara C. Lippiatt. Building for Environmental and Economic Sustainability Technical Manual and User Guide. NIST, 2002.

[61] Henrik Wenzel, Michael Hauschild, Leo Alting. Environmental Assessment of Products—Volume 1: Methodology, Tools and Case Studies in Product Development. London; New York : Chapman & Hall, 1997.

[62] ISO14043. Environmental Management Life Cycle Assessment Life Cycle Interpretation, 2000.

[63] Weidema B. P. , Environmental Assessment of Products: A Textbook on Life Cycle Assessment, Finish Association of Graduate Engineers TEK, Helsinki,1997.

[64] Lester B. Lave, Elisa Cobas-Flores, Chris T. Hendrickson, et al. Using Input-Output Analysis to Estimate Economy-Wide Discharges, Environmental Science and Technology, 1995, 29(9):420-426A.

[65] Chris Hendrickson, Arpad Horvath ,et al. Economic Input Output Models for Environmental Life Cycle Assessment, Environmental Science and Technology, 1998:184A-191A.

[66] 郭运功,林逢春,等. 上海市能源利用碳排放的分解研究[J]. 环境污染与防治,2009(9):68-81.

[67] 张春霞,章蓓蓓,黄有亮,等. 建筑物能源碳排放因子选择方法研究[J]. 建筑经济,2010(10):106-109.

[68] 刘源,张元勋,等. 民用燃煤含碳颗粒物的排放因子测量[J]. 环境科学学报,2007,(9):1409-1416.

[69] 全球战略研究所. 2006 年 IPCC 国家温室气体清单指南,2006.

[70] 龚志起. 建筑材料寿命周期中物化环境状况的定量评价研究[D]. 北京:清华大学,2004.

[71] 中华人民共和国国家统计局. 2009 中国统计年鉴[M]. 北京:中国统计出版社,2009.

[72] Berthiaume R. , Bouchard, C. . Exergy Analysis of the Environmental Impact of Paving Material Manufacture. Trans. Can. Soc. Mech. Eng. , 1999, 23(1B), 187-196.

[73] Derucher K. , Korfiatis G. P. , Ezeldin A. S. Materials for Civil and Highway Engineers, Prentice-Hall, Upper Saddle River, N. J,1998.

[74] Energy Information Administration (EIA). Delivered Energy Consumption Projections by Industry. Washington, D. C. http://www. eia. doe. gov/emeu/plugs/plecp. html.

[75] Häkkinen T. , Mäkelä K. . Environmental Adaptation of Concrete; Environmental Impact of Concrete and Asphalt Pavements. Technical Research Centre of Finland, Espoo, Finland,1996.

[76] National Crushed Stone Association (NCSA). (1977). Flexible Pavement Cost Estimating Guide: Inflation/Energy effects, Worksheets, Spec Data. NCSA, Alexandria, Va.

[77] Neville A. M. Properties of Concrete, J. Wiley, New York. Packard,

R. G. (1994). "Pavement costs and quality." Concr. Int. , 1996,16(8), 36-38.

[78] Portland Cement Association and National Asphalt Pavement Association (PCA/NAPA). "Asphalt vs Concrete." American City County, 1986, 101(7): 30-38.

[79] Stammer R. E. , Stodolsky F. Assessment of the Energy Impacts of Improving Highway-Infrastructure Materials, Center for Transportation Research, Energy Systems Division, Argonne National Laboratory, Argonne, Illinois,1995.

[80] Stripple H. Life Cycle Analysis of Road; A Pilot Study for Inventory Analysis. Swedish Environmental Research Institute (IVL), Gothenburg, Sweden,2001.

[81] Stubbles J. R.. Energy Use in the U. S. Steel Industry-Historical Perspective and Future Opportunities. Office of Industrial Technologies, United States Department of Energy, Washington, D. C,2000.

[82] Twinshare . "Cement and Concrete." Twinshare: Tourism Accommodation & the Environment, Australia. http://twinshare. crctourism. com. au/cement_and_concrete. htm, accessed June 2002.

[83] United Nations Industrial Development Organization & Sustainable Industrial Development (UNIDO). (2003). New York, http://www. unido. org/, accessed June 2002.

[84] Unruh B. Delivered Energy Consumption Projections by Industry in the Annual Energy Outlook 2002. Energy Information Administration, Washington, D. C. www. eia. doe. gov/oiaf/analysispaper/industry/consumption. html .

[85] Acheson J. M. The Lobster Fiefs: Economie and Ecological Effects of Territoria lity in the Maine Industry,Human:Ecology,1975,3:183-207.

[86] 丁一汇，任国玉，石广玉，等. 气候变化国家评估报告I[J]. 气候变化研究进展，2006，2(1):3-8.

[87] 陶云. 云南滑坡泥石流中长期演变特征及其非线性突变机理研究[D]. 云南：云南大学，2009.

[88] IPCC 第 4 次评估报告.

[89] 陈玥. 温室效应及危害,http://www. cctv. com/special/586/-1/30687. html,06-05.

[90] 胡佳俊. 非光合 CO_2 同化微生物菌群的选育/优化及其群落结构分析[D].

上海：华东理工大学，2008.

[91] 京都议定书.1997.12.

[92] 潘晓东. 中国低碳城市发展路线图研究[J]. 中国人口·资源与环境，2010，20(10)：13-18.

[93] IPCC，Climate Change. The Third Assessment Report of the Ntergovernmental Panel on Climate Change. London：Cambridge University Press，2001：45-50.

[94] 吴兑. 温室气体与温室效应[M]. 北京：气象出版社，2003.

[95] 简盖元. 森林碳生产研究[D].福州：福建农林大学，2012，35.

[96] 周纪昌，等. 坚定信心做科学发展的主力军[J]. 交通世界(建养机械)，2009，12.

[97] 交通运输“十二五”发展规划纲要，2011.

[98] 穆献中. 石油企业应在发展低碳经济中有所作为. 石油科技论坛，2010：24-27.

[99] 张友波，曾宏，李龙. 国外能源公司节能减排的经验及启示[J].石油化工技术与经济，2010，(04)：10-12.

[100] Jim Chehovits，Larry Galehouse. Energy Usage and Greenhouse Gas Emissions of Pavement Preservation Processes for Asphalt Concrete Pavements，Compendium of Papers from the First International Conference on Pavement Preservation：65，27-42.

[101] Palinee Sumitsawan，Siamak A. Ardekani，Stefan Romanoschi，Effect of Pavement Type on Fuel Consumption and Emissions，Department of Civil Engineering，The University of Texas at Arlington，2007.

[102] Philippe Lepert，François Brillet，The overall effects of road works on global warming gas emissions. Transportation Research Part D 14，2009，576-584.

[103] 美国沥青路面再生指南[M].北京：人民交通出版社，2006.

[104] 左锋，叶奋.国外温拌沥青混合料技术与性能评价[J]. 中外公路，2007，12：164-168.

[105] 徐世法，等.高节能低排放型温拌沥青混合料的技术现状与应用前景[J].公路，2005，(7)：195-198.

[106] Wayne Jones. Warm Mix Asphalt Pavements：Technology of the Future. Asphalt Magazine. Fall 2004.

[107] Brian D Prowell. The International Technology Scanning Program Warm Mix Asphalt Scan Summary Report[R]. WashingtonDC：Federal High-

way Administration, US Department of Transprotation,2007.
[108] 王江平,洪斌. 节能减排型温拌沥青混凝土特性与应用[J]. 筑路机械与施工机械化,2008.
[109] Atsushi KAWAKAMI, Hirovuki NITTA, Takashi KANOU. et al. Study on CO_2 emissions of pavement recycling methods. Pavement Research Team, Public Works Research Institute.
[110] 黄生琪,周菊华. 我国节能减排的意义、现状及措施[J]. 节能技术,2008,(03):26-28.
[111] 权登州. 乳化沥青冷再生混合料技术性能研究[D]. 西安:长安大学,2009.
[112] 黄文元,秦永春. 沥青温拌技术在国内外的应用现状[J]. 上海公路,2008,(09):30-33.
[113] 王志美. 温拌沥青路面混合料压实特性研究[D]. 重庆:重庆大学,2011.
[114] 疾病 YCwiki 青春中国百科[EB/OL],http://www. youthchina. org/baike/index. php? category-view-55-64. html.
[115] 程玲,闫国杰,陈德珍. 温拌沥青混合料摊铺节能减排效果的定量化研究[J]. 环境工程学报,2010,4(9):2155.
[116] 方卢耀. 密闭室法测定汽车蒸发污染排放物试验结果的计算[J]. 汽车技术,2004,(1).
[117] 徐岳强,吴世峰. 现代摩托车用炭罐系统的结构原理及维护(2)[J]. 摩托车技术, 2010,(10):12-13.
[118] 二氧化碳激光分析仪[EB/OL], http://www. 3017. cn/product/display_product. asp? product_id=9762.
[119] 沥青 A+医学百科. http://baike. a-hospital. com/w/%e6%b2%a5%e9%9d%92.
[120] 苗秀生. 炼油厂罐顶轻烃的逸散研究[J]. 环境与开发,1998,13(3):14.
[121] 集料. http://baike. baidu. com/view/691283. htm.
[122] 夏吉英. AC-20 沥青混合料 GTM 配合比设计方法及施工工艺[J]. 科技信息,2010,(07):5-10.
[123] 沥青混凝土施工工艺. http://wenku. baidu. com/ view/815d1624ccbff121dd3683f9. html.
[124] 秦永春,黄颂昌. 温拌沥青混合料节能减排效果的测试与分析[J]. 公路交通科技,2009,26(8):34-36.
[125] 张军性. 新编道路施工工程师手册[M]. 北京:人民交通出版社,2011.
[126] 连静. 水泥混凝土路面应力吸收层研究[D]. 西安:长安大学,2009.

[127] 赵振东,陈惠民. 公路养护工程常见病害及防治[M]. 北京:人民交通出版社,2006.

[128] 魏建国,查旭东,郑健龙,等,许平南高速公路 ATB 基层施工技术[J]. 中外公路,2007,(02):19-22.

[129] 刘爱辉. 高速公路沥青路面压实度影响因素的分析[J]. 交通世界(建养机械),2009,(10):8-11.

[130] 李自光,邓习树,李战慧. 基于控制论的沥青混凝土路面施工工艺研究[J]. 建筑机械化,2004,(03):15-18.

[131] 李平. 沥青路面碾压质量控制[J]. 科学之友(B 版),2007(02):10-12.

[132] 刘延刚. 道路沥青路面不平整的原因分析和预防措施[J]. 科技创新导报,2012,(04):21.

[133] 中华人民共和国行业标准. HJ/T—26. 1-1999　轻型汽车排放污染物测试方法　排气污染物的测试[S]. 1999.

[134] 朱宝田. 火力发电排放物的环境成本评价[R]. 丹东:第十二届全国大气环境学术会议,2005.

[135] 政府间气候变化委员会第三次调查报告[R]. 加纳. 阿克拉. 2001:823.

[136] 影响全球气候的温室气体及我国温室气体标准物质的研究现状[J]. 计量与测试技术,2005,32(4):34-35.